能源战略与政策

ENERGY STRATEGY AND POLICY

董秀成　高　建　张海霞　编著

科学出版社

北　京

内 容 简 介

本书从国内外能源市场的环境和变化趋势出发，结合我国能源生产、能源消费、能源结构、能源效率及碳排放现状，研究我国能源供需格局存在的问题，以及经济可持续发展过程中面临的能源矛盾与挑战，并在此基础上提出节能优先、结构优化、立足国内和国际合作战略的能源总体保障战略，以及对应的我国煤炭、石油、天然气、核能、水电和非水可再生能源的六大专项能源战略，最后探讨保障我国经济可持续发展的能源战略政策建议。

本书可作为高校经济管理类专业的教材和参考书，也可供对国家能源战略与政策感兴趣的其他专业师生、科研与工程技术人员学习和参考之用。

图书在版编目（CIP）数据

能源战略与政策=Energy Strategy and Policy / 董秀成，高建，张海霞编著. —北京：科学出版社，2016
 ISBN 978-7-03-049153-4

 Ⅰ．①能⋯ Ⅱ．①董⋯ ②高⋯ ③张⋯ Ⅲ．①能源战略–研究–中国 ②能源政策–研究–中国 Ⅳ.①F426.2

 中国版本图书馆 CIP 数据核字（2016）第 143551 号

责任编辑：万群霞　陈会迎 / 责任校对：郭瑞芝
责任印制：吴兆东 / 封面设计：铭轩堂

科 学 出 版 社 出版
北京东黄城根北街 16 号
邮政编码：100717
http://www.sciencep.com
北京虎彩文化传播有限公司 印刷
科学出版社发行　各地新华书店经销
*
2016 年 8 月第 一 版　开本：720×1000　B5
2023 年 1 月第六次印刷　印张：17 1/2
字数：348 000
定价：88.00 元
（如有印装质量问题，我社负责调换）

前　　言

我国随着经济的发展和综合国力的不断提升，能源需求总量逐年提升，已成为世界第一大能源消费国家，石油净进口量和碳排放量居世界第一。能源消费的快速增长和进口需求的迅猛提升，资源约束瓶颈矛盾日益突出显现，已成为我国迫切需要面对和解决的问题。面对世界整体发展趋势，在充分考虑我国国情的基础上，世界清洁能源利用和低碳环保趋势给我国的政治地位、经济发展和经济贸易带来众多压力，能源战略的科学制定和能源政策的合理实施，已经成为国家整体发展规划和国家管理的重要组成部分。当前国家亟须从战略的高度超前进行统筹谋划，加快构建我国经济可持续发展的能源保障战略体系。

何为能源战略和能源政策？能源战略与能源政策的区别和联系是什么？能源战略的功能与目标如何？制定能源战略和实施能源政策的流程包括哪些环节？这些都是本书分析和解释的重要问题。全书共九章。第一章是绪论，提出能源的基本概念及解释能源的各种分类和相应特点，然后界定能源战略和能源政策的内涵，归纳我国能源战略与政策的主要特征，总结分析国家能源战略的制定流程和能源政策的制定过程，以及能源战略政策的制定依据。第二章介绍世界能源未来发展趋势，主要对世界能源的未来发展趋势做出五个基本判断。第三章以美国、德国、英国和日本为例，介绍主要发达国家能源管理机构设置及其职能、能源法律体系和能源监督体系等方面的管理经验。第四章介绍主要发达国家的能源战略与政策。以美国、日本和欧盟为例，详细说明其能源战略与政策，归纳发达国家和地区能源政策的经验。第五章介绍我国能源发展现状，重点分析我国的能源生产、能源消费、能源结构、能源效率及碳排放现状。第六章介绍我国能源供需格局存在的矛盾，重点讨论我国经济可持续发展过程中面临的能源矛盾与挑战。第七章详细介绍我国能源管理体制，包括我国能源管理体系、法律体系和监管体系的演变与现状，并提出存在的主要问题。第八章重点介绍我国能源战略，提出节能优先、结构优化、立足国内和国际合作战略。第九章在总结提炼的基础上，重点系统地讨论保障我国经济可持续发展的能源战略政策建议。

　　全书的编写分工如下：高建撰写第一章；尹强撰写第二章；张海霞撰写第三章；孔朝阳撰写第四章；皮光林撰写第五章；董聪撰写第六章；张海霞撰写第七章；高建撰写第八章；董秀成撰写第九章。董秀成、高建、张海霞组织本书的框架设计，并负责组织全书编写；董秀成负责最终的统撰和审定工作。

　　本书在编著过程中得到了众多老师、同事与朋友的大力支持，特别是周仲兵、郭杰、张琼、宋立泽、赵入辉、陈佳和侯运在资料收集和分析方面给予了诸多帮助和支持，在此表示诚挚感谢！

　　能源战略与政策涉及的内容较广，且能源形势无时无刻不处于动态变化之中，虽然编者力求叙述准确、完善，但限于我们的水平，书中欠妥之处在所难免，希望读者和同仁能够及时指正。

编　者

2016 年 1 月

目　　录

第一章 绪 论

第一节 有关能源的基本概念

一、能源的分类及特点

在物理学方面，能源是指提供某种形式能量的自然资源及其转化物，可以界定为能够完成某项工作的物质。能源可以被转移到其他对象或转化成不同的形式，能源本身不能创立和损毁。能源主要包括动能、势能、太阳能、核能、机械能、热能、电磁能（光）、化学能、电能和声能。国际上衡量能量主要使用英热单位 Btu（British thermal unit，Btu），1Btu 约等于 1055 焦耳，是将一磅的水由 39 华氏度加热至 40 华氏度所需的热能。

（1）按照是否可再生分类，能源可分为可再生能源（renewable energy）与非可再生能源（non-renewable energy）。在短周期时间范围内能够得到补充或陆续获得的能源称为可再生能源，如风能、水能、海洋能、太阳能、地热能和生物质能等；如果不符合上述条件，称为不可再生能源，常见的有核能（nuclear energy）和化石能源（fossil energy），生活中常用的煤、石油和天然气等是不可再生能源。

（2）按照利用方式分类，可以分为一次能源（primary energy）与二次能源（secondary energy）（表 1-1）。一次能源指的是自然界本身存在的可以被直接利用的能源，如煤、石油、天然气和水能等；二次能源是指需要利用一次能源进行加工转换而出现的能源，如电力、煤气、沼气、热蒸汽及各种石油制品等。

表 1-1　能源分类

能源分类	能源来源	终端能源	
一次能源	常规能源	化石能源	煤炭 常规石油 常规天然气
		非化石能源	水能 风能
	非常规能源	非常规化石能源	非常规石油 非常规天然气 煤层气
		太阳能、地热能、海洋能、生物能、氢能	
二次能源	石油天然气化工	液化气、重油、煤油、柴油、汽油、酒精	
	煤炭转化	煤气、焦炭、洗煤	
	火力发电		

（3）按照开发利用时期分类，可以分为常规能源（conventional energy）和非常规能源（unconventional energy）。早期被人类利用、技术较成熟、使用范围广泛的能源一般称为常规能源，包括煤炭、石油、天然气和水能等。被人类利用时间晚，或者技术上不够成熟等造成的使用范围有限的能源可以称为非常规能源，如太阳能、风能、地热能、海洋能、生物能、氢能等能源，现在被逐步开发的非常规化石能源，如非常规石油、天然气等能源也涵盖在非常规能源范围内。

当然还存在很多其他的分类形式，举例如下。

按照能源来源渠道分类，包括来自地球内部自身的能源，如地热能，来自地球之外的能源，如化石能源、风能、太阳能等。另外，还包括地球与外天体相互作用形成的能源，如潮汐能。

按照能源利用方式分类，可分为燃料型能源（煤炭、石油、天然气、泥炭、木材）和非燃料型能源（水能、风能、地热能、海洋能）。

按照能源存在形式分类，可分为固态燃料、液态燃料、气态燃料、电磁能、太阳能等。

以下是常见的主要能源形式及其特点。

（1）化石能源。主要包括煤炭、石油和天然气，从形成来源来看是太阳能经植物的光合作用在地球上形成的生物质，再经过漫长的地质作用形成的化石能源。短时间看化石能源都是不可再生的一次能源，也是当前人类能源利用的主要能源形式。煤炭是早期大规模使用的能源形式，地球储量较为丰富，但当前受技术利用条件影响使用环境成本较高于石油与天然气。

（2）太阳能。一般指太阳光的辐射能量，主要利用形式包括光热转换、光电转换及光化学转换三种。另外,广义上的太阳能还包括由太阳能短周期能形成的风能、化学能和水能等。

(3)水能。自然界广泛存在的能源,属于常规的可再生能源,包括水体的动能、势能和压力能等能量资源。广义的水能资源包括河流水能、潮汐水能、波浪能、海流能等能量资源;狭义的水能资源指河流的水能资源。当前由于化石能源的不可再生和环境污染等原因,水能被广泛地使用和重视,特别是水能发电替代化石能源发电成为重要的替代能源,海洋潮汐能和波浪能有待于进一步的技术突破和使用。

(4)核能。是核结构发生变化时放出的能量,主要包括核聚变、核裂变和核衰败三种主要形式,物质所具有的原子能比化学能大几百万倍乃至一千万倍以上。核能在当前能源领域主要用于发电,核电与火电相比,核电不排放二氧化硫、氮氧化物、二氧化碳和烟尘颗粒物等污染物。

二、能源战略与政策的内涵

能源战略(energy strategy)是指国家依据能源外部环境和自身资源,在国家整体战略范围内确定的未来长期的全局性、基本性的能源目标策略,是对未来能源发展方向做出的中长期的规划。

能源政策(energy policy),是指某个国家或者相关组织机构,针对能源的供应、市场、贸易、价格和消费乃至技术等环节所制定的一系列策略和政策,包括生产政策、消费政策、贸易政策、价格政策、技术政策等。能源政策则主要倾向于对能源的某一个方面或者对象做出的具体性法律、规章和规则,国家根据国家整体能源战略导向,对某一阶段解决具体能源相关问题采取的具体措施和办法,它既是国家整体发展政策的关键组成部分,又会对国家经济和社会发展产生影响。

能源战略与能源政策的区别与联系具体如下。

能源战略与能源政策是整个国家能源管理的核心部分,能源战略引导能源政策的制定执行,能源政策服务、服从于能源战略,两者相辅相成,但又各有侧重。能源政策侧重微观性,而能源战略侧重宏观性,能源政策的有效执行可以保证能源战略目标的实现。不明确可行的能源战略目标,或者国家能源战略的朝令夕改,如国家能源产品结构、能源行业投资和能源行业污染控制等问题都会影响到能源政策的有效实施。能源战略制定完成后,要求国家能源主管部门根据国家能源市场环境确定可行的能源政策,包括环保、投资、贸易、价格、技术、金融、外交等政策实施策略与规则,协调相关部门之间的职责,从而形成能源政策评估、反馈、调整等一系列机制。

无论是发达国家还是发展中国家，无论是采取何种国家政治体制模式，无论采取的是哪种经济发展模式，能源战略和能源政策的制定实施都是国家政府核心问题。能源产品的供应与消费、能源市场的组织运行、能源价格的制定监管、能源消费的引导控制和能源利用的环境保护等所有相关问题构成相对复杂的系统过程，对战略政策的制定者提出了较高的能力要求，对整个社会相关行业部门的发展协调和生产消费者的根本利益也具有至关重要的作用。任何能源政策的制定归根结底都受现实能源约束及社会能源观念的影响。

三、能源战略与政策的特征

结合我国当前能源政策的功能与作用，我国能源战略与政策的主要特征归纳如下。

1. 解决能源供需矛盾功能

我国能源政策的主要功能是解决我国能源的供应与消费矛盾，尤其是长期以来我国能源相对短缺的问题。新中国成立以后，我国能源供需矛盾突出，特别是改革开放以后，作为经济高速增长的经济体和世界第一人口大国，如何保障国家高效、优质、价廉、环保的能源供应依然是我国能源政策中的首要问题。

2. 规范和引导市场功能

能源市场如何高效规范和科学引导，包括能源市场准入问题、能源市场结构问题、能源产品定价问题、能源技术规范问题，涉及能源政策当中的能源产业投资、能源地理布局、能源市场贸易、能源技术升级、能源市场结构等多个方面，对形成和完善我国能源市场，引导国家能源发展方向和理顺能源市场企业发展发挥着规范和引导功能。

3. 资源产品市场定价功能

能源作为资源性产品，如何实现科学合理的市场定价，既影响能源生产、运输、贸易和消费各个环节的经济利益，也会对国家能源产业结构和能源消费结构产生直接作用。随着国家资源型产品价格改革的不断深入，国家对能源产品价格的直接计划干预逐渐减弱，能源产品结构、能源产业链条和定价机制都发生了重大变化，如煤电价格联动、成品油定价机制和天然气市场并轨等。当然煤、电、油气、非常规能源和新能源价格机制还存在时间滞后、价格倒挂等问题。

4. 能源组织管理和法治功能

我国能源管理部门作为能源的管理者，自身组织结构的调整也是国家能源政策的一部分，国家能源主管部门经过多次调整，国家能源部的设立与撤并，以及后来国家能源委员会的组成和国家能源局的职能调整，都是国家为了更好地管理实施国家能源战略与政策的结果。能源相关的规划、投资、开发、定价、节约、环保、科技分别归属于国家发展和改革委员会（简称发改委）、国家能源局、国土资源部、工业与信息产业部、住房与城乡建设部、商务部、科学技术部和环境保护部等多个政府部门，多头管理的交叉运行影响了我国能源战略与政策的实施。目前，我国能源管理体制尚不完善，关于能源的法律法规与监管体系仍不健全，经济社会发展与能源消费矛盾日益突出。

5. 国际政治经济关系引导功能

随着我国能源消费能力不断增大，我国已经成为世界第一大能源消费国和世界第一大碳排放国，煤炭消费和石油进口量世界第一，能源行业的跨国经营和进出口对引导和调节我国与世界发达国家，特别是能源资源丰富的发展中国家的政治经济关系起到至关重要的作用，东南亚、中东、中亚、非洲和南美的众多国家和地区是我国能源跨国经营合作伙伴，我国能源进出口、运输、企业合作导致我国和众多国家的合作关系不断改善，所以制定对外能源战略与政策时一方面要考虑我国整体政治、经济、军事和技术水平，另一方面还要将能源的国家关系引导功能充分利用，保障国家整体利益最大化。

第二节　能源战略与政策形成过程

能源作为国家经济与社会发展的基础性资源投入要素，关系着整个国家经济发展和人民生活的生活稳定，是国家核心战略体系中的关键组成部分。国家能源战略的科学设计对国家宏观经济可持续发展至关重要，国家能源战略同时也是国家整体发展战略中的重要组成部分。如何科学制定符合国家国情的能源发展战略和能源政策体系，科学配置科技、人力、资本和能源之间的资源投入结构，管理能源行业市场和内部企业，实现低碳环保可持续发展，适应能源在国民经济发展中日益凸显的战略地位是非常重要的现实问题。能源战略设计与政策制定涉及内外部环境各个方面，它在充分考虑世界政治经济发展趋势的前提下，结合国际能源市场格局和低碳利用要求，在本国能源资源禀赋和贸易市场基础上，涵盖能源资源开发、能源贸易、能源运输、能源利用等多个环节，是能源经济学的重要组成部分。能源战略与政策本身随着内外部环境不断调整，根据国内外经济、政治、资源和科技等因素循环不断地调整完善，是一个不断变化调整的动态过程。

一、国家能源战略制定过程

如图 1-1 所示，根据国家能源中长期社会发展目标及当前国家能源市场存在的问题，预计未来中长期能源市场发展趋势，找出国家能源战略发展的核心目标和原则导向，分析国家能源发展形势和国际环境，提出国家能源战略的各个备选方案和配套政策，各个能源战略体系实施的流程设计、可行度与执行范围，以及政策施加企业的正负面影响，评估各个方案战略与国家相关方面的关联性，并预估国家能源战略与配套政策导致的政策后果和阶段影响，确定国家能源战略。

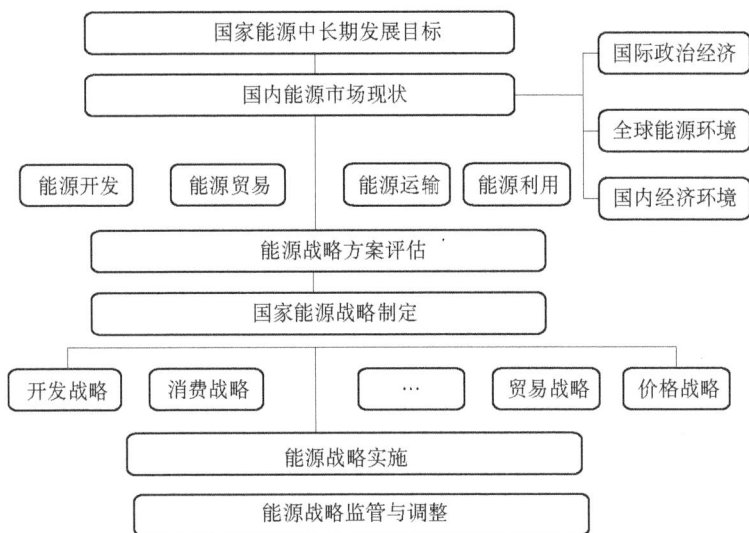

图 1-1　国家能源战略制定流程

二、国家能源政策制定过程

总体来看，国家的能源政策都是短期不断调整完善的长期过程，往往是能源主管部门根据国家能源战的总体框架，在充分考虑阶段内社会整体形势和能源相关企业、民众的各方面利益，结合国家财政、企业运营和社会公众的可接受能力，制定出来的实现能源战略目标导向的一系列细则和办法。国家能源政策是能源主管部门处理和解决能源相关问题的基本手段，是国家整体政策的重要组成部分，关系到国家整体利益和社会发展。

由于能源政策会对能源相关的政府、行业、企业和民众产生直接和间接作用，影响深远，并且往往能源政策制定和实施存在信息不对称和政策市场反馈偏差，科学合理制定能源政策是一个相对复杂的过程。能源政策的制定要吸取借鉴发达国家在优化能源结构、保障能源供给、提高能源效率和推动节能环保等方面的成功经验，配合目前国家当前实现绿色经济、产业结构升级和区域开发战略等国家战略规划，制定符合我国国情和发展需要的能源战略，有针对性地解决或缓解目前能源市场中的各种即时性和结构性矛盾。

国家能源政策具体制定流程：首先，国家主管部门组织社会各个阶层，尤其是与能源政策关联度高的企业、个人进行调研座谈，对能源生产商、消费者、地方政府、企业用户、环保部门、科研机构的信息和技术以及政策建议，初步形成国家能源政策需要注意和解决的各方面问题环节。其次，在具备条件的地区和部门企业及社会民众举办听证会，听取代表对国家能源政策的看法意见，并对能源政策方案进行评议。最后，在国家能源政策执行前，要对拟执行的能源政策方案和各部门、地方政府、行业企业及环保机构进行非正式磋商。在以上不断完善的信息基础上，能源主管部门对能源政策内从不同的利益角度进行权衡，结合国家能源战略主导长远导向，最终形成和完善国家能源政策。

国家能源政策在国家能源战略的基础上充分考虑了政府、行业企业和社会消费者的参与性。能源政策的流程一般如图 1-2 所示。

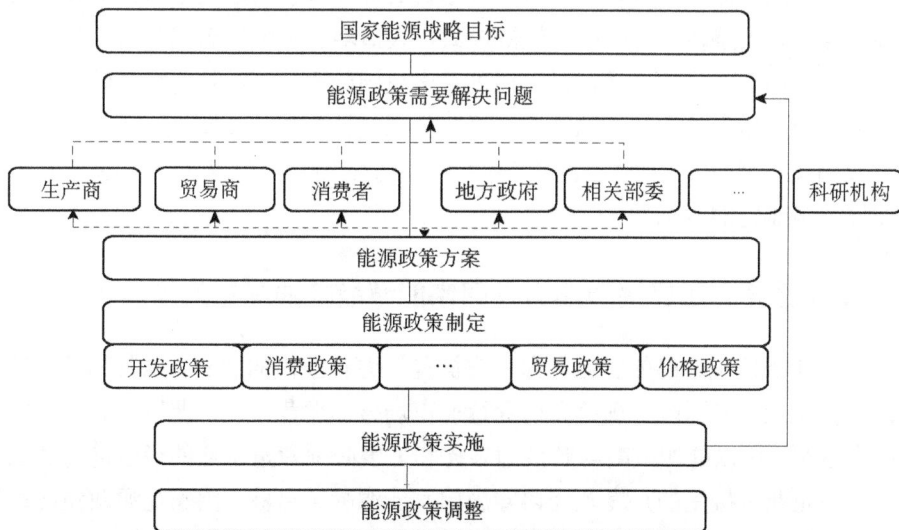

图 1-2 国家能源政策制定流程

第三节　能源战略与政策制定依据

一、国家整体性发展战略是制定国家能源战略的核心基础

　　国家能源战略和与之对应的能源政策是国家发展战略的重要组成部分，与国家整体战略发展密不可分，相互影响。所以国家能源战略与政策要立足于国家宏观战略发展的需要，并服务于国家整体经济发展的需要。当然国家整体发展战略制定本质上也就决定了要采取什么样的能源发展轨迹模式，只有科学制定国家宏观战略，才能保障国家能源的健康可持续发展，能够实现国家能源政策的持续性。

二、自有和外部可获资源是制定国家能源战略的范围依据

　　国家自身能源资源的丰富程度，以及通过国际贸易及跨国经营可以稳定获得的外部能源产品，从根本上决定了一个国家能源总的供应限度。国家制定能源战略特别是能源消费和能源市场管理要以供应限度为出发点，通过调整能源消费结构和能源产品结构，控制能源消费总量和能源排放政策，平衡国家能源供应需求，从而确保国家能源安全，保障社会稳定和经济协调持续发展。

三、国家能源趋势的科学预测是国家能源战略的路径导向

　　从现有国家能源统计数据的可靠性基础开始，借鉴国际先进国家的能源发展经验，结合我国整体社会结构、经济模式、人口增长和区域布局等特点，运用定性与定量相结合的预测方法，科学预见未来我国能源发展趋势与格局特点，是制定国家能源战略和能源政策的重要途径。能源统计数据的真实性、可靠性，以及未来我国能源发展情景的预测准确性和预测方法的科学性从根本上决定我国能源发展战略制定的目标导向。

四、企业经营和居民消费能力是国家能源战略的衡量尺度

　　国家能源政策最终的实施对象一方面是能源行业内的国有、民营和外资等形式的众多企业，能源政策规范和引导行业市场整体运营环境，调节能源企业发展和盈利水平，所以能源战略与政策的导向和力度必须衡量企业的经营能力和盈利能力，在企业可接受的尺度范围内实施国家能源战略目标。国家能源政策的最终实施对象的另一方面是所有能源产品的最终市场消费者，包括所有国家相关产业和广大消费者。由于能源政策的实施最终通过直接和间接影响传导到能源利用企

业生产和居民日常生活，国家能源政策要考虑消费企业和个人的生产消费能力，避免出现国民经济和居民生活的成本调整过快、过大。

第四节　能源战略与政策的目标

一、保障国民经济与社会稳定发展，实现供需稳定

能源作为国家社会发展和经济增长的核心基础之一，是国家可持续发展的战略性资源。国家能源安全是能源战略与政策的首要目标，一方面要保障国家能源需求的数量、价格和结构性要求，能够满足经济增长和人民消费的各项短期静态要求，另一方面还要满足国家能源需求波动的稳定供应和可持续发展的长期动态要求，从短期和长期、静态和动态等多个维度实现能源安全稳定。

能源能否实现安全稳定，对国民经济和人民生活带来直接和间接的影响。价格、数量、品种结构和能源产品品质都会形成积极或消极影响。能源数量安全、能源进口安全、能源运输安全、能源价格安全、能源结构安全及能源环保安全从不同纬度构成国家能源安全。从世界各国能源安全经验来看，能源对外依存度、能源储备、能源需求侧管理和能源转换是国际比较常见的保障能源安全措施。

二、调控协调国家能源市场各方利益，实现公平效率

通过国家能源战略及相应的能源政策的制定与实施，为国家能源市场营造公平竞争的运行环境，能源市场环境内的企业无论是国有企业还是民营企业，无论企业规模大小和能源产品结构，无论是传统能源企业还是新兴能源企业，在国家制定的竞争规则条件下实现市场竞争，最优化实现市场资源配置，提供国家能源需求的各种能源产品。能源企业在最优化配置条件下，通过成本最优和效率最优，在能源生产、运输和利用等相关产业环节按照成本最小化实现资源配置，实现能源资源配置效率最优化，这是能源市场内企业运营的目标，同时也是政府政策实施的核心目标。此外，对缺乏竞争的能源产业环节进行相应的政策干预，对能源市场的部分公共产品进行管理，减少能源生产到使用各个环节产生的环境污染等外部性负效应。最终实现社会资源的配置效率和经济效益，建立能源市场自由化、多样化的竞争机制，通过管理体制和技术进步引导社会能源市场优化发展，为国家提供基本的能源供应，减少社会能源资源分配不合理等现象。

三、平衡市场短期与长期利益关系，实现持续发展

能源战略与政策要为宏观经济发展服务，改善国际关系，促进社会稳定。能源产业是国民经济发展的基础，所以要求服务于国民经济发展的大局，国家利用能源财税政策调节引导国家能源产业发展和消费利用的同时，利用产业本身的各项税收及能源消费税等专项税收增加财政收入，为国家经济发展提供财政资金。

从国家层面来看，发达国家都经历了先发展后治理、再发展的国家能源与经济协调运营路径。工业革命一方面会给社会发展提供新的经济增长点，通过优化生产工艺和提供新的市场产品，带动国际经济发展进入新经济增长循环周期，但另一方面，新的经济增长周期和工业改进往往伴随着新的能源利用模式和能源产品需求增长，带来国家新的环境污染途径和污染排放总量增加。为了避免进入先增长后治理的发达国家增长模式教训，国家通过平衡短期经济增长和长期经济增长之间、经济与环保之间的矛盾，实现绿色经济增长模式。

从企业层面来看，能源产业项目一般建设周期较长，资本投资总量较高，回收周期长，并且往往环保投入和技术实现跟进不足，如何解决能源企业短期增长和长期持续稳定之间的技术与投资矛盾，是国家能源产业政策重点需要解决的问题之一。

四、实现低碳环保模式下的经济发展，发展绿色经济

减少能源开发、利用过程中对生态环境和人体健康的影响。实际上，环境问题贯穿在开发、运输、消费等一系列的能源链中。例如，对土地资源、水资源等的破坏，以及粉尘、二氧化硫、二氧化碳的大量排放。在当今温室效应、大气污染等环境问题的困扰下，突出能源的环境目标是十分必要的。能源结构的优化与传统能源利用技术的改进等直接关系到能源对未来人类生存环境的影响和不可再生的能源资源开发利用问题。政策需特别关注市场机制不能发挥作用，但却是国家经济发展战略需要的领域，如可再生能源技术等新兴的、需要扶植的行业和环境产业。

两次工业革命带来的不仅是经济社会的巨大进步，同时伴随着传统化石能源的大量消耗和生态环境的破坏，对各国能源政策的制定和实施产生了深远影响，促使人们采取更加有效的手段来维护生态环境的平衡和发展。特别是石油危机爆发以后，现实的能源约束和世界范围内的环境污染直接催生了各国能源政策的涌现，当前越来越多的国家开始注重发展新能源。新能源作为现代能源和可再生能

源，代表着能源未来发展的方向，是关系到我国经济发展全局的战略性新兴产业，有着巨大的发展潜力和产业引力效应。从未来能源政策的发展趋势看，发展新能源技术将是人类解决生态危机、提高掌控自然环境能力的必然选择。为解决能源供应短缺、环境破坏问题，缓解国际环保压力，大力发展新能源并采取相应的法律与政策措施已经成为世界各国的共识。

五、确保能源跨国经营和国际贸易，协调国际合作

我国能源供需缺口逐渐加大，石油与天然气对外依存度逐年提高，与资源丰富、投资环境良好的国家开展跨国经营合作，确保质优价廉的能源进口来源和安全的贸易运输，都关系到国家整体能源安全，所以通过国家能源战略与政策的调整保障国家能源安全是一个国家能源战略规划和能源政策实施需要重点考虑的目标之一。通过综合运用一个国家的政治、经济、军事、金融、人力乃至技术等综合策略与手段，协调与不同国家的双边关系和各项合作，综合提升跨国合作的范围和力度，与国家能源战略政策存在双向互动联系。

能源战略与政策的众多目标不是独立存在的，各目标之间存在众多关联，甚至在一定程度上存在冲突，从而导致了国家能源战略与政策的制定和实施的矛盾，所以在一段时间内和环境范围内各目标存在优先次序。国家在制定能源政策时应充分考虑国家发展水平和国情国力，考虑公平与效率，体现经济与环保，保障国家整体发展战略的顺利实施，实现能源安全。

第二章　世界能源形势概述

第一节　21世纪是全球能源大变革时代

能源是经济可持续发展的最基本驱动力，也是人类赖以生存和发展的重要物质基础。两个世纪前的化石能源革命带来了第一次工业革命，开启了人类历史的工业文明时代。但随着全球经济规模日益加大，全球面临的能源资源瓶颈和生态失衡日趋严重，以往的能源利用方式和经济发展模式即将走到尽头。

一、化石能源未来将出现资源短缺并最终走向枯竭

化石能源都是亿万年前远古的生物质随着地壳的变迁，受特定的地质压力和温度条件的影响，逐渐形成的矿物燃料，这些化石能源在人类的发展进步历程中起到了至关重要的作用。然而，这些化石能源在短时期内难以形成，也就是说，现在的煤炭、石油和天然气都是不可再生的能源，它们都是有限的。随着世界经济持续增长，能源消费需求不断增加，各类化石能源的开采量相继跨越峰值，并最终趋于枯竭的期限已经不再遥远。

人类社会对能源的使用经历了一个长时间的发展过程，木柴在人类历史发展早期一直扮演着重要的能源提供者的角色，直到19世纪末，煤炭取代木柴成为世界第一大能源，宣告了人类社会就此进入化石能源时代。当代工业文明社会，经济发展和社会进步的最大动力都是基于化石能源，逐渐形成了以煤炭和石油等高碳能源为主的经济发展方式。单以石油为例，仅在过去的100多年中，全世界累计采出的原油已经达到目前发现和确认的可采石油资源的一半左右。在可预见的未来，化石能源仍将是人类社会赖以生存的主要能源。尤其是近些年来世界各国都意识到了能源资源对于国家发展的重要性，为占据优势纷纷对化石能源进行破坏性开采，向大自然无偿索取这些需要百万年甚至上亿年才能形成的珍贵资

源，这种开发方式加速了不可再生资源的耗竭速度，使化石能源的产量高峰提前到来，这对全人类来说无疑是一场灾难。

目前，已有越来越多的学者和研究人员开始关注化石能源的枯竭问题，因为地球上任何一种资源都遵循一种基本规律，经历一个生命周期：发现—利用—兴旺—高峰—平稳—衰退，应该说没有人会否认这一基本规律，但关键是对于化石能源何时真正开始走向枯竭有着不同的看法与判断。大量的研究发现，全球石油新增探明储量正在不断减少，更有研究指出化石能源的枯竭将在 2030 年前开始显现。全球石油发现量的高峰期出现在 20 世纪 60 年代，在这段时间全球大型油田的发现数量也达到高峰，在此之后总的石油发现量和大型油田的发现数目均逐渐下降，且所发现油田的储量规模也在不断缩小。在化石能源的产出上，全球主要的大型油田的开采难度日益加大，初采油品质量和产量不断下降。大型油田在石油产出中扮演着十分重要的角色，绝大多数世界上消耗的石油都来源于少数的大型油田，全球最大的 20 个大型油田贡献了 25%的产量。可以说大型油田的未来对世界石油产量有着巨大的影响。然而，目前保持产量的大型油田的开发生命都超过 50 年，许多大型油田已经过了高峰产出平台期并出现产量递减。

化石能源的有限性是客观事实，地下的化石能源资源不可能无限开采。有限的化石能源必然会难以满足日益增长的消费需求，供需缺口不断扩大，将导致围绕能源资源的争夺越发紧迫，人类必须深入研究和探索化石能源的替代方法及绿色可持续的能源消费路径。

二、传统化石能源的燃烧严重影响了人类的生存环境

21世纪后期以来，全球气候变暖已成为一个不争的事实。冰川融化、海平面上升、极端气候增多、自然灾害频发，对整个地球自然生态系统和人类生存发展环境构成了巨大威胁，迫使人类开始反思以往的经济发展模式。工业化以来的 200多年间，大气层中的二氧化碳含量增加了33%，导致全球气候变暖，向人类社会敲响了警钟。长此以往，自然生态环境将被破坏，经济和社会发展将不可持续，整个人类文明的基础将被动摇。

如今全球能源消费仍以化石能源为主，在快速推进的工业化进程中，煤炭和石油的大量消耗，加剧了以二氧化碳为主的温室气体的排放。煤炭主要由碳元素及少量的氢、氮、硫、氧等元素组成，石油主要含有碳和氢两种元素，同时还含有少量的硫、氧、氮等元素。因此，煤和石油燃烧会产生大量的二氧化碳、少量二氧化硫及粉尘，二氧化碳是造成温室效应的主要气体，而二氧化硫和粉尘是造

成大气污染的主要原因，都对生态环境造成了严重的破坏。

人类在 20 世纪 60 年代到 70 年代出现了第一次全球应对气候变化运动，当时的环保主义者做了大量的工作，但他们的努力大多是区域性的，所采用的办法往往是将部分经济增长得到的财富用在修复最严重污染的方面。不能否认的是，经过一番治理，确实取得了许多不错的成果，明显改善了空气和水源的质量。但这次运动并没有触及大气环境污染的根本，那就是维系经济增长所带来的温室气体的排放量仍在增加，导致大气环境被破坏的根源问题没能得到解决。到了 20 世纪 80 年代，气候科学家和诸多国际组织都明确认识到，造成大气污染最主要的原因正是给人类带来辉煌现代文明的化石能源燃烧产生的大量的二氧化碳。1988 年，政府间气候变化专门委员会（Intergovernmental Panel on Climate Change, IPCC）正式成立，其以严谨的科学分析，通过四份研究评估报告把全球变暖和温室气体排放之间的密切关系展现在世界面前。1995 年，第二份评估报告认定"人类活动对全球气候变化具有不可剥离的影响"，这一结论最终促成了 1997 年《联合国气候框架公约的京都议定书》（简称京都议定书）的签订。2001 年，第三份评估报告更为明确地指出近半个世纪以来全球气候变暖的主要原因正是大气中温室气体浓度过高。到了 2007 年，第四份评估报告最终将元凶指向了人类自身，认为有记录以来的全球平均气温上升是由人为排放的温室气体引起的，也就是大量燃烧化石能源产生了过多的二氧化碳。

可以说，在今后一个时期或者整个 21 世纪，世界能源形势必将发生重大变革。回顾人类社会发展的历史，1850 年的工业革命推动了蒸汽机的大规模应用，启动了以煤炭作为工业主要燃料和动力的历史。到 19 世纪末，煤炭取代薪柴成为全球主要能源，世界经济和人类社会发生了飞跃性的发展，这是第一次能源革命。第二次世界大战以后，随着内燃机技术的逐步成熟（内燃机最早发明在 1860 年），石油作为主要工业燃料被广泛应用。1968 年，石油在一次能源消费结构中的比重达到 40%，超过煤炭成为全球第一大能源，世界经济发展方式和社会生活方式发生重大转型。石油取代煤炭，被称为第二次能源革命。

目前正在兴起的是第三次能源革命，是低碳和无碳能源逐步取代高碳能源的革命，是非化石能源逐步取代化石能源的革命。这是继前两次能源大变革之后又一次更大规模的能源革命。这场新的能源革命将逐步改变以煤和石油为主的能源结构，构建以天然气、核能和可再生能源为主的高效、清洁、可持续的能源体系，确立以低能耗、低污染、低排放为基础的低碳经济发展方式，其实质是清洁能源的开发、能源高效利用和人类社会生存发展观的根本转变。这场能源革命将贯穿整个 21 世纪，并将持续到 22 世纪，对全球经济发展、社会进步乃至整个人类文明，都将产生巨大而深远的影响。

第二节　低碳经济正在成为当今世界潮流

全球变暖和能源安全是人类共同面临的严峻挑战，是21世纪人类社会必须共同面对的难题，这是全球资源和环境容量的有限性与人类对物质财富的无限追求之间矛盾发展的必然结果。近年来，随着"石油见顶"与全球气候变暖逐渐成为国际主流社会的共识，世界各国纷纷寻求"低能耗、低排放、低污染"的"低碳经济"发展之路，坚持低碳经济和节能减排成为世界上大多数国家应对能源供应趋紧和全球气候变暖的重大举措。协调好经济增长、节能减排和新能源发展的关系则成为各国政府必须面临的重大课题。

一、低碳经济的概念

低碳经济是国际社会应对人类过度消耗化石能源、大量排放二氧化碳引发气候灾难性变化而提出的新概念。最早在2003年，英国发布的《我们能源的未来——创建低碳经济》白皮书中，将"低碳经济"（low-carbon economy，LCE）定义为通过更少的自然资源消耗和更少的环境污染排放，获得更多的经济产出。低碳经济是一种创造更高的生活水平和更好的生活质量的途径，为发展、应用和输出先进技术创造机会，也创造新的商机和更多的就业机会。该书讲述了英国未来50年的能源政策，阐明了英国今后如何实现《京都议定书》的承诺及确保长期的能源供应安全性和经济性的措施等。英国政府为低碳经济发展设立了一个清晰的发展目标：2010年二氧化碳排放量比1990年减少20%，到2050年削减60%，到2050年建成低碳经济社会。

2009年，中国环境与发展国际合作委员会发布的《中国发展低碳经济途径研究》，对低碳经济给出的定义是：一个新的经济、技术和社会体系，与传统及国际体系相比，在生产和消费中能够节省能源，减少温室气体排放，同时还能保持经济和社会发展的势头。也就是说，低碳经济是以低能耗、低污染、低排放为基础的经济模式。其实质是提高能源利用效率和改善能源结构问题，推动清洁能源的发展；核心是能源技术创新、制度创新和人类生存发展观念的根本性转变；基本要求是应对碳基能源对气候变暖的影响；基本目的是实现经济社会的可持续发展，提升能源的高效利用、推行区域的清洁能源发展、促进产品的低碳开发和维持全球的生态平衡。我国当前可持续发展的理念和资源节约型、环境友好型社会的要求就是要发展低碳经济，这与当前大力推行的节能减排和循环经济也有密切联系。

国内外学者也对低碳经济进行了探索研究，被广泛引用的是英国环境专家鲁宾斯德的阐述：低碳经济是一种正在兴起的经济模式，其核心是在市场机制的基础上，通过制度框架及针对措施的制定和创新，推动与提高能效技术、节约能源技术、可再生能源技术和温室气体减排技术的开发和运用，促进整个经济朝向高能效、低能耗和低碳排放的模式转型[1]。

此外，IPCC 指出，在解决未来温室气体排放的问题上，技术进步是最重要的决定性因素，其作用超过了其他所有驱动因素的总和。技术水平决定碳生产率，低碳技术创新可以为实现节能减排和低碳发展的目标提供强有力的支撑，这要求世界各国不断促进各个领域高能效、低排放技术的研发和推广。低碳技术涉及石化、电力、交通、冶金、建筑等领域。可再生能源开发、新能源利用、煤清洁高效利用推广，二氧化碳捕集和封存等都对控制温室气体排放起着重要作用[2]。

综上所述，低碳经济不单是一个技术或经济问题，而是一场涉及社会经济发展、人类生活方式、价值观念和国家权益的全球性变革，同时也是人类历史上最大规模的经济革命、社会革命、环境革命和技术革命。低碳经济是一项社会系统工程，主要依赖于技术创新和制度创新两方面的良性互动[3]，低碳经济已经成为低碳发展、低碳产业、低碳技术、低碳生活等一系列经济形态的总称。

二、世界低碳经济发展现状

经济危机和气候变暖是当今世界共同面临的重要挑战，这对全球经济增长、发展模式和生活方式产生了很大的影响。蓬勃发展的低碳经济为应对这一挑战提供了一个有效的解决路径。有人把低碳经济跟机器革命、电力革命和信息革命相提并论，称之为第四次工业革命。从对地球资源、能源的高消费和过度索取的生活方式与生产方式中摆脱出来，建立资源能源可持续型、环境友好型社会，大力促进低碳经济的发展，已经成为世界高度共识的历史潮流和大趋势。

1. 世界各国加强国际合作，促进低碳经济发展

2009 年 7 月，八国集团首脑会议（简称 G8 峰会，The G8 Summit）提出发达国家温室气体排放总量应在 1990 年或其后某一年的基础上减少 80%以上，到 2050 年使全球温室气体排放量至少减少 50%。2009 年 12 月《联合国气候框架公约》第 15 次缔约方会议暨《京都议定书》第 5 次缔约方会议（也称哥本哈根联合国气候变化大会）在丹麦哥本哈根召开，来自 192 个缔约方大约 4 万名各界代

表出席，119 名国家领导人和国际机构负责人出席。《哥本哈根协议》认可有关控制全球升温不超过 2 摄氏度的科学结论，并以此作为全球合作行动的长期目标。会议初步决定，在 2010～2012 年快速启动阶段，发达国家为发展中国家提供 300 亿美元，2020 年增加到每年 1000 亿美元的短期和长期资金援助计划，同时就发达国家履行减排义务和发展中国家采取减缓行动的透明性问题也达成了共识[4]。《哥本哈根协议》虽然不具有法律约束力，但是表达了各方共同应对气候变化的政治意愿，被称为"拯救人类的最后一次机会"。

2010 年，《联合国气候变化框架公约》缔约方第 16 次会议暨《京都议定书》缔约方第 6 次会议在墨西哥城市坎昆举行。在应对气候变化方面，"适应"和"减缓"同处于优先解决地位；发达国家根据自己的历史责任必须带头应对气候变化及其负面影响，并向发展中国家提供长期、可预测的资金、技术及能力建设支持；设立绿色气候基金，帮助发展中国家适应气候变化。此次会议对构建全球治理框架起到了重要的推动作用。

2013 年 11 月，在波兰召开华沙联合国气候变化大会，这是《联合国气候变化框架公约》第 19 次缔约方会议暨《京都议定书》第 9 次缔约方会议。此次会议完善了"巴厘路线图"的谈判成果，在德班平台未来谈判规划方面取得了比较明确的成果，确立了德班平台谈判的主要要素，即减缓、适应、资金、技术、透明度和能力建设等；要求各方按照 2014 年谈判确定的信息格式于 2015 年提出 2020 年后相关目标或工作安排，并于 2014 年年底形成谈判文案，以期 2015 年完成新协议的谈判。华沙会议向达成 2015 协议迈出了实质性的步伐，为今后的谈判奠定了时间框架基础。

2015 年 6 月，七国集团首脑会议（简称 G7 峰会）提出七国集团领导人将会以"在本世纪达成全球经济去碳化"为己任，并计划到 2050 年之前，减少相较于 2010 年排放量的 40%～70% 的温室气体排放。G7 峰会达成的这一目标虽然不具约束性，但却传达了一个清楚的信息——从长远看来，世界经济的动力将最终来源于清洁能源，而自工业革命以来就推动经济发展的化石燃料时代将由此结束。

目前，尽管各国在具体实施方案及责任义务分配问题上存在分歧，但应对气候变化的必要性已经成为共识，低碳经济已经成为国际竞争的新高地。从一个国家的角度来看，这将成为新一轮的战略博弈制胜点。能够抓住机遇加快完成低碳经济转型的国家，将赢得主动，否则将受制于人。从一个企业的角度来看，这将成为重新划分赢家和输家的转折点。如今看来，充满生机的企业或许将来会突然因为碳排放严重超标而倒闭；而有些现在看来规模还很弱小的企业，明天可能会成为一个巨大的产业集团，因为它顺应了低碳经济发展潮流。

2. 世界各国加快制定低碳经济发展战略

低碳经济将催生新的经济增长点，成为促进新一轮世界经济增长的强大动力。近些年来，世界主要国家都将刺激经济的重点放在新能源技术开发、节能技术开发、智能电网建设等领域，通过扩大政府投资和私人投资来实现向低碳经济的转型。目前已经有 50 多个国家和地区制定了刺激可再生能源发展的政策措施。未来 30 年，全球每年对低碳经济的投资将在 5000 亿美元以上。欧洲、美国、日本等发达国家和地区从提升本国在新型经济发展模式中的竞争力、谋取制定新一轮经济发展规则的话语权和领导权地位的角度出发，在促进低碳经济发展方面已经投入了大量的人力、物力和财力，并取得了很大的进展。新能源产业已经成为新一轮国际竞争的战略制高点。

美国作为世界碳排放大国之一，意图成为应对气候变化的领袖。美国政府高度重视低碳能源技术的开发，并在 2009 年通过了《美国清洁能源与安全法案》。奥巴马也宣布对绿色能源领域投资，到 2015 年生产并销售 100 万辆插电式混合动力车，使可再生能源在电力供应中的比重在 2050 年达到 25%。美国今后将对绿色能源领域投资 1500 亿美元，同时实施二氧化碳排放总量管制与排放权交易制度，从 2012 年起之后的 10 年中将实施该制度所产生的收益投资于低碳技术创新。

欧洲联盟（简称欧盟，European Union）在发展低碳经济方面一直走在世界前列，也是目前低碳经济发展最好的地区。在低碳经济多年发展的基础上，欧盟通过了《能源 2020：一项发展具有竞争力、可持续发展能力和安全性能源的战略》、《2050 年迈向具有竞争力的低碳经济路线图》、《欧洲战略性能源技术计划》，确立了其低碳能源发展战略的基本框架。通过发展低碳能源产业，欧盟希望到 2050 年将温室气体的排放量在 1990 年的基础上减少 80%~90%。

日本拥有世界一流的节能和低碳技术，大力推动“低碳革命”。日本积极倡导“低碳革命”战略转型，不断完善法规保障低碳社会转型，加速新能源和可替代能源技术研发与创新。日本的经济刺激计划总额高达 75 万亿日元，并在 2009 年启动规模为 15 万亿日元的“追加经济刺激计划”，其中对低碳经济投资 6 万亿日元。到 2020 年，日本低碳产业市场将达到 120 万亿日元，创造的就业机会将达到 280 万个，届时日本将在低碳经济领域遥遥领先于世界其他国家。

我国作为全球主要能源消费大国，同样高度重视气候变化问题，提出了加快建设资源节约型、环境友好型社会的重大战略构想，不断强化应对气候变化的措施[5]。2015 年 6 月，我国政府在《应对气候变化国家自主贡献文件》中承诺：中国 2030 年应对气候变化将提供 2.5 万亿美元投资机会，二氧化碳排放量 2030 年左右达到峰值并争取尽早达峰，单位 GDP（Gross domestic product）二氧化碳排放比 2005 年下降 60%～65%，非化石能源占一次能源消费的比重达到 20%左右。

不得不说的是，低碳经济对世界不发达国家来说非常不公平。低碳经济可能改变未来国际经济、贸易竞争格局。发达国家试图通过低碳经济创新所形成的竞争优势，以及它们在制定低碳经济"游戏规则"方面的主导权，影响全球贸易和投资走向，从而对发展中国家的"高碳经济"增长造成新的障碍，发展中国家将面临巨大的压力。

3. 世界各国加快促进低碳技术发展

低碳技术是低碳经济发展的动力和核心，其创新能力在很大程度上决定了一国能否实现低碳经济的发展。低碳技术的发展主要包括碳捕集与封存、能源效率提升及可再生能源等三方面的技术。为了实现低碳经济发展，世界各国加快促进低碳技术发展。

美国政府为了确保其在低碳技术领域处于世界领先地位，2007 年成立美国先进能源研究计划署（Advanced Research Projects Agency-Energy，ARPA-E），集结全美最好的科学家、工程师和企业家对可再生能源技术进行研究。ARPA-E 的新能源项目自 2009 年开始运营以来（除 2010 年），基本实现了每年投资金额达到 1.8 亿～2.8 亿美元。截至 2015 年 2 月，ARPA-E 已经在 400 多个项目中投入约 11 亿美元，许多项目与特殊节能技术研发有关，如能量存储和生产钛这样的金属的节能技术。

欧盟为了促进低碳技术的发展，提出了 NER300[①]资助计划，该计划为欧洲低碳技术大规模发展提供了大量资金，是目前国际上同类计划中规模最大的项目。2012 年 12 月，NER300 启动第一批投资计划，投入 12 亿欧元支持 23 个可再生能源发电项目的开发；2014 年 7 月，NER300 启动第二批投资计划，向 18 个创新型可再生能源项目和 1 个碳捕集与储存项目投资 10 亿欧元，以期掌握更多应对气候变化的新手段，新投入的这 10 亿欧元预计还将带动约 9 亿欧元的私人投资，使投资总额达到近 20 亿欧元。

日本经济产业省于 2008 年制订并公布了"凉爽地球能源技术创新计划"（Cool Earth：Innovative Energy Technology Program），选定了 21 项能够大幅降低二氧化碳的技术作为创新攻关的重点，该计划确立了一整套具体的"技术开发路线图"。同年 5 月，日本综合科学技术会议公布了"低碳技术计划"，该计划从长期战略的视角明确了日本低碳技术创新的五大重点领域，即超燃料技术领域、超时空能源利

---

① "NER300"计划指欧盟低碳可再生能源融资项目。

用技术领域、节能型信息生活空间创生技术领域、低碳型交通社会构建技术领域及新一代节能半导体元器件技术领域，筛选出包括超导输电、热泵等 36 项技术[6]。

中国科学院于 2008 年成立由 40 多位专家组成的能源领域战略研究组，按照"能源发展需求—重要科技问题—重要技术方向—重要技术方向路线图—创新能源技术总体部署—保障体系建设"的逻辑，编制了"中国至 2050 年能源科技发展路线图"[7]。该路线图识别出我国至 2050 年能源发展的 10 个重要技术方向，包括：煤炭的清洁和高附加值利用技术、高效非化石燃料地面交通技术、生物质液体燃料和原材料技术、电网安全稳定技术、氢能利用技术、可再生能源规模化发电技术、深层地热工程化技术、天然气水合物开发与利用技术、新型核电与核废料处理技术等具有潜在发展前景的能源技术。

三、世界低碳经济的发展趋势

全球各个国家致力于低碳经济的发展，将催生一大批新的低碳能源产业、低碳生活方式、低碳技术发展等，未来新一轮的世界经济竞争必将是低碳经济的竞争。

1. 主要发达国家将加快低碳经济转型，并形成全球竞争新格局

对低碳领域的大规模投资将培育出新的经济增长点，发达国家将主导低碳技术和产业的发展。美国政府将继续推行绿色新政，培育新能源产业。2009 年，奥巴马签署《复苏与再投资法案》，内容包括开发新能源、节能增效和应对气候变暖等方面。开发新能源为核心内容，与开发新能源相关的投资总额超过 400 亿美元。美国将大力推动可再生能源的产量，制定并实施严格的汽车排放标准，还将促进绿色建筑等开发并建设全新的智能电网。此外，美国还将通过一系列的节能环保措施，发展低碳经济，培育新能源产业，使其成为新的经济增长点，重振美国经济[8]。

欧盟未来将继续保持环保技术的领先地位，推行低碳经济转型战略。欧盟为实现发展低碳经济的"三个 20%目标"（到 2020 年将温室气体排放量在 1990 年基础上至少减少 20%，将可再生清洁能源占总能源消耗的比重提高到 20%，将煤、石油、天然气等化石能源消费量减少 20%）将投资 480 亿欧元，其中主要是用于环保技术的投资。未来欧盟将进一步加大对低碳技术的投资，稳固其世界领先水平，并用于绿色经济建设，以创造更多的就业机会，应对全球气候变暖[9]。

日本将发展低碳经济纳入国家战略体系中，由环境省组织相关领域专家对低碳经济的发展目标和相应的政策措施进行研究。日本将把向低碳社会转型当作经济增长的新机会，着眼于低碳技术革命，主要发展太阳能利用技术，发展低碳物流，推广环保车辆，未来日本有可能达到可再生能源利用规模世界最高水平。

2. 在国际气候协定的影响下，全球碳交易市场将快速发展

《京都议定书》规定了发达国家的减排指标，并确立了减排机制，温室气体减排权从而成为一种商品，形成全球温室气体排放权交易。2009 年以后，《哥本哈根协议》替代《京都议定书》开始主导未来碳市场的发展趋势，这些政策有着承上启下的作用，为世界低碳经济的发展规划奠定了基调。在全球碳市场中，欧盟排放交易体系仍占主导地位。欧盟碳排放交易体系拥有世界上最大的温室气体排放权交易市场，未来将成为全球温室气体排放权交易发展的主要动力，并主导未来国际碳交易的规则制定。世界其他区域性碳交易市场逐步兴起，未来将逐步形成全球统一的市场和规则。碳交易市场和规则将逐步得到完善，未来低碳经济发展的一个重要方向即为朝向全球碳市场的发展。

3. 发达国家将利用碳税政策威胁发展中国家出口贸易

欧美等发达国家和地区未来将把气候变化与国际贸易挂钩，通过世界经济贸易组织，对尚未承担减排义务的发展中国家造成影响。发达国家为了促进国内企业减排，作为环境税的一部分实施碳税政策提高了商品的成本。碳税一般是针对煤、石油、天然气等化石燃料，按其含碳量设计定额税率来征收的，建立碳税制度，将燃料成本内部化，并以此来控制温室气体排放。2009 年的《美国清洁能源法案》规定美国有权对从不实施温室气体减排限额的国家进口的能源密集型产品征收碳关税；法国也对欧盟提出过类似的建议。发达国家试图通过碳关税促使发展中国家采取强有力的减排行动[10]。

总之，21 世纪是全球能源大变革、大调整的时代，也是全球经济和社会转型的时代。在新一轮能源革命和经济社会转型过程中，世界会产生新的游戏规则和评价标准，碳排放将日益成为竞争博弈的重要指标。

第三节　世界能源未来发展趋势预测分析

一、2050 年将形成以清洁能源（低碳和无碳）为主的世界能源格局

当前国际能源格局的趋势是新能源、清洁能源将取代不可再生的能源，发展清洁能源已成为全球发展的焦点。20 世纪至今，化石能源支撑了世界经济与社会的发展，但随着气候变化的影响越来越大，哥本哈根联合国气候变化大会会议决议要求在2050 年前全世界排放量减到 1990 年的一半。世界各国为了完成减排目标，不得不减少化石能源的消耗，增加清洁能源（低碳或无碳）的应用。

据《BP能源展望2030》预测，未来增长最快的燃料是可再生能源，到2030年包括生物燃料在内的可再生能源在全球一次能源消费中所占比重为 6%，而2011 年这一比重为 2%。2011~2030 年可再生能源年均增幅为 7.6%，其中核电每年增长 2.6%；水电每年增长 2.0%；化石能源中天然气属于清洁能源，增长最快，年均增长率为 2.0%；煤炭和石油增长较慢，分别为 1.2%和 0.8%。从长远看，未来煤炭所占比重下降，天然气比重略有增加，可再生能源开始大规模进入市场，到 2050 年，世界将形成以清洁能源为主的世界能源格局[11]。

据国际能源署（International Energy Agency，IEA）预测，石油在一次能源消费构成中的比重将大幅度下降，从 2005 年的36.3%下降到 2020 年的 25%，之后进一步下降到 2030 年的 18%，到 2050 年时，石油在一次能源消费中的占比将仅为10%。化石能源消费占比下降的同时核能和可再生能源所占比重有所上升，2020年将增长到 25%，2030 年达到 33%，到 2050 年将达到 48%。

虽然世界各大机构对未来能源结构的预测存在差异，但是未来能源的发展趋势是明确的，未来的能源格局也是明确的。煤炭、石油等碳排放强度较大的能源支撑了世界的发展，也引起了全球升温、气候变化、大气污染等各种环境问题，当煤炭和石油的消耗造成的环境危害大于其创造的经济价值时，煤炭和石油就应该退出历史的舞台，否则就会起到负面的作用，造成无可挽回的灾难性后果。当化石能源逐渐淡出历史舞台，世界经济社会不能因此而停止或后退，未来清洁能源将取代煤炭和石油，支撑世界的发展。虽然目前为止还没有明确的结论说哪一种清洁能源能够发挥如此巨大的作用，但清洁能源的未来发展趋势和历史使命是无可置疑的。

随着世界主要能源由煤炭、石油向无碳、可再生能源和其他新能源转化，高碳能源将逐步为低碳能源和无碳能源所取代，全球能源消费中碳的平均含量将逐步降低，世界能源消费结构逐步趋向低碳化。

二、天然气将成为世界第一大能源

天然气是一种优质、高效、清洁的低碳能源，具备资源丰富、利用广泛、使用方便、排放清洁等特点。清洁能源已成为目前世界能源发展的主流方向，天然气在能源结构中的比重越来越大。

全球天然气可探明储量总体上呈上升趋势。据《BP世界能源统计年鉴2015》数据显示[62]，2014 年世界天然气已探明储量为 187.1 万亿立方米，与 2013 年相比上涨了 0.3%，储采比为 54.1 年；与 1994 年相比，2014 年天然气探明储量增加了 78 万亿立方米，20 年间增长迅速。分区域来看，中东地区天然气资源最为丰富，自 1998 年起，已探明储量就已经全面超越欧亚大陆地区成为全球第一储量区，目前已探明储量为 79.8 万亿立方米，占全球天然气已探明储量的 42.7%，储产比超过 100 年；欧亚大陆地区是全球第二大天然气储量区，已探明储量为 58 万亿立方米，储产比约为 57.9 年；亚太地区为全球第三大天然气储量区，已探明储量为 15.3 万亿立方米，1994 年至今呈逐年上升趋势；非洲、北美、中南美洲位列四、五、六名，已探明储量分别为 14.2 万亿立方米、12.1 万亿立方米和 7.7 万亿立方米。世界天然气储产比一直保持在 50 年以上，因此，天然气的未来资源形式要远远好于石油。其中，中东地区与苏联地区天然气储量优势十分明显，北美地区由于技术成熟、开发时间较早，天然气储量增长潜力不大，但随着勘探技术与评估理论的不断进步，其他地区尤其是较为落后的非洲与中南美洲，未来天然气储量增长潜力巨大。除了常规天然气以外，非常规天然气资源量也非常丰富。IEA 预测数据显示，世界非常规天然气资源量为 922 万亿立方米，其中致密砂岩气为 210 万亿立方米，煤层气 256 万亿立方米，页岩气 456 万亿立方米。资源丰富的特点将为天然气在全球更广泛的应用提供基础条件[12]。

在全球能源需求持续增长、石油产量增长缓慢、二氧化碳排放日益加剧的大背景下，世界天然气产量呈现出快速发展的势头。据《BP 世界能源统计年鉴 2015》[62]，2004~2014 年，除 2009 年全球天然气总产量下降 3% 之外，其他年份天然气总产量一直呈上升趋势。2014 年全球天然气产量为 3.46 万亿立方米，比 2013 年增长了 1.5%。分区域看，欧亚大陆地区与北美地区仍然是全球天然气生产的重心，产量分别为 1.002 万亿立方米与 0.948 万亿立方米，总和占比达到 56.5%，与 2013 年相比，欧亚大陆地区天然气产量减少 3.1%，北美地区则增长显著，同比增长 5.3%；中东地区天然气产量排名第三，总产量为 0.601 万亿立方米，同比增长 3.5%，占世界天然气产量的 17.3%；亚太地区排名第四，产量为 0.531 万亿立方米，同比增长 3.7%，占世界天然气产量的 15.3%；排名第五的是非洲地区，产量为 0.2026 万亿立方米，占比 5.8%；中南美洲第六，总产量为 0.175 万亿立方米，占比 5.0%。《BP 能源展望 2030》预测显示，世界天然气总产量每年以 2% 的速度增长，2030 年将达到 4.75 万亿立方米，欧洲地区产量下滑，而北美地区呈现强劲增长。未来页岩气大规模开发将为全球天然气产量增长做出巨大贡献，其他类型的非常规天然气产量也将大大增加，尤其是来自非经合组织国家的其他类型天然气产量。

2014 年，尽管全球经济增长与 2013 年相类似，但全球一次能源消费增速急剧下降，美国、俄罗斯、欧盟、中国、日本、巴西的能源消费增速均下滑到历史最低点。2014 年，全球一次能源消耗仅仅增长了 0.9%，与 2013 年（+2%）相比有着显著下降，也显著低于过去 10 年的平均水平（+2.1%）。2012 年世界天然气消费总量为 3.393 万亿立方米，比 2013 年的 3.381 万亿立方米增长了 0.4%，比 2004 年的 2.6988 万亿立方米增长了 25.7%，年平均增长为 1.12%。2004~2014 年，只有 2009 年消费量同比下降，总体来说全球天然气消费量呈上升趋势。在 2012 年天然气消费总量中，经合组织的消费量为 1.5786 万亿立方米，所占比重为 46.7%，与 2013 年相比消费量下降了 1.8%；非经合组织消费量为 1.8143 万亿立方米，所占比重为 53.3%，与 2013 年相比消费量上升了 2.4%。从消费区域的角度观察，欧亚大陆地区与北美地区仍是全球天然气消费的两大重心，消费量分别为 1.0096 万亿立方米及 0.9494 万亿立方米，其中，北美消费量相比 2013 年增长 2.5%，欧亚大陆地区则下降 4.8%，两大区域消费量之和占总量的 57.9%；在其他地区中，亚太地区排名第三，消费量为 0.6786 万亿立方米，同比增长 2%，占全球消费总量的 19.9%；中东地区排名第四，消费量为 0.4652 万亿立方米，同比增长 6.3%，占全球消费总量的 13.7%；中南美洲地区排名第五，消费量为 0.1701 万亿立方米，同比增长 1%，占全球消费总量的 5%；非洲地区排名第六，消费量为 0.1201 万亿立方米，同比降低了 0.1%，占全球消费总量的 3.5%。

当前，天然气的主要应用领域为发电、工业与居民用气、交通等，都具有较高的经济效益与节能减排效益。美国能源信息署（Energy Information Administration，EIA）数据显示，发电需求是世界天然气消费增长的主要驱动力，未来世界天然气 30%~40% 将用于发电，尤其是在非洲地区和中东地区的发展中国家。与其他化石能源相比，天然气燃烧排放污染物远远小于石油和煤炭，同时燃烧效率极高，具有良好的环保效益，是高热量的安全清洁能源，利用天然气发电所产生的二氧化碳与二氧化硫的排放量大大低于常规煤炭发电。因此，天然气的快速发展有助于降低二氧化碳排放，符合全球清洁能源的发展趋势。

从世界总的能源发展趋势看，预计到 2030 年以后，天然气将成为全球能源由高碳向低碳转变的重要桥梁。预计 2040 年天然气需求将比 2013 年增长 60%，2025 年天然气将取代煤炭成为世界第二大能源；21 世纪后半叶天然气消费量将超过石油，成为世界第一大能源。未来页岩气将成为天然气产量的重要增长点。其中，页岩气开采在美国的成功大大激发了其他国家开采页岩气的热情，纵观全球，页岩气在 2020 年后将保持持续增长势头。《BP 能源展望 2030》预测显示：预计到 2030 年世界页岩气产量将达到 7665 亿立方米，其中北美地区的产量增长将在 2020 年后趋于平缓；未来我国将成为除美国以外的页岩气开发最为成功的国家，预计在 2030 年，我国的页岩气产量将达到 621 亿立方米，占我国天然气产量的 20%。最近 20 年天然气消费增长迅速，据 IEA 预测，2030 年全球天然气消费总量将达到 4.6 万亿立方米。天然气消费受经济因素影响较大，在经济发达的欧洲与北美地区，天然气消费增长速度缓慢且基本趋于平稳，因此，未来天然气消费增长主要来自我国、印度及中东地区。

三、非常规资源将逐步成为世界油气供应的重要来源

21 世纪以来，世界经济进入新的发展周期，各国对油气资源的需求直线上升。面对巨大的能源需求，世界油气产能建设和生产却增长缓慢，于是人们开始更多地关注非常规石油天然气资源，开发利用非常规油气资源将成为必然选择。目前，对于非常规油气资源还没有明确的定义，不同的学者对非常规油气的描述各有不同，一般认为非常规油气是指在现有经济技术条件下，不能用传统技术开发的油气资源。石油工程师学会（Society of Petroleum Engineers，SPE）、美国石油地质师协会（American Association of Petroleum Geologists，AAPG）、石油评价工程师学会（Society of Petroleum Evaluation Engineers，SPEE）、世界石油大会（World Petroleum Council，WPC）于 2007 年联合发布了非常规油气资源的定义：存在于大面积遍布的石油聚集中，不受水动力效应的明显影响，也称为"连续型沉积矿藏"[13]。

非常规油气资源有两个关键标志：油气大面积连续分布，圈闭界限不明显；无自然工业稳定产量，达西渗流不明显。通常将非常规油气资源分为非常规石油资源和非常规天然气资源两大类。非常规油气资源主要包括页岩气、煤层气、油砂、致密气、天然气水合物、特稠油、油页岩等。非常规油气资源分布广泛，拥有别于常规油气的主要地质特征，包括源储共生，在盆地中心、斜坡大面积分布，圈闭界限与水动力效应不明显，储量丰度低。勘探开发由浅层向深层发展，由圈闭成藏向源岩发展，由低黏度向高黏度发展，由高渗区向低渗区发展[14]。

常规的构造油气藏和岩性地层油气藏资源品质高，但总量较小，大约只占资源总量的 20%，而重油、油砂油、致密油、致密气、煤层气、页岩油、页岩气、油页岩油、天然气水合物等非常规油气聚集资源总量远大于常规油气，大约占资源总量的 80%。总体上，非常规油气可开采资源的潜力远远超过常规油气资源，发展前景非常大。全球煤层气、致密气、页岩油、页岩气、油砂和可燃冰（天然气水合物）等非常规油气资源蕴藏丰富，开发潜力巨大。目前，虽然全球剩余常规油气资源还比较丰富，但随着国际原油价格的走高和地区油气供需不平衡矛盾的加剧，非常规油气资源的勘探开发价值凸显。非常规油气资源必将是未来油气产业发展的重点，其市场角色和地位将更加突出，成为常规油气资源的重要补

充。常规资源向非常规油气藏开采理念的转变,加速推动了非常规油气的勘探开发,并逐渐改变国际能源供应格局。随着技术的不断进步,非常规油气资源已经开始突破经济和技术界限,成为重要的油气资源[15]。

非常规石油一般是指超重原油、油砂油和页岩油。据美国联邦地质调查局(United States Geological Survey,USGS)统计,全球非常规石油原始地质储量达16493亿吨,其中,重油、油砂和页岩油资源12493亿吨。其中,全球已知油砂可采资源量约为6510亿桶,占世界石油可采总量的32%。全球油页岩矿4000亿吨,其中美国油页岩资源最丰富,折合页岩油为3036亿吨。

非常规天然气通常是指致密砂岩气(tight sandstone gas,TSG)、煤层气(coalbed methane,CBM)、页岩气(shale gas,SG)、天然气水合物、高压气(水溶气)和深层气。根据IEA的研究结果,非常规天然气资源量达900万亿立方米,是常规天然气资源量的1.9倍。全球非常规天然气技术可采储量380万亿立方米。2011年,由美国国务院牵头,由美国内政部地质调查局、环境保护局(Environmental Protection Agency,EPA)、EIA等多家政府机构组成的研究团队对世界32个国家、48个页岩气沉积盆地进行"全球页岩气初评",结果显示:地球上页岩气的资源储量大于常规天然气,全球页岩气资源量估计为456.2万亿立方米;全球页岩气可采资源量为187.40万亿立方米,与常规天然气探明可采储量相当。IEA对全球煤层气进行评估,全球深埋于2000米的煤层气资源为240万亿立方米,超过已探明常规天然气储量的两倍。对于天然气水合物,在各大洋中已探明2.0×10^8亿立方米以上的总资源碳热量,为全球科技界公认的全球资源量约相当于全球探明煤、石油、天然气含碳量总和的2倍。

全球非常规天然气不仅资源丰富,而且具有环保、高效等特点,从而成为了当前开发的热点,尤其是页岩气资源更是成为重点开发的对象。二次压裂技术的应用有效提高了页岩气单井产量,可使产量接近或超过初次压裂时的产量[16]。水平井技术的应用使无裂缝或少裂缝通道的页岩气藏得到了有效的经济开发。目前,美国已经进入页岩气开发的快速发展阶段。国际能源署发布的数据显示,2000~2013年,美国页岩气年产量由117.96亿立方米上升至3025亿立方米,页岩气在美国天然气产量中的比重升至44%。美国页岩气领域发生的一系列重大变化,被人们称为"页岩气革命",不仅是因为美国页岩气产量的大规模增加,更是因为它所产生的影响不仅局限于美国。国际社会普遍认为,美国页岩气产业的突破不仅大幅提高了美国能源自给率,助推美国实现"能源独立"梦想,增加了天然气产量,更对全球天然气市场、能源供应格局、气候变化政策甚至地缘政治产生了重要影响[17]。

除了页岩气取得重大突破以外，其他非常规油气资源发展还比较缓慢。但非常规油气资源的潜力是毋庸置疑的，随着油气勘探开发的不断深入发展，致密气、煤层气、致密油等非常规油气在现有经济技术条件下展示了巨大的潜力，全球油气资源将迎来二次扩展，其必将成为未来能源的重要组成部分。从全球石油、天然气产业总的发展趋势来看，随着能源价格上涨、技术进步和开发成本降低，非常规资源将逐步形成有效的能源替代，成为全球油气供应的重要来源。

四、未来世界终端能源消费将以电力为主

电力是一次能源转化形成的二次能源，一次能源都能转化为输送使用方便、清洁高效的二次能源——电力。电力作为一种优质、清洁能源，提高其在终端能源中的比重对优化能源终端消费结构具有重要意义。有关数据表明，电能的经济效率是石油的 3.2 倍，是煤炭的 17.3 倍。电能占终端能源消费的比重每提升 1 个百分点，单位 GDP 能耗可下降 4%。

电力广泛应用于各个领域，随着科技不断发展，电力在世界能源与经济发展中的作用也日益增长，不断推动世界工业化进程。21 世纪以来，电力对经济增长的作用越来越大，通过提高电力消费可以明显提高劳动生产率，促使世界能源向低碳清洁的方向发展。随着新的能源技术的发明应用，更多的清洁能源将转化为电能，为终端消费领域提供充足的清洁电力供应，有效替代煤炭、石油等化石能源消费，并为太阳能、风能、水能等可再生能源开发再利用扩展市场空间。

根据《BP 能源展望 2030》数据显示：2000～2014 年电力消费总量年均增长 3.4%，预计 2030 年电力消费总量将比 2014 年高 57%，到 2030 年电力满足世界 33%的非交通运输能源需求。随着天然气的快速发展与页岩气的革命成功，天然气在发电燃料中所占比重不断提高，预计 2015～2030 年，全球发电用气的年均增长率将为 2.1%，天然气发电用气在天然气消费结构中的比重将从 31%上升到 35%。

据国际能源署预测，2030 年电力将占世界终端能源消费的 40%。在电力消费结构中，煤炭发电将更多地被天然气发电、核电和可再生能源发电所替代。预计到 2030 年，全球电力生产量将达到 33 万亿千瓦时，排名第一与第二的是煤电和气电，煤炭的发电量为 12.3 万亿千瓦时，天然气的发电量为 7.2 万亿千瓦时。到 2040 年，世界电力生产量将由 2010 年的 20.2 万亿千瓦增加到 39 万亿千瓦，增长率达到 93%。其中，经合组织国家电力市场比较成熟，因此电力需求增长已经趋于平稳；非经合组织增长潜力巨大，尤其以我国和印度为代表，将以每年 3.6%

的速度快速增长。2030 年后电力供应的一半来自煤炭和石油（分别占 47%和 3%），一半来自清洁能源（天然气、核能、水利、其他可再生能源分别占 23%、13%、6%和 8%）。

目前世界电力消费以煤电和气电为主，减少煤电比重、提高可再生能源的发电和提高核电比重成为当今世界主流趋势。预计到 2020 年后，全球用于发电的煤炭量将增加缓慢，可再生能源发电量将显著提高。电力是高效能源，广泛利用电能具有明显的节能效果。国际能源署的数据表明：近 50 年内，经合组织国家电力增长越快，其总体能源需求增长越慢；电力在终端能源中比重越大，单位产值的能源消费越低。目前环境问题已经促使各国政府节能减排，积极制定国际协议，大力发展天然气发电与可再生能源发电。以电力为主的全球能源安全框架，将改变传统能源生产国与消费国的关系，使得世界能源与电力工业产生巨大变革，大力发展新能源和可再生能源，重视能源科技创新和进步，有利于促进相互间的能源合作与共同发展，形成能源清洁化、低碳化、高效化的国际趋势。

五、未来全球围绕能源的竞争将越来越激烈

能源作为一种重要的战略资源，直接影响一国经济的运转和国家战略安全，对于世界各国的战略利益具有重要影响。在过去 200 年中，全球不足 10 亿人口的发达国家依靠煤炭和石油等廉价能源，实现了工业化和现代化。进入 21 世纪以来，由于复杂且多重因素作用，能源再次成为牵动人们神经的敏感问题，围绕能源所进行的竞争在国际舞台上愈演愈烈。

现阶段及未来相当长的一段时间内，以油、气、煤为主的化石能源资源在全球范围内仍是主要的消费来源，并且随着经济的增长，世界各国对于能源的总体需求还在不断增加，长期来看，全球能源供需仍处于紧张状态。能源问题与国际经济利益之间相互交织，呈现出极其复杂的格局[18]。例如，全球化时代能源领域的合作正在加强，高层互访频繁，全球各种能源合作机制的建立、石油管道的增加、技术和人才的流动都显示出能源领域的全球性，世界能源的依赖程度不降反增。

能源争夺和能源利用方式的分歧将越来越成为国际矛盾和冲突的重要诱发因素，发达国家将会更大力度地以应对气候变化之名制约发展中国家的能源利用，围绕能源资源的争夺将更加激烈[19]。以我国为例，作为世界上最大的发展中国家，在国际能源的合作和发展中也不可避免地受到其他发达国家的阻挠。在谁是世界第一大能源消费国的问题上，美国始终认为我国已经在 2009 年成为全

球第一大能源消费国，从能源消费结构来看，我国目前及未来相当一段时间都将是煤炭消费大国，碳排放量大，尽管我国政府高度重视节能减排，大力发展低碳能源及新能源，但事实是短时间内还无法得到根本性的转变，美国等发达国家针对这一点频频刁难。

当前，许多国家都呼吁加强对清洁能源的投资，希望通过新能源战略，维持全球经济的地位，巩固其未来经济竞争力和国际地位，而推动气候变化和绿色壁垒还可以削弱竞争对手的竞争力[20]。据《21世纪经济报道》：2010年我国有10%的能源消耗来自可再生能源，预计2020年这一比重可能达到15%，所以我国市场显然是重要的市场，目前我国风电设备的国产化基本完成并大量出口，在太阳能领域我国已可提供全套生产设备，制约我国太阳能产业发展的太阳能电池原材料多晶硅也实现从无到有。我国新能源技术的快速发展让美国感到不安，2010年，美国政府甚至发动了一场针对我国清洁能源产业的"301贸易反垄断调查"。

能源是促进世界社会经济发展和人类文明进步的重要动力，随着各国对能源的需求不断增长，围绕争夺最后的油气资源的斗争将成为新时期全球竞争的主题，现在发展中国家已成为全球能源消费的主体，能源消费和贸易格局逐步转变，未来全球围绕能源的竞争将越来越激烈。

第三章　主要发达国家
能源管理概述

随着经济的发展，能源在经济和社会发展中的基础地位越来越重要，能源需求量大幅度增长，供需矛盾将进一步加深。现有能源如何保障经济的持续快速发展、满足社会的需要将是一个严峻的挑战。此外，能源行业还面临来自环境保护等的多重挑战。而应对以上挑战，解决能源问题的关键在于建立完善的能源管理体制。因此，本章以美国、德国、英国和日本为例，介绍了四国在能源管理机构的设置及其职能、能源法律体系、能源监督体系等方面的管理经验，以供参考。

第一节　美国的能源管理

一、能源管理机构的设置及其职责

根据现行的美国能源立法，美国能源管理体制分为联邦和州两个层次。在联邦层次，对能源进行监管的主要有两个部门：美国能源部（Department of Energy，DOE）和联邦能源监管委员会（Federal Energy Regulatory Commission，FERC）。其中，能源部是联邦政府的能源主管部门，联邦能源监管委员会是内设于美国能源部的独立监管机构。除这两个部门之外，还有一些与能源相关的其他监管机构，如美国国家环境保护局（简称环保局）、内政部等。在州层次，由于各地的能源资源情况不同，能源管理机构也不尽相同[21]。

（一）联邦层次的能源管理机构

1. 能源部

美国能源部的历史可以追溯至第二次世界大战后设立的美国原子能委员会

（Atomic Energy Commisson）。美国原子能委员会是根据 1946 年《原子能法案》设立的政府机构，负责对原子能利用的控制，目的是提倡、管理原子能在科学和科技上的和平用途。1974 年的《能源重组法》撤销了原子能委员会，建立了核规划局及原子能研究与发展署。1977 年，根据《能源部组织法》，美国政府将原核规划局和原子能研究与发展署合并成为美国能源部。能源部主要负责能源发展和安全的大政方针的制定。在能源部成立之前，联邦的能源监管职能分散于几乎所有的内阁部门。成立能源部的目的在于协调并集中全国能源方面的能力，以应对由阿拉伯国家在全球范围的石油禁运和提价造成的 20 世纪 70 年代的石油危机。能源部的使命是：营造安全、可靠、环境和经济发展协调的能源系统；管理国家核武器库；清理核设施的污染；保障美国的科技优势。

能源部是美国联邦政府的能源主管部门，该部下设 8 名部长助理，其直接下属单位有能源信息署、能源监管委员会、8 个项目办公室、12 个行政机构及 24 个国家实验室和技术中心。其中 8 个项目办公室包括民用核废物管理办公室、电力提供和能源可靠性办公室、能源效率和可再生能源办公室、环境管理办公室、化石能源办公室、遗产管理办公室、核能办公室、科学办公室，它们起到支持国家安全的作用。12 个行政机构为总财务官、总信息官、经济影响和变化办公室、总法律顾问办公室等，这些机构主要负责为能源部的项目办公室提供行政、管理和监督方面的支持。美国的国家实验室由阿姆斯国家实验室、国家能源技术实验室、国家可再生能源实验室等组成。国家实验室一般是由理事会作为决策者，监事会作为监督者，并且由院、所长来负责日常管理；另外，实验室采取的是国家拥有、运营商经营的模式，具体的职责分配如下：一般情况下，任何项目基本上都需要能源部和承包运营商签订相关合同，那么对实验室的管理、运营和维护及具体研究工作主要由运营商来负责，能源部的主要职责是在宏观上指导实验室的使命、任务、具体发展方向、研究计划等[22]。

能源部的主要职能是：管理和协调联邦政府内有关能源事宜；从事能源技术的研究和开发；开拓能源市场；进行能源保护；制订和执行核武器发展计划；制订能源发展规划；搜集和分析有关能源的数据。能源部的基本任务是：促进安全的、有竞争力的和对环境有利的能源开发和生产，满足人民需要；维护国家安全，促进国际核安全，减少大规模杀伤性武器的全球危险；通过清除核武器的环境影响及制订民用核研究与发展计划，提高环境质量，最大限度减少未来废物材料的产生；提供世界一流的科学和技术；对能源数据和价格进行信息收集、分析和研究，帮助制定长期的能源供应和使用决策；提高能源使用的效率和生产，控制环境影响。

美国能源部下设的有多个公署、国家实验室和技术中心，有 3 万多名科学家和工程师从事能源领域最尖端的科学研究。能源部在全国共有 1.5 万多名政府雇员，雇员包括从工程到会计、从公共政策到气候科学、从物理到法律等各方面的专家。能源部下设的能源信息署，负责对能源供应、需求和价格趋势等数据进行收集和分析。能源部下设的联邦能源监管委员会作为独立的监管机构，发挥前联邦电力委员署的全部职能。事实上，能源领域的主要规则由联邦能源监管委员会制定，而不是由能源部制定。能源部组织机构见图 3-1。

美国能源部部长由总统直接提名并由议会批准，能源部经费主要来源于联邦预算拨款。近年来，美国能源部的预算拨款逐年增加，由 2000 财政年度的 162 亿美元增长到 2009 财政年度的 337 亿美元。其中，原子能及核武器管理方面的支出占比大幅下降，清洁能源和可再生能源方面的拨款逐年增加，尤其是根据 2009 年《复兴和再投资法案》追加的 387 亿美元拨款中，用于节能与可再生能源的拨款追加了 168 亿美元，用于环境保护的拨款也追加了 60 亿美元。

2. 与能源相关的其他监管机构

美国其他部门在能源管理方面的主要职能有：环境保护署除负责资源开发利用过程中的环境保护管理以外，还有可再生能源和节能技术的推广、产业建设和市场开发管理；商务部负责出口管制、国外贸易发展和自然资源的保护；内政部负责油气资源勘查开发和矿业权的管理和资源调查分析；财政部负责税收政策；贸易开发署通过资助可行性研究和技术援助等措施帮助本国油气公司在其他国家参与竞争；进出口银行负责国外贸易融资和担保；商务部对近海地区的环境保护、资源保护与开发进行监督管理；运输部负责管理天然气、液化气、石油管道工作[23]。

在联邦各部门能源管理权的分配上，虽然《能源部组织法》试图由统一政府部门负责能源管理，但鉴于种种原因，政府的一些能源管理部门仍分属于不同部门而不属于能源部管辖。其中，最重要的是能源管理部门包括核能监管委员会、美国联邦环境保护局和内政部等。如美国交通部负责高能核废料的运输事务等。

除能源部和联邦能源监管委员会外，美国的核能监管委员会负责核能开发监管，美国联邦环境保护署、内政部、劳工部及运输部等其他政府部门也有部分油气资源管理的职责。虽然《能源部组织法》试图统一政府的主要能源计划，鉴于不同的原因，政府的一些能源监管部门仍不属能源部管辖，其中最重要的机构是核能监管委员会。该委员会的 5 名委员由总统任命，由国会确认。该委员会作为一个整体，制定管理核反应堆和核材料的安全事项的规则及条例、向许可机构发布行政命令并就其负责的法律事宜做出裁决[24]。

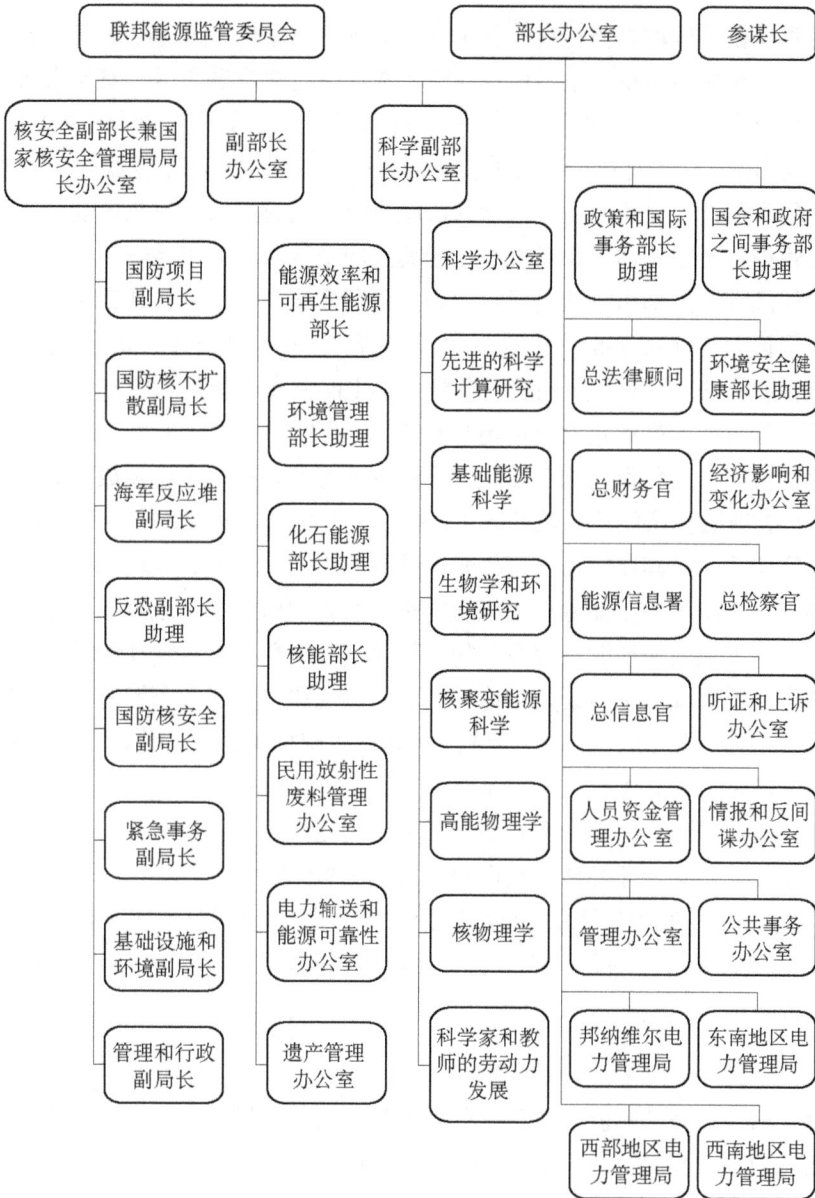

图 3-1　美国能源部组织机构图
资料来源：根据美国能源部网站资料绘制

在核能管理领域，除了能源部下属的民用放射性废料办公室和环境办公室之外，负责相关核能管理的还包括核能监管委员会、核能立法局、美国交通部、美国联邦环境保护局等。核能监管委员会是从前原子能委员会分离出来的机构，负责制定管理核反应堆和核材料的安全事项的规则及条例，负责向许可机构发布行政命令和就相关法律事宜做出裁决。该署颁发核电站建设和运行安全原则。由原子能委员会分离出来的另一个机构——能源研究开发署则负责原子能应用的研究、开发和推广。不把核能监管委员会的职能并入能源部的主要原因是强调核电站安全的重要性，以避免由于监管部门职责过于宽泛而疏于对核电安全的监管。核能监管委员会的具体工作通过其在全美的四个区域办公室展开。

对能源有着深刻影响的监管部门是美国环保局。环保局主要负责研究和制定各类环境计划的国家标准，并且授权给州政府和美国原住居民部落负责颁发许可证、监督和执法。同时，环保局还负责可再生能源和节能技术的推广，侧重于可再生能源和节能的产业建设及市场开发等。能源部的主要职责是确保能源的充分和可靠的供应，而环保局的主要职责是避免能源的利用对环境造成不利的影响。

因此，有必要将能源领域的环境保护职能从能源部独立出来。环保局对能源生产的影响很大，其监管措施直接影响能源的生产、开发、运输和分配。

另一个承担了很多能源相关职责的重要监管部门是国会成立的内政部。

内政部下属的与能源管理有关的机构包括开垦局、土地管理局、露天开采办公室等[25]。内政部对于与公共土地相关的天然气和石油资源有管理权，同时内政部部长也负责大陆架上的土地租赁，而具体实施相关管理的是内政部所属的机构。其中，内政部下属的土地管理局对与公共土地相关的天然气和石油资源负有管理权。美国国会于1920年颁布的《矿藏土地租赁法》将天然气、石油资源定性为可以租赁的矿藏，联邦政府收取相关的使用费[26]。

除此之外，美国还有大量的行业协会（学会）、科研机构和非政府组织，这些机构利用世界一流的科研能力和行业管理经验，为各级政府充当智囊团的角色，在政府能源战略和政策的制定中发挥着重要的作用。

（二）州层次的能源管理机构

如前所述，美国的能源监管权分属于联邦政府与州政府，它们各自在法律规定的范围内行使职权。一般来说，在州层次各州负责能源规制的部门主要有三个：州能源委员会、州公用事业委员会（Public Utility Commission，PUC）及州环保局。

1. 州能源委员会

州能源委员会是能源政策和规划机构，根据本州的相关法律建立。委员会成员通常由州长亲自任命，任期为5年。5名委员必须具有工程、物理科学、经济学、环保或法律等方面的专业背景，有1名成员必须选自大众。委员会的职责包括：预测未来的能源需求，并保持能源历史数据；给50万千瓦或更大功率的火电厂颁发执照；制定本州的设备和建筑物能效标准，并与当地政府合作，执行这些标准；运用先进的能源科学和技术，支持能够促进公共利益的能源研究；支持、鼓励新能源的开发和利用；规划和领导本州能源紧急情况的处理。州能源委员会通过上述规制活动，鼓励公共或私营机构采取行动改善能源系统，营造一个良好的经济和健康的环境，使本州居民有理想的能源选择，能够获得负担得起、可靠、多样、安全和环保的能源。

2. 州公用事业委员会

各州公用事业监管委员会通过市场准入监管和价格监管、受理业务申请和处理举报投诉、行使行政执法和行政处罚权力等监管手段，实施对资源、产业、市场的有效监管。此外，以下事务也主要由各州公用事业监管委员会负责：完全位于一州境内的油气运输管道管理；监管向消费者零售的电力和天然气；批准发电、输配电项目的实体建设；监管市政电力系统和田纳西流域管理委员会等联邦电力营销机构的行为，给大多数的农村电力合作社发放州水质证书，监督石油管道的建设、石油设施的退役、石油企业的并购；监管位于外大陆架的管道安全或管道运输；监管地方天然气配送管道；开发和运营天然气车辆等。州公用事业委员会下设执行办公室、通信部、能源局、水利局、消费者保护和安全局、消费者服务及资讯局、信息和管理服务局、法律部、政策和规划局。其中，能源局主要根据州能源委员会制定的能源开发和管理政策及计划，对州内的电力、天然气、煤气等私营企业进行规制，并提供客观的专家分析和咨询，确保消费者能以合理的价格享受安全、可靠及实用的能源服务，防止欺诈，保护并促进本州的经济发展。

3. 州环保局

州环保局主要负责研究和制定各类环境计划的地方标准，如空气质量标准等，并按照国家环境保护署的授权负责颁发许可证、监督和执法。同时，负责本州可再生能源和节能技术的推广，侧重于可再生能源和节能产业的建设及市场开发等。除联邦政府和州政府能源规制部门之外，美国还有大量的行业协会（学会）、科研机构和非政府组织。例如，美国能源部伯克利国家实验室拥有科学家近4000人，仅加利福尼亚州能源服务产业的从业人员就近3万人。这些机构拥有世界一流的科研能力和行业管理经验，经常为美国各级政府充当智囊团的角色，成为政府和企业之间沟通的桥梁，对各州乃至联邦政府的能源规制发展战略和政策的制定发挥着重要的作用。

二、能源法律体系

为了加强和规范能源监管工作，美国建立了较为完备的能源监管法律体系。早在 20 世纪 30 年代，美国就制定了《天然气法》。此后，美国联邦政府又陆续制定了《菲利普斯决议》《天然气政策法》等法律法规。此外，美国还有与能源监管相关的反垄断法律法规，如《谢尔曼反托拉斯法》《克雷顿法》《联邦贸易委员会法》等。

美国在长期发展中形成了一套从政策制定到程序履行都有比较严密的能源监管法律体系。现今美国参照的能源监管法律主要是《天然气法》，除此之外，也制定了比较完备的反垄断法律法规。《菲利普斯决议》《天然气政策法》《联邦能源委员会436 号令》《放松井口管制法》等也都是能源监管机构依法行事的主要的法律法规。通过法律手段规范能源领域，对能源行业进行有效管理，能够有效地限制垄断行为，为企业公平竞争提供法律上的保障

为了加强对能源的监管，保障国家能源安全，美国联邦政府从 20 世纪 30 年代开始制定能源监管立法。在 20 世纪 30 年代之前，美国联邦在能源法律方面较少建树。经历 20 世纪 30 年代经济大萧条和第二次世界大战，在许多机构的参与下，联邦政府才开始建立起有少量能源法规的框架。从 20 世纪 30 年代中后期至今，美国国会的能源监管立法可依据集中程度和立法主题分为四个阶段。

第一阶段：电力管控时期。20 世纪 30 年代中后期是美国国会能源监管立法的"电力管控时期"，这一时期美国能源监管立法的主题是如何加强政府对电力工程、电力基础设施的协调和监管，可以将其称为"电力管控时期"。其中，具有代表性的能源监管立法成果是《联邦电力法案》《公共设施控股公司法案》《农村电气化法案》和《天然气法案》等。

第二阶段：核能监管时期。20 世纪 40 年代至 60 年代是美国能源监管立法的"核能监管时期"，其主题是核能的应用和管理，具体而言是如何将核能生产和管理向民用、非政府实体转移。这一时期具有代表性的能源监管立法成果是 1946 年的《核能源法》、1954 年的《核能源法》《原子能委员会财产获得法案》和《普莱斯安德森核工业赔偿法案》。这一时期能源监管立法的争论点在于在核能领域是否应该"民进官退"，即是否将核能的生产和管理从联邦政府更多地分散到民用、非政府实体。

第三阶段：能源安全时期。20 世纪 70 年代至 80 年代是美国能源监管立法的"能源安全时期"，强调能源安全问题。这一时期的美国国会连续通过多项能源监

管立法，具有代表性的是《阿拉斯加石油管道授权法案》、1975 年的《能源政策与能源节约法案》、1977 年的《能源部组织法》、1978 年的《国家能源法案》、1980年的《能源安全法案》。20 世纪 70 年代至 80 年代，石油消费成为世界能源消费的主体，美国对进口能源的依赖逐渐加深，加上 1973 年阿拉伯国家的石油禁运，使得美国联邦政府加强了对能源安全的重视。

第四阶段：放松管制时期。20 世纪 90 年代至今是美国能源监管立法的"放松管制时期"，这样做的目的在于培育有序的市场竞争，以最终获得更为便宜而可靠的能源。这一时期的能源监管立法有 1990 年的《清洁空气法修正案》、1992 年颁布的《能源政策法》、2005 年的《能源政策法》和 2007 年的《能源独立和安全法》。其中，近年来美国颁布的两部能源法尤为重要，一部是 2005 年的《能源政策法》，另一部是 2007 年的《能源独立和安全法》，这两部都是美国政府适用能源的综合性法律。2005 年的《能源政策法》是美国近 40 年来范围最广泛、内容最丰富的能源政策，其立法目的是通过促使能源多样化、提升能源效率、扩大战备石油储存，保护环境和巩固能源安全。2007 年的《能源独立和安全法案》旨在推动美国减少能源依赖性和实现供应安全。

经过四个阶段的发展，美国逐步建立了完整的能源法律体系。

煤炭方面的法律：1920 年的《矿产租让法》；1976 年的《联邦煤矿租赁法修正案》；1976 年的《联邦土地政策和管理法》；1977 年的《露天采矿控制与复田法》等。

石油方面的法律：1953 年的《水下土地法》；1953 年的《大陆架土地法》；1973 年的《石油紧急分配法》；1976 年的《海军油储生产法》；1982 年的《联邦石油天然气矿区使用费管理法》；1987 年的《联邦陆上石油天然气租让修正案》等。

天然气方面的法律：1938 年的《天然气法》（1958 年修订）；1974 年的《天然气政策法案》；1989 年的《天然气井口价格解除管制法》等。

成立组织机构方面的法律：1920 年的《联邦动力法》；1936 年的《农村电气化法》；1977 年的《能源部组织法》等。

节能方面的法律：1975 年的《能源政策与节能法》；1978 年的《国家节能政策法》；1987 年的《全国电器节能法案》；1992 年的《能源政策法》。

环境保护方面的法律：1969 年的《国家环境政策法》；1977 年的《清洁空气法》；1990 年的《清洁空气法修正案》等。

其他相关法律：1946 年的《原子能法》；1974 年的《联邦非核能研究和开发

法》《能源组成法》；1978 年的《公用事业管制政策法》和《能源税法》；1979 年的《能源法规》；1980 年的《能源保障法》；1984 年的《资源保护和开发法》；1988 年的《汽车燃料替代法》和《联邦能源管理改进法》等。

美国有适应监管需要的完备的反垄断法律，主要有《谢尔曼反托拉斯法》《克雷顿法》和《联邦贸易委员会法》。

2005 年 8 月颁布的《能源政策法》是最新的适用能源的综合性法律。其主要内容包括：提供消费税优惠，促进家庭用能效率的提高；设定新的最低能效标准，提高电器效率；通过税收优惠，废止过时的不利于基础设施投资的规定，加强和提升国内电网等能源基础设施，重启核电建设；通过减税等措施促进可再生能源的开发利用；支持高能效汽车生产；减少对国外能源的依赖等。

三、能源监管体系

美国能源产业发展迅速，已形成以市场为主导的发展模式，政府较少对能源市场进行直接的干预。由于能源产业是国家经济发展的基础，政府的必要干预是合理的，为促进对能源产业的合理管理，美国通过法律设置了联邦能源监管委员会。

美国实行政、监分离的能源监管体制。美国独立的能源监管权分属于联邦和州政府，在联邦和州层面分别设立了联邦能源监管委员会和各州公用事业监管委员会，这种分级监管相互协调的监管方式适用了能源监管的诸多复杂局面，最大限度地维护了国家和公众利益不受侵害。联邦能源监管委员是一个内设于美国能源部的独立监管机构，为了保持它的独立性，联邦能源监管委员会的所有决策均由联邦法院审议，其运行成本也是由所监管企业上缴的年费来提供。联邦能源监管委员会的职员由能源开发的各个领域的专家构成，并且分属于若干办公室，各个办公室也有各自相应的职责。联邦能源监管委员会的主要职能包括：监管州际电力、天然气和石油的运输；私营、市和州的水电项目的许可及核查；确保跨州的高压输电系统的可靠性等。联邦能源监管委员会实施监管的主要内容和手段是市场准入、价格监管、受理业务申请、受理举报投诉、行政执法与处罚。各州公用事业监管委员会负责一州境内能源的各项管理工作，包括批准发电、输配电项目的实体建设；发放水质证书；石油企业的并购；监管地方天然气配送管道等。总体来说，美国联邦和州对能源领域的各项事务均有清晰的界定，这在一定程度上提高了能源监管的效率，并且间接促使我国中长期能源发展战略得到快速实现。

联邦能源监管委员会是美国的能源监管机构。通过法律设置此机构的原因就是要将能源政策制定职权和能源政策执行职能分开，防止"裁判员"和"运动员"角色的混乱。美国法律设置的联邦能源监管委员会主要负责能源领域监管政策的制定和执行。联邦能源监管委员会的监管政策要保证能源市场在公平的基础上进行有效的竞争，因此监管不是为了加强政府的干预，而是为了促进能源市场的良性竞争，从而促进能源的健康发展。根据美国法律的规定，联邦能源监管委员会是一个独立的管理机构，其独立性主要表现在，它设置于能源部之下，属于能源部的管理机构，但是此委员会直接向总统报告工作，不必通过能源部部长，不必接受能源部的行政指导。联邦能源监管委员会的独立地位除了有法律的保障外，还有制度上的保障。法律明确规定委员会的委员由总统提名，国会批准，非经法定原因，不得解除职位；委员会的费用大部分来自被监管企业的监管费用和服务费用，财政上的独立性保障了监管的独立性。

联邦能源监管委员会的组织机构见图3-2。

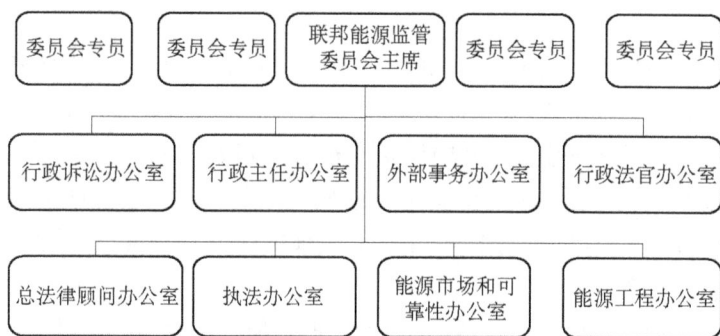

图 3-2　联邦能源监管委员会的组织机构图
资料来源：根据美国联邦能源监管委员会网站资料绘制

联邦能源监管委员会的主要职责是监管全美天然气工业、电力设施、水电项目和输油管道，包括跨州天然气传输和销售、石油的输送，跨州电力输送和批发销售，以及私人、地方和各州水力发电项目；评价和批准新建和扩建的能源项目；监管在用能源设施的安全有效运行、废物处理和环保状况；监管油气管道和电力输送费率；确定储量数量和生产能力，评价能源开发者和使用者的资格；为公众、政府和企业界提供能源资源的信息服务和咨询等。此外，2005年的《能源政策法》给联邦能源监管委员会增加了一些新的职责。

各州的公用事业监管委员会负责电力和天然气的市场监管，对电力设施建设的审批，对石油管道建设的监督，石油企业的兼并与收购行为，管道安全、管道运输责任，对本地天然气运输管道的监管等。

美国土地和资源三级所有能源的监督权力主要在州一级，一般天然气、电力的垄断问题也发生在州内。因此，美国特别强调地方监管机构的重要作用。

第二节　德国的能源管理

一、能源管理机构的设置及其职责

德国是联邦制国家，目前联邦政府由联邦总理府、联邦新闻局和 14 个行政部门组成。联邦各部为执行机构，负责执行内阁会议做出的各项政策决定。德国没有专门的能源部，而是由综合部门进行管理，其中与能源密切相关的部门有联邦经济与技术部，联邦环境、自然保护和核安全部，以及交通、建设与城市发展部[27]。

联邦经济与技术部是国家能源政策的制定者和监督执行者，提供和预算支援能源研究机构进行能源技术研究与开发。领导由经济部长、三位议会国务秘书和三位被任命的国务秘书组成，其中议会国务秘书在政治领域代表部长，并同时作为德国航空和宇航方面的政府协调人，另外两位国务秘书负责司局的有关工作。该部内设 9 个局，其中第三局分管能源。全部共有职工 1500 人。第三局能源政策局组织机构见图 3-3。

能源政策局的主要职责包括：根据政府既定能源目标制定能源行业的法律法规；依据欧洲总体能源方针路线适时调整和修订德国的相关法律法规；与联邦卡特尔局等反垄断机构限制企业滥用市场垄断地位，促进行业公平竞争进行合作；审批与非欧盟成员国签订的期限超过两年的能源进口合同；保障国家能源供应安全；通过行业协会等中介机构定期与行业各方进行对话、沟通与协调，以落实政府的方针政策和法律法规，实现国家的经济与能源发展战略目标。

德国联邦环境、自然保护和核安全部于 1986 年 6 月 6 日成立，接管原来由内政部、农业部和卫生部共同负责的环境保护职能，负责制定基本的环境、资源和能源保护政策。有波恩与柏林两个办公地点，主要办事处设在波恩，共有 6 个部门，830 名雇员，另外，6 个部门均在柏林设有第二办公室。环境部长总领大局，

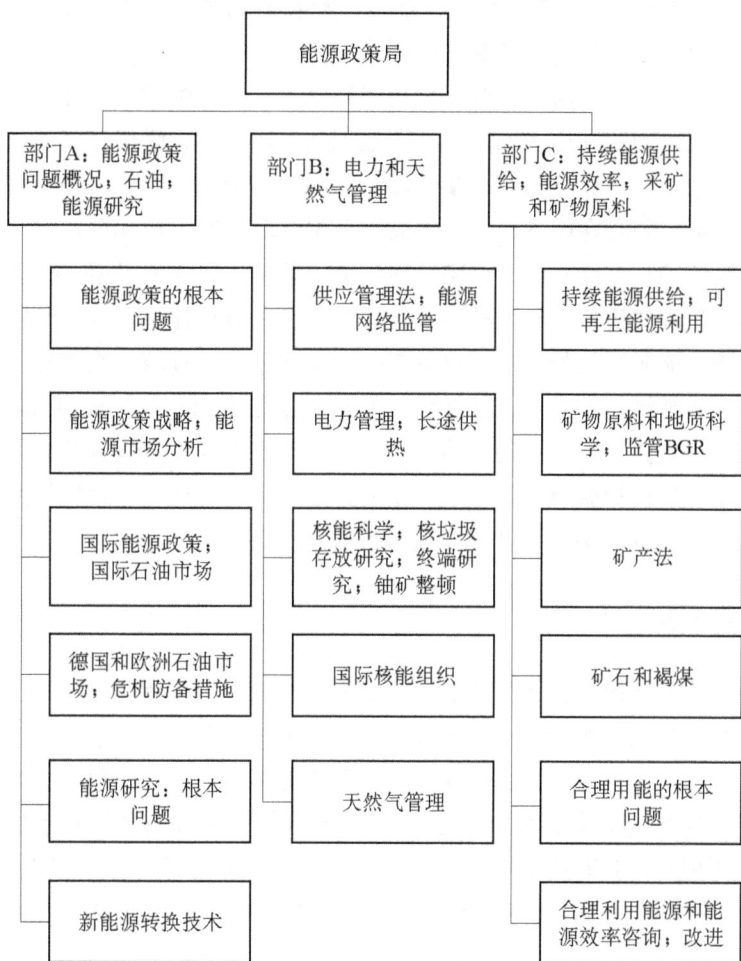

图 3-3　德国能源政策局的组织机构图

资料来源：根据德国经济技术部网站资料绘制

部长在 2 名议会国务秘书和 1 名国务秘书协助下工作。部长直接领导新闻处、内阁和议会处、部长办公室和个人秘书，设有 6 个司局，分别为中央司，气候保护和可再生能源与国际合作司，核装置安全、放射保护与核燃料循环司，水资源管理、废物管理、土壤保护与受污染地区司，环境健康、准入控制、装置和运输安全、化学安全司，自然保护和可持续利用司。德国联邦环境、自然保护和核安全部开展国际合作，对公众提供环境问题的信息和教育，对原东德地区的环境补救和发展，气候保护，空气质量控制，消除噪声，地下水、河流、湖泊和海洋保护，土壤保护和受污染地区的补救，废物回收利用政策，化学安全，环境与健康，工业设备紧急事件预防，生物多样性的保护、维持和可持续利用，核设施安全，放射性保护，以及核材料的供给和处置[28]。

联邦交通、建设与城市事务部原为联邦交通部。1998 年 10 月，新政府进行机构改革，原来的联邦运输部、联邦土地规划、建设部、联邦房屋部合并，组成了目前的联邦交通、建设与城市事务部。以部长为领导，以交流中心和政策事务办公室为辅助，同时在国务秘书的协助下开展活动。其下设 9 个司局，分管铁路运输、水路运输、道路建设、公路交通、空中运输、航天和船运；在建设和住房事物方面，负责住房秩序和结构政策，住房建设和城市建设。该部专门设有大气与环境保护、能源政策处，主要负责在公路交通、建设领域就改善能源效率、加强新的可再生能源特别是清洁能源的开发与应用等方面制定政策。目前共有 1700名工作人员。主要负责德国的交通、住房、建设等事宜，具体包括交通运输、基础设施、住房建设和城市建设管理，在能源方面则督导运输工具的能源管理、建筑节能、交通能源消耗、可持续交通能源等问题。

二、能源法律体系

作为联邦制国家，德国联邦和各州都有立法权。为了保障本国的能源安全，德国联邦和各州先后出台了一系列能源法律政策，从而形成了德国较为完备的能源法律政策体系。德国一直注重通过法律手段对能源产业、能源供需制度进行调节和监管。1935 年，德国就制定了《能源经济法》，标志着德国有了独立、系统的能源法律规则，具有历史性意义。之后，德国分别在石油储备、可再生能源、节约能源、核能等领域制定专门法。目前，德国已形成了以 2005 年新修订的《能源经济法》为核心的，由煤炭、石油、可再生能源、节约能源、核能、生态税收等专门立法为主体内容的能源立法体系[29]。

（一）能源基本法

德国联邦法律《能源经济法》是最主要的能源立法，是德国能源法体系中的基本法，主要对电力和天然气市场的相关问题进行规范。该法首次制定于 1935年，在当时的纳粹德国，电力、天然气市场几乎没有竞争，大型联网公司同时负责发电、管理和运营供电电网。该法的目的在于确保尽可能安全和廉价地组织能源供应，并授权有关部门负责能源的监管、市场准入、退出和投资控制。其目的主要通过划定区域界线，由国家监督价格并控制竞争，从而建立可靠的、城乡价格统一的电力供应经济体系。长期以来，在这一能源经济法的框架内，德国逐渐形成和巩固了强大的能源单一垄断体制。1957 年制定的《反对限制竞争法》虽然取消了电力经济中的区域保护协议，但是并未起到多大作用。

随着世界范围内放松管制潮流的兴起，德国能源工业的高度垄断状况越来越不适应能源市场发展的要求。1996 年，欧盟第一次发布了关于电子（包括电力）和天然气在欧盟内部市场自由化的指令（96/92/EG 号指令），强调欧盟内部能源供应市场的公平竞争，废除垄断，根据类型分类定价，建立高度透明和没有歧视的统一能源市场。德国能源从业者也强烈要求政府开放能源市场。在国内外因素的压力下，德国联邦政府内阁对能源经济法进行了修改。1997 年 11 月，联邦议会通过了新的能源经济法。1998 年 3 月，新《能源经济法》公布并于次日生效。

1998 年的《能源经济法》基本取代了 1935 年的老法。新《能源经济法》共有 19 条，明确将"保障提供最安全的、价格最优惠的和与环境相和谐的能源"作为立法目的，而且这三者之间具有同等重要性，在相互冲突时没有任何一方享有优先。新法的基本原则是非歧视原则，即保障每个用户不受歧视地使用能源网络。新法打破了传统的能源工业垄断结构，引入了竞争机制，根本性的改变包括：①打破原有的地域供电界限，允许任何符合条件并获得政府有关部门经营许可的公司经营供电业务。只有在不符合必要的技术、经济条件的情况下，供电的许可才会被拒绝。②立即对所有的用户开放能源市场，即所有用户都可以立即取消原有的一一对应的供求关系，重新选择自己的供电商。③电力公司必须将发电、电力传输和配电业务分开，而电力传输在经营管理上也必须与公司的其他业务分离开来。

新法的另一个重点在于保障能源供应的安全，且主要通过三个制度来保障。第一，公共能源供应的准入制度，即"申请—许可"程序。该法第 3 条规定从事向他人供应能源的活动须获得政府主管部门的许可。在申请者不具备确保长期能源供应能力，或可能导致对消费者不利的电力供应结构的情况时，管辖机关可以拒绝申请。许可必须适当考虑"安全、经济和环境上可接受的"能源供应目标。第二，保护能源消费者制度。该法第 10 条规定，能源供应企业应当向最终用户公布供电和供气的普遍适用条件及资费标准。供应商通常有义务满足其顾客的全部需求。然而，当能源服务对于供应商经济上不合理时，可以免除这一义务。第三，能源产业的国家监管制度。该法第 18 条规定，德国电力和燃气产业应服从国家监管，按照政府主管部门的要求提供技术和经济方面的相关信息，以监督能源企业的活动是否符合所有以能源供应安全为导向的法律法规和标准。

2003 年，《能源经济法》为实施欧盟在 2003 年发布的关于加快欧盟能源市场开放的指令（2003/54/EG 和 2003/55/EG 号指令）进行了第一次修改。欧盟指令要求欧盟各成员国最迟在2004年开放供应非民用电力和天然气的能源供应市场，从2007年7月1日起全面开放所有能源供应市场。《能源经济法》在2005年进行了第二次修改，新法于2005年7月1日生效。

2005年《能源经济法》的改革内容在于将能源网络费用和接入条件由原来的自由协商和事后监管模式，改变为政府事先管制模式。这从修改后的《能源经济法》的以下主要内容可以解读：①网络进入的方式和对价；②政府激励性管制；③垂直一体化能源供应企业的拆分；④私人终端用户的基本供给保护；⑤管制机关的组织结构；⑥管制机构和反垄断执法机构之间的权限及相互关系。为实现此目标，德国在联邦范围内加强了对能源市场的监管，将原负责管理邮政与电信市场的监管机构更名为联邦网络局。该监管机构负责对电力、天然气、电信、邮政和铁路网络的监管，还负责为能源企业制定最高限价。该法放宽了对企业利润幅度的限制，允许企业通过降低成本来提高利润，以促进市场竞争。

自1998年3月德国新《能源经济法》实施以来，德国电力和天然气等基础能源领域从原来的垄断结构转向自由市场经济结构，取得了较好的成效。在市场竞争的压力下，所有的电力公司不仅都在降低成本、提高效率上下工夫，而且进一步改善对用户的服务质量，从而使电价明显下降，服务质量显著改善。但从总体上看，德国能源市场还存在改革不彻底、监管缺乏力度的问题。国际能源署曾经呼吁德国政府进一步推动电力和天然气市场开放的改革，为公平竞争创造环境。

（二）能源专门立法

在能源基本法的引领下，德国建立了以能源类别及制度为立法对象的能源专门立法体系，主要是煤炭、石油和天然气、可再生能与核能、节约能源、能源生态税等立法。德国制定了以可再生能源开发、资源能源节约、循环经济发展等为主要内容的一系列法律法规，大大促进了可再生能源的开发和利用[30]。

（1）煤炭立法。德国的煤炭工业历史悠久，较早制定了相关法律进行规范。1919年，德国制定了《煤炭经济法》，这是世界上第一部以"经济法"命名的法律。当时德国刚刚在第一次世界大战中战败，经济面临崩溃，为挽救战后危机，德国立宪会议首先通过了《魏玛宪法》，在奉行"经济自由"的同时，确立了"社会化"原则，颁布了一系列经济法规。这些法律的主旨在于扶持垄断，对私有制实行限制，并授权政府对全国经济生活进行直接干预和管制。当时的德国试图通过这些法律，凭借国家权力直接干预和控制经济，把贯彻社会化政策同保护私有财产、维护契约自由结合起来。《煤炭经济法》则为其中的代表性法律，其目标在于确立煤炭产业的国家管制。

（2）石油和天然气立法。在石油危机后，德国开始重视石油等矿物资源的立法。1974 年 10 月 20 日，德国颁布了《在原油、矿物石油产品或天然气进口受到危害或阻碍时保障能源供应安全的联邦法案》，即《能源供应安全保障法》。该法案授权联邦政府发布法令和规章来保证基本的能源供应。据此，德国政府先后颁布了多项规范矿物、石油、燃气和电力行业的详细法令，包括《电力供应保障法令》（1982 年 4 月 26 日）和《燃气供应保障法令》（1982 年 4 月 26 日），以应对和管理能源危机。1979 年，《能源供应安全保障法》进行了修改。此外，1978 年 7 月 25 日，德国联邦议院通过了《石油及石油制品储备法》，建立了比较完善的石油储备制度。1987 年和 1998 年，该法进行了两次修改。

（3）可再生能源立法。大力发展可再生能源是德国能源政策的一个重要组成部分。1991 年，德国制定了《可再生能源发电向电网供电法》（又称《电力输送法》），强制要求公用电力公司购买可再生能源电力，这为德国可再生能源的发展打下了良好的基础。2000 年 3 月 29 日，德国颁布了《可再生能源优先法》。该法建立在 1991 年的《电力输送法》的基础之上，被视为世界上最进步的可再生能源立法。2004 年，该法进行了修改，共有 12 条，主要改进了生物质、沼气、地热和光电等能源的支付条件，更加体现效率的要求。同时，修改后的《可再生能源优先法》提出了新的目标，即到 2020 年使可再生能源发电量占总发电量的 20%。另外，德国在 2001 年颁布了《生物质能条例》。该法规在 2000 年《可再生能源优先法》的基础上，对促进生物质能发展进行了规范。

（4）节约能源立法。德国一直重视能源节约和能源效率的提高，并制定了较为完备的相关法律：①1976 年，制定了《建筑物节能法》；②1977 年，制定了《建筑物热保护条例》，提出了详细的建筑节能指标，该条例在 1982 年、1995 年和 2002 年进行了三次修改；③1978 年，制定了《供暖设备条例》，并在 1982 年、1989 年、1994 年和 1998 年进行了修改；④1981 年，制定了《供暖成本条例》，并在 1984 年和 1989 年进行了修改。2002 年 2 月 1 日，德国颁布了《节约能源条例》，取代了之前的《建筑物热保护条例》和《供暖设备条例》，对新建建筑、现有建筑和供暖、热水设备的节能进行了规定，制定了新建建筑的能耗新标准，规范了锅炉等供暖设备的节能技术指标和建筑材料的保暖性能等。按照该法，建筑的允许能耗要比 2002 年前的能耗水平下降 30%左右。2004 年和 2006 年，根据新的情况，该法进行了两次修改。另外，热电联产是提高能效、节约能源和保护环境的重要技术。1998 年的德国新《能源经济法》第二条即规定：环境可承受性是指使能源供应活动满足合理和节约的要求，以确保以自然资源进行有节制和可持续的开发，尽可能降低给环境造成的负担。热电联产和使用可再生能源在此方面具有特别重要的意义，明确鼓励热电联产的发展。2002 年，德国颁布了《热电联产法》，专门就企业和政府在促进热点联产上的责任及规则进行了规定。

（5）核能立法。德国很早就有专门的核能立法，联邦德国政府在 1958 年就颁布了《原子能法》，该法是德国核能立法的主要法律，与后来的《放射性物质保护条例》和《核能许可程序条例》等共同构成德国的核能安全与核利用法律体系。根据《原子能法》，联邦环境、自然保护和核安全部是监管核能设施和许可核能利用的主要政府部门。由于切尔诺贝利核泄露事件给德国留下了阴影，绿党在 1998 年上台后，提出了逐步关闭核电站的国家政策。通过谈判，2000 年 6 月，德国政府和核能企业签署了废除核能的协议。2002 年，德国制定了《有序结束利用核能进行行业性生产的电能法》，规定德国在 20 年后要彻底关闭现有核电站。

（6）生态税收立法。为了防止自然资源的过度利用和减少温室气体，德国还注重通过税收手段来提高能源价格、促进自然保护。1999 年，德国颁布了《引入生态税改革法》，并以此为基础，进行了一系列的生态税收改革，对矿物能源、天然气、电等征收生态税。同时，对使用风能、太阳能、地热、水力、垃圾、生物能源等再生能源发电则免征生态税，鼓励开发和利用清洁能源。2003 年，德国颁布了《进一步发展生态税改革法案》，强调税收从依劳动力因素负担逐渐转换到依环境消费因素而定。生态税开征以来，对德国能源结构的改善和温室气体减排都起到了很大的推动作用。

其他相关法律：1964 年的《大陆架宣言》；1964 年的《矿物油税法》；1978 年的《石油及石油制品储备法》，1987 年、1998 年两次修订；1958 年的《防止限制竞争法》，经历 7 次修改完善，最新版本是 2005 年的；1980 年的《联邦矿产法》等。

三、能源监管体系

德国的能源监管主要通过以下三种方式实现。

一是通过相关能源立法，由相应的政府部门负责实施。从 1976 年以来，先后颁布了《建筑物节能法》《机动车辆税法》《热电联产法》《节能标识法》《生态税改革法》《可再生能源法》等 8 部法律。其中，联邦经济技术部负责节能和提高能效工作；联邦环境、自然保护和核安全部负责二氧化碳减排、再生能源和核能工作；交通、建设与城市发展部负责交通、建筑物的节能工作等。1998 年，在德国第一部《能源经济法》框架内，德国联邦议院表决通过了新《能源经济法》，以促进和规范电力与燃气市场的竞争。2005 年 7 月，德国又通过了一项新的《能源经济法》。根据新的能源法案，德国在联邦范围内加强对能源市场的监管，负责管理邮政与电信市场的监管机构更名为联邦网络服务署，监管领域扩展到能源市场。新法的核心内容是由该局负责为能源企业制定最高限价，同时放宽对企业利润幅度的限制。新法的实施将使德国能源企业面临更大的价格和成本压力，能源市场的竞争将更加激烈[31]。

二是通过专门的监管机构实施监管。能源产业属于自然垄断产业。在德国，能源产业垄断现象普遍存在。德国于 20 世纪 90 年代后期开始自由化其天然气领域以便满足欧盟指令，私营企业控制着德国天然气生产。由皇家荷兰壳牌公司和埃索共同拥有的合资企业 BEB 控制着德国国内约一半的天然气产量；德国最大的天然气批发分销公司为 E.ONRuhgras，控制着国内市场约一半份额。因此，如何打破垄断实施监管是德国能源管理的重要方面。

德国是具有较完善的市场管理机制的国家，原来并没有设立专门的能源监管机构，也没有创立一项适用于能源监管的国家法规。德国几乎完全依靠企业自律进行管理，通过联邦卡特尔局（反垄断局）监控企业的市场行为。竞争控制是联邦卡特尔办公室独有的责任，法律授予办公室广泛的调查权力，它可以从企业获取信息，检查商务档案，并在当地法院的授权下搜查企业获取证据。2007 年 12 月，德国众议院通过了反垄断法案的修改，新的法案使能源公司更加难以提高价格。同时，新的法案要求能源公司证明它们的产品价格是适当的。德国联邦网络管理局是一个对能源市场进行协调和管理的监管机构，使德国能源监管逐步走向制度化。2008 年 1 月，德国联邦企业联合管理局宣布已经成立一个新的部门来监督电力、天然气和热力的市场价格。

德国最为重要的监管机构是联邦网络服务署和联邦卡特尔局，均隶属于经济技术部。二者之间建立了分工和合作机制，联邦网络服务署从行业和网络的角度进行跨行业监管，联邦卡特尔局则主要从企业行为和市场竞争的角度开展专业化监管[32]。

2005 年 7 月成立的联邦网络管理局，负责供电、供气、铁路、电信、邮政等网络性行业监管，其职责是通过促进自由化和放松管制，推动公用事业的进一步发展。它拥有有效的监管程序和有力的监管权力，包括信息获取权、调查权和实施制裁的权力。下设九个审查处为具体实施监管决策的部门。联邦网络服务署的组织机构见图 3-4。

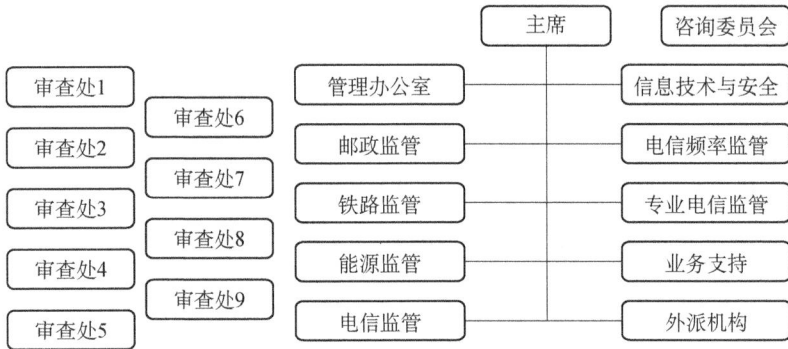

图 3-4 德国联邦网络服务署的组织机构图

资料来源：根据德国联邦网络服务署网站资料整理绘制

德国在联邦和州两级均设立卡特尔局，联邦卡特尔局的主要职能是维护市场公平竞争、禁止企业联盟、监管企业兼并、监管集团垄断行为和监督政府采购等行为，以及对企业是否滥用市场地位和违反竞争法进行监管。联邦卡特尔局共有230名左右员工，其中半数为法律专家和经济学家。卡特尔局设有 11 个决策处，行政，信息，法律、诉讼事务处，新闻办公室等职能机构。决策处负责审理和裁决不同经济领域的兼并案、集团垄断行为及企业联盟案。此外，为保证监管决策的公正，还设立了 3 个投诉审查处，在联邦政府职责范围内实施对投标者的法律保护，任何投标未被接受或者认为合约缔结程序存在违反公平原则的投标者都可以提出审查申请。卡特尔局的裁决不受上级领导和部门的影响，也不受政治因素的影响，各处也是相对独立的。联邦卡特尔局的组织机构见图 3-5。

德国的能源监管职能部分通过行业协会来实施。德国电力联合会（以下简称德电联）是企业自发的行业组织，成立于 1892 年，一度迁往法兰克福，2005 年迁回柏林。其以会员制的方式运行，经费主要来源于会费。德电联的重要功能之一是就电力企业、行业有关问题同政府接触和交涉，参与能源政策的制定。德国实行部门统一管理、各部门协作的能源监督管理体制。联邦经济与技术部是主管德国能源事务的部门，但其他相关部门也在职权范围内负责一定的能源事务。例如，《可再生能源优先法》第 12 条规定，可再生能源的市场开发与技术研究由联邦环境、自然保护和核安全部负责，联邦粮食、农业和林业部与联邦经济与技术部给予协作。另外，建筑节能由联邦经济与技术部和交通、建设与城市发展部共同负责；联邦食品、农业与消费者保护部主管转基因等生物体事务；能源相关税收由联邦财政部及其相关机构负责。德国明晰的能源监督管理体制为正在转型中的我国能源监督管理体制提供了参考。

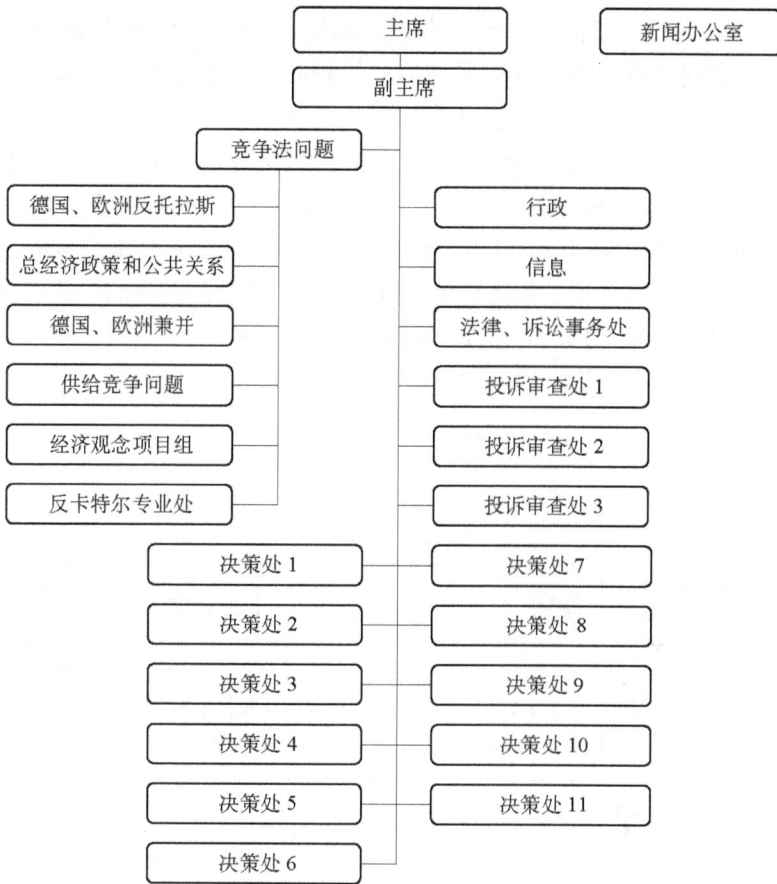

图 3-5 德国联邦卡特尔局的组织机构图
资料来源：根据德国联邦卡特尔局网站资料绘制

第三节 英国的能源管理

一、能源管理机构的设置及其职责

英国的国家能源管理机构是设在贸易和工业部下的能源局。英国在 1974 年成立能源部，后并入贸易和工业部，成为该部的能源局。英国能源局负责发展和促进英国自然能源资源的开发，参与国际能源事务，统筹管理各种能源市场及排放问题。英国能源管理的战略目标包括四个方面：首先是降低温室气体排放，即将环境责任放在优先考虑的地位；其次是能源安全，即能源供给的可靠性；再次是促进能源市场竞争，即建立和维护高效的能源市场机制，保障消费者和生产者的利益平衡；最后是确保居民充足的供暖。英国将环境目标放在首位，除了反映欧洲的环保观念深入人心外，主要还是因为其能源自给率高，能源安全显得没有环境问题那么突出[33]。从上述目标中也可以看出英国在能源管理中处处体现着以人为本与可持续发展的指导思想，值得我们参考。

英国贸易和工业部下设的能源局负责能源管理，主管能源战略、能源市场、能源创新、许可审核等工作。其组织机构见图 3-6。

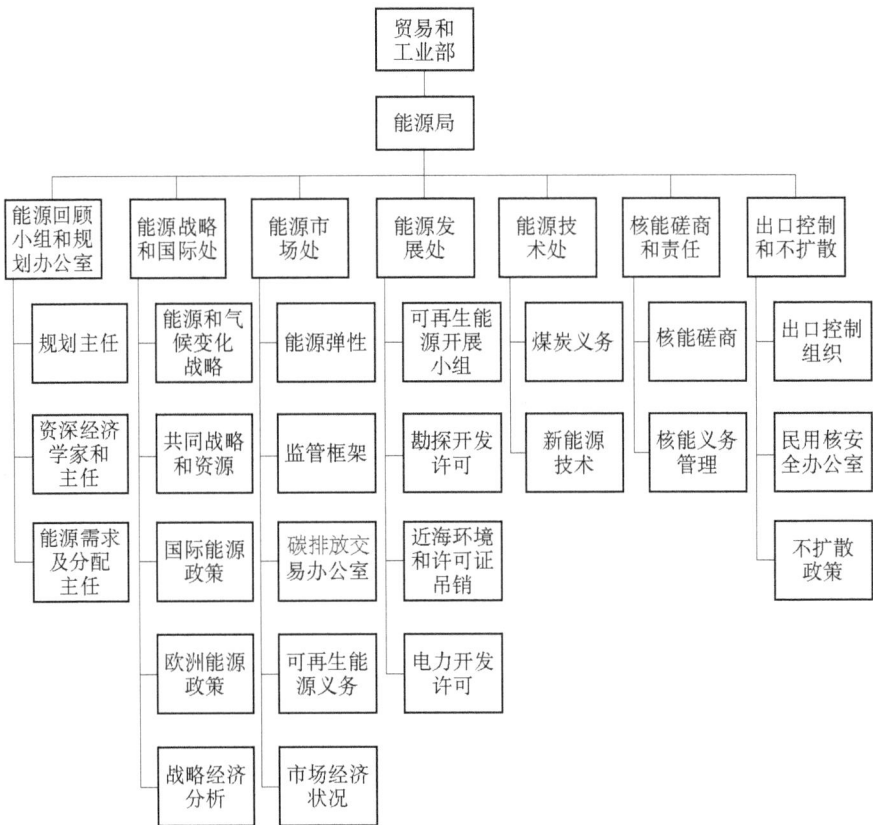

图 3-6　英国能源局的组织机构图

资料来源：根据英国贸易和工业部网站资料绘制

能源局的职责是负责能源矿产的勘探开发管理工作；参与国际能源事务；对国有核能发电公司及核能资产等代表政府行使管理职能；颁发许可证和审批（主要与油气有关，也包括与输电和发电许可的政策事宜）；一些环保事宜、排放交易安排。其任务是保证市场的竞争性，达到健康、安全、持续的能源供应。通过制定公正有效的框架，在充分竞争的情况下保障消费者、产业和供应者的利益，同时实现环境、社会的目标，减轻燃料短缺，保持能源来源的多样性和安全性。英国对环境目标的重视在机构设置中也得以体现：专门有可再生能源义务办公室、碳排放交易办公室、民用核安全办公室等[34]。

二、能源法律体系

英国于 1976 年颁布《能源法》。

煤炭方面的法律：1938 年的《煤炭法》；1988 年的《矿山法》；1989 年的《矿山用电法》；1993 年的《煤矿法》；1993 年的《矿山法》（井筒和通风）等。

石油、天然气方面的法律：1918 年的《石油生产法案》，1934 年和 1976 年修订；1962 年的《管道法令》；1964 年的《大陆架法》；1966 年的《石油规则》；1971 年的《防止石油污染法》；1972 年的《天然气法令》，1986 年和 1995 年修订；1975 年的《石油和水下管道法令》；1975 年的《石油税收法令》，1983 年修订；1975 年的《海洋石油开发法令》；1980 年的《石油所得税法》；1987 年的《石油法令》；1996 年的《石油（生产）（向陆区域）规则》；1996 年的《石油（生产）（向海区域）规则》；1998 年的《石油法》等。

电力方面的法律：1947 年的《电力法》，1957 年、1989 年修订。

节能方面的法律：1995 年的《家庭节能法》。

可再生能源方面的法律：1990 年的《非化石燃料义务》；2002 年的《可再生能源义务法令》。

其他相关法律：1974 年的《污染控制法》；1991 年的《水资源法》；1995 年的《环境保护法》；2000 年的《公用事业法》等。

三、能源监管体系

20 世纪 70 年代前的英国实施的主要是强制性监管，随后又发展为激励性监管。其强制性监管是由中央政府监管，由国家统一设立政府主管机构对能源产业进行管理，对能源的生产和价格进行严格的监管，依据国家能源产量和消费量制定对内和对外的能源价格。70 年代之后，其激励性监管在考虑市场化的前提下，建立了与企业同步发展的理性行政监管体系，使能源的发展更加符合市场供需平衡的要求，实现了与世界能源市场的接轨。私有化后，英国专门化的监管机构以法律为基础，以第二方中立的身份和立场对能源市场进行监管。但随着监管本身的不断发展开始出现了监管俘获、规章数目膨胀、监管成本上升等问题。为了重新获得政治支持，英国劳工党运用了监管优化这一口号，并广泛被运用于能源监管领域。英国能源监管机构的目标首先是以相关法律法规为基础，保障消费者现在和将来的利益，同时这也是能源监管机构的首要目标；其次是促进能源市场有效、有秩序地竞争，实现能源的可持续发展[35]。

英国的能源监管机构是天然气和电力市场办公室（Office of Gas and Electricity Markets，OFGEM），成立于 2000 年，原先各自独立的天然气管制办公室和电力管制办公室合并成立 OFGEM，隶属于电气市场局，电气市场局为 OFGEM 的所有行动负责。OFGEM 由非常务理事、常务理事、非常务主席组成。非常务理事由一些经验丰富的专家组成，他们有的来自欧洲，有的来自国内工业、社会政策、环境工作、财务等部门。OFGEM 的执行长同时兼任电气市场局的执行理事及管理主管。OFGEM 的资金来源于对持有许可证的被监管公司收取的部分费用。

OFGEM 独立于政府而成立，虽然与国务大臣拥有一致的目标和职责，但国务大臣没有权力直接对其进行领导。OFGEM 的监管权力和职责是依据 1986 年的《天然气法》、1989 年的《电力法》、1998 年的《竞争法》、2000 年的《公共事业法》、2002 年的《企业法》、2004 年的《能源法》取得的。作为欧盟成员国之一，OFGEM 同时也受欧盟立法的直接影响。欧盟的天然气和电力新立法极大地影响着英国能源市场的监管。2003 年欧盟通过《天然气第二指令法》、《电力第二指令法》，于 2007 年规定所有成员国的天然气传输、配送和储存采用一致的规则。

OFGEM 总部设在伦敦，现有职员 340 多人。OFGEM 组织机构见图 3-7。

OFGEM 的主要职责是：执行贸易和工业部制定的电力与天然气的发展政策、法规及规划；依法对电力工业和天然气的供应进行管理，保护和提高消费者的利益，努力减少信息不对称；给企业发放内容详尽的生产（经营）许可证并对其经营进行监督。

OFGEM 的主要任务是：创造市场环境使企业之间公平竞争，为消费者提供充分信息选择供给商；在非有效竞争的天然气和电力产业领域实施管制，通过制定价格控制及服务标准保证消费者获得有价值的服务；促进能源使用的效率性和经济性，保护公众利益，尤其是弱势群体享用能源的权利，确保能源供应安全，实现能源供应的多样化、多元化和长期化，为可持续发展做出贡献；确保监管行为在负责、透明、适时等监管原则下进行，依据竞争法令对反竞争的能源企业进行调查，对违反者采取处罚。

```
                            ┌──────────┐
                            │  OFGEM   │
                            └────┬─────┘
                            ┌────┴─────┐
                            │ 高级管理层 │
                            └────┬─────┘
   ┌───────────┬──────────┬──────┼──────────┬──────────┐
┌──┴────┐  ┌───┴───┐  ┌───┴───┐ ┌┴──┐    ┌──┴──┐
│首席行政官│  │共同事务│  │共同战略│ │网络│    │市场 │
│办公室  │  └───┬───┘  └───┬───┘ └─┬─┘    └──┬──┘
└──┬────┘      │          │       │         │
┌──┴───┐  ┌────┴────┐ ┌──┴───┐ ┌──┴────┐ ┌──┴────┐
│联络主任│  │执法、消费者、│ │环境主任│ │电子分配│ │批发市场│
└──────┘  │燃料短缺政策│ └──────┘ │主任   │ │主任   │
          │主任     │          └───────┘ └───────┘
          └────┬────┘
          ┌────┴────┐ ┌──────┐ ┌──────┐ ┌──────┐
          │修改主任  │ │欧洲主任│ │天然气分│ │消费市场│
          └────┬────┘ └──────┘ │配主任 │ │主任   │
                               └──────┘ └──────┘
          ┌─────────┐ ┌──────┐ ┌──────┐ ┌──────┐
          │苏格兰副主任│ │技术主任│ │运输主任│ │BETTA │
          └────┬────┘ └──────┘ └──────┘ │主任   │
                                        └──────┘
          ┌─────────┐ ┌──────┐ ┌──────┐ ┌──────┐
          │法律主任  │ │战略主任│ │高级财务│ │法律主任│
          └─────────┘ └──────┘ │顾问   │ └──────┘
                               └──────┘
                               ┌──────┐
                               │法律主任│
                               └──────┘
```

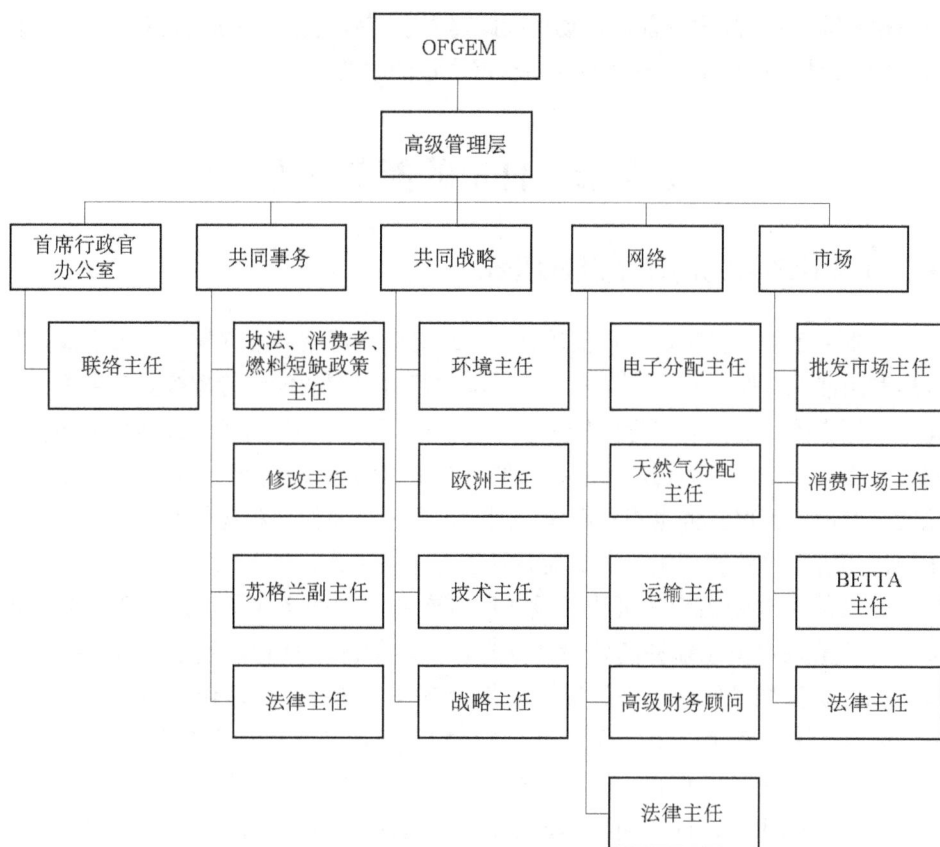

图 3-7 英国 OFGEM 的组织机构图

资料来源：根据英国 OFGEM 网站资料绘制

BETTA：British Electricity Trading and Transmission Arrangements，英国电力贸易和输送安排

OFGEM 依据法律以中立的第三者立场进行监管，它不随政府的更迭而发生变化。OFGEM 有明确的管辖范围、决策机制、监管规则和仲裁争议的程序，在公布其决定时给出理由，OFGEM 的行为和受监管者的履行行为定期向公众报告，所有协商和决策文件都上网公布。对 OFGEM 的决策不服，可上诉至议会的竞争委员会。竞争委员会如对办公室的决策有异议，可以做出新的决策，但一般是让办公室重新决策。上诉期间，办公室决策仍需执行。OFGEM 的重要决策是由 11 人组成的委员会做出的，OFGEM 本身的行为和工作任务也做出远期规划，并向社会公布。OFGEM 通过自身监管的透明性、决策参与的广泛性、决策制定的程序化保证了决策的有效性和实现了公众对监管者的监管。实践证明，OFGEM 作为英国独立的能源监管机构监管英格兰、苏格兰、威尔士的能源市场。OFGEM 以法律为基础，以第三方中立的身份和立场对能源市场进行监管，有效地避免了由政府权力更替带来

的不稳定等一系列问题。能源市场也因此建立了有效的竞争，获得可观的效益，提高了能源市场的活力，消费者也从中获得大量的收益[36]。

第四节　日本的能源管理

一、能源管理机构的设置及其职责

日本由于能源匮乏、严重依赖进口，政府对能源资源非常重视。为了最大限度地利用能源，保证国家能源安全，日本实行集中型的能源管理模式。由于日本属于资源小国，资源开采行业较少，勘探、开采等方面的管理体制也相对较少，但日本作为一个经济大国，有着很大的贸易量和消费量，管理体制的内容侧重于这两个方面，管理业务也相对简单。因此，为了精简机构和优化业务设置，设立了层次相对简单的管理机构负责能源管理的相关工作。

日本的国家能源管理机构是设在经济产业省下的资源能源厅，于 1973 年成立，负责制定国家能源的政策和计划，并对能源进行行政管理，负责统一掌管全国的资源能源需求、资源能源的供给条件，制定各种综合性的资源能源政策，实施全国的资源能源行政管理。该机构服务的战略目标有 3 个：能源安全、保障经济增长及环境保护。日本的资源能源厅不像美国能源部那样统一和集中地担负广泛的职能，这是由日本的国情决定的：一则作为能源消费大国，其本国能源资源匮乏，能源供应主要依靠进口，能源消费结构也相对简单，所以能源管理的重心在能源贸易，管理内容本身就相对简单；二则在经济产业省政策制定的强势地位背景下，能源战略目标能够得以有效地贯彻落实[37]。

资源能源厅按照行业分类设置下属部门，下设总长官秘书处，负责一般政策的制定和国际事务方面的工作；节能和可再生能源部负责制定能源的政策和计划、提高能源效率、促进新能源和可再生能源开发等；自然资源和燃料部负责石油天然气、石化、煤炭行业的管理；电力和天然气工业部负责制定电力、天然气、核能的政策和计划。在电力和天然工业部下还设有核能和工业安全管理模块，具体负责原子能的研究与工业生产利用。资源能源厅的组织机构见图 3-8。该机构服务的战略目标有三个：能源安全、保障经济增长及环境保护。日本资源能源厅虽然不大，但在管理上涵盖了石油、天然气、煤炭、电力、新能源等全部能源领域。

从图 3-8 可以看出，资源能源厅为典型的事业部结构，即具有独立的管理部门和对象、独立的责任和利益部门实行分权管理，并且在每个部门下又分别设立了不同的管理科目。采用这种管理体制是把政策制定与行政管理分开，政策管制集权化，行政管理分权化。厅长秘书处下设的一般政策科，集中力量来研究和制定总体目标、方针及各项政策。能源保护和可再生能源部、自然资源和燃料部、电力和燃气产业部这三个事业部在总体目标、方针和政策下完全自行处理，并且各事业部分别设立了自己的政策规划科，因此，事业部成为日常管理活动决策的中心，可以充分发挥主观能动性。当然，为了使管理体制保持完整性，避免各事业部"各行其是""群雄割据"，日本的资源能源厅也保留了几方面的决策权，如能源发展的决策权、人事的安排权、资金分配的决策权和对外的公共交流权。

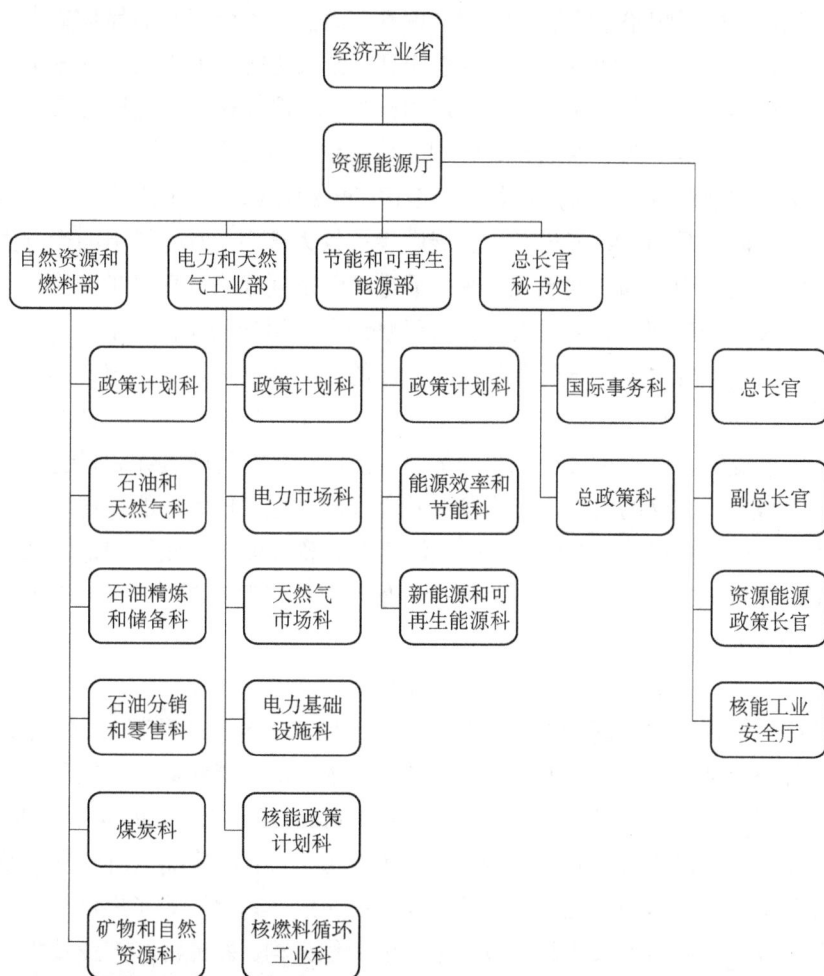

图 3-8　日本资源能源厅的组织机构图
资料来源：根据日本经济产业省网站资料绘制

采用这种事业部结构的管理体制，各部门的职能及关系比较清楚。优点是能使最高管理机构摆脱日常行政事务，不忙于协调、监督等低层次的管理工作，成为强有力的决策机构，并使得各事业部分工明确，发挥对能源管理的主动性。这种管理体制既有较高的稳定性，又有较好的适应性，该结构扩大了有效控制的跨度，使上级直接控制的下级部门或科室的数目增加。另外，这种体制还是培养管理人才的最好的管理体制形式之一。日本的资源能源厅采用的这种事业部结构也对各部门的管理人员水平提出了较高的要求，各部门中的核心管理人员必须熟悉全部的能源领域和管理知识才能胜任。事业部对集权与分权关系比较敏感，一旦处理不当，可能影响整个管理体制的协调性。而且，各个事业部都具备比较完备的职能科室，管理人员增多，管理成本较高。分权化的各个事业部在遵循总体政策制度的前提下，具有独立的政策制定的权利，使得优秀人才在日常的管理过程中得到全面的训练，为后续的核心管理工作提供了有力保障[38]。

虽然日本能源管理机构层次简单，但由于资源能源厅的上级管理部门是经济产业省，它是掌握制定经济与产业发展政策的权力部门，具有较强的影响力，因此能够增强能源管理部门的地位，有效促进能源发展战略目标的贯彻执行。资源能源厅直接对经济产业大臣负责，并由经济产业大臣向日本内阁汇报[39]。

综上所述，日本经济产业省资源能源厅的管理体制采用的是事业部结构，管理职能分工明确，具备总体规划和政策制定的高层管理部门，同时又将管理分权化，各个事业部门皆具有较为完整的体系，都拥有各自的政策计划科进行具体的能源管理政策、制度的制定，充分发挥其主观能动性。日本的能源管理体制虽然小巧简单，但其管理效率非常高，在经济产业省资源能源厅政策制定的强势地位背景下，有效地贯彻落实能源战略目标，使其单位能源消耗创造的 GDP 一直居国际领先水平。

日本还有健全的节能管理机构，节能管理体制由法律规定。2001 年，节能管理机构由资源能源厅的煤炭部的节能科升为节能和可再生能源部，人员编制为 65 人。此外还有节能中介机构的参与，主要有节能中心、能源经济研究所、新能源和产业技术综合开发机构（New Energy and Industrial Technology Development Organization，NEDO）。节能中介机构负责调查研究节能情况，研究提出政策建议，并负责落实和组织实施节能政策。在节能组织体系上形成了经济产业省、新能源和产业技术综合开发机构、节能中心的组织架构。新能源和产业技术综合开发机构以企业化、实用化为目标，推动节能、新能源产业技术的研发、实证和引进普及工作，对重大科技项目按照技术进展和市场化程度分别给予不同的资金支持。

除了专门的管理机构之外，日本政府还设立了能源管理协调机构，如能源咨询委员会、新能源和工业发展组织、日本核能安全委员会等。另外，日本政府还通过一些行业监管机构行使能源方面的监管职能。以日本电力系统利用协会为例，它是一个电力业务监管机构，主要承担电力系统各种规则的制定和监管任务。为了使能源政策制定具有科学性及能源发展更具协调性，日本政府还设立了一些专门针对能源的委员会、监管部门和能源协调机构。例如，2004 年日本正式成立了石油天然气金属矿产资源机构，该机构不再隶属于日本经济产业省资源能源厅，而是一个独立运作的行政法人机构。该机构的成立对日本石油和天然气的稳定供应起到了一定的作用，并且建立了更加全面的石油和天然气（包括液化石油气）供应系统，以进一步维持和增强资源开发的支持功能，同时该机构也逐渐与各个国家展开合作，为石油、天然气、页岩气等的开发项目提供资金援助。

二、能源法律体系

针对本国匮乏的能源储藏和较高的能源需求现状，日本较早就在注重调控国家能源政策的同时，运用法律手段对相关能源产业、能源供需制度进行调节和监管。综观日本能源立法，早期采取的是对石油、煤炭、电力、天然气、水资源、矿产资源等开发和利用分别予以规制的方法。与此同时，为贯彻施行能源专门法，日本还制定了一系列相关配套法规。此后，随着国家能源政策的变动，作为国家能源政策的基础，日本制定了《能源政策基本法》。目前，日本已构建了由能源政策基本法立法为指导，由煤炭立法、石油立法、天然气立法、电力立法、能源利用合理化立法、新能源利用立法、原子能立法等为中心内容，相关部门法实施令等为补充的能源法律制度体系，形成了金字塔式的能源法律体系，具有显著的特点，值得我国加以参考借鉴。

1. 能源基本法

日本于 2002 年制定并施行了《能源政策基本法》（以下简称《基本法》）。该法共 14 条，是从宏观上统领日本能源法律体系的基本法，对立法目的、指导思想、环境保护、市场机制、相关主体权利义务、能源规划、国际合作等诸多能源立法的基本问题进行了规定。该法第二条确立了日本能源立法的指导思想："在降低对特定地区进口石油等不可再生能源的过度依赖的同时，推进重要的能源资源开发、能源输送体制的完善、能源储备及能源利用的效率化，并对能源进行适当的危机管理，以实现能源供给源多样化、提高能源自给率和谋求能源领域中的安全保障作为政策基础，并不断改善政策措施。"

2. 能源专门法

1）煤炭立法

煤炭在第二次世界大战后的日本经济中占有重要的地位，相关立法包括：①为了有计划地对矿害予以修复，1952 年 8 月，日本制定了《临时煤矿矿害修复法》。为适应日本煤炭矿业政策，该法分别于 1993 年、1996 年、1999 年、2000 年等被多次修改，并于 2000 年 3 月在实现其立法目的之际被废止。该法包括总则、矿害修复长期计划、修复工程、指定法人、补则和罚则共 106 条。②为促进煤炭业发展，日本在 1955 年 8 月制定了《煤矿业构造调整临时措施法》。该法由八章 87 条构成，于 1993 年、1996 年、1997 年、1998 年、1999 年进行了多次修改。2000 年 3 月 31 日被废止，2002 年 12 月再度被修改。③为妥善处理由煤矿开采引起的损害赔偿纠纷，于 1963 年 6 月制定了《煤矿矿害赔偿等临时措施法》，该法由五章 30 条构成，于 1993 年、1996 年、1999 年、2000 年进行了多次修改，于 2000 年 3 月 31 日被废止，后又于 2000 年 5 月 31 日进行修改。

2）石油立法

日本的石油立法较多。1962 年 5 月，日本制定了《石油业法》，并于 1976 年、1978 年、1995 年、1999 年、2000 年等分别进行了多次修改。随着日本石油政策的调整，该法于 2001 年 6 月 20 日被废止。日本的《石油业法》由 5 章和附则组成。此外，结合不同时期的石油政策，日本还制定了《石油业法施行规则》、《石油供给适当化法》《挥发油销售业法》《石油以及可燃性天然气资源开发法》《石油公团法》（2002 年 7 月 26 日被废止）《石油及能源供需构造高度化对策特别会计法》《确保液化石油气体的保安及交易适当化法律》《石油气体税法》《确保石油储备法》《石油代替能源的开发及导入促进法》等一系列法律法规。日本石油立法的特点是紧密结合国家石油政策，在不断修改、废止和新的立法之中进行完善。

3）天然气立法

日本于 1954 年 3 月制定了《天然气事业法》，并于 1954 年 4 月 1 日施行，此后进行了多次修改。在体系结构上，该法由 7 章和附则构成，共 62 条。此外，为贯彻实施《天然气事业法》，日本又制定了《天然气事业法施行令》《天然气事业会计规则》《天然气事业法施行规则》《确定天然气工作物的技术上的标准的通产省令》《天然气事业法相关费用令》《天然气用品的审定等省令》等相关配套法律。通过天然气立法的完善，日本成功地实现了自 20 世纪 70 年代的两次能源危机之后的能源政策的调整，促进了天然气业的发展。

4）节能立法

《能源利用合理化法》（又称《节约能源法》）是日本重要的能源法律。《能源利用合理化法》于 1979 年 6 月制定，并分别于 1993 年、1997 年、1998 年、1999 年、2002 年、2005 年和 2006 年进行了多次修改。2008 年 6 月，日本经济产业省发布了该法的实施条例。

相关的法律还有：①日本在 1993 年制定了《合理用能及再生资源利用法》，提出政府将积极推进日本国内的节能工作、国外二氧化碳排放的控制工作、再生资源的“3R”有效利用和氟等特定物质的合理利用等活动。该法于 2003 年进行了修订。②1993 年 3 月，日本国会通过了与节能有关的两项法律《能源供需高级化法》和《节能、再生利用支援法》。前者以修改和强化 1979 年公布的《节能法》为中心，加入了《石油替代能源法与石油特别会计法》，并把新的地球环境问题的因素也考虑在内，制定了各种活动的预算。后者规定对主动采取节能及资源再生循环利用的业主执行超级利率融资，给予债权保证及课税的优惠等支援制度。③为了落实 1997 年的《京都议定书》中有关减少温室气体的承诺，日本政府在 1998 年 10 月批准了《关于推进地球温暖化对策的法律》，并于 1999 年 4 月起实施。该法律明确了国家、地方、企业与国民的责任和义务，确定了防止地球温暖化的基本方针，要求国家和地方政府制定具体的目标，要求各企业根据新节能法进行能源的高效管理。

5）新能源利用立法

1980 年，日本制定了《替代石油能源法》，设立了新能源和产业技术综合开发机构，开始大规模推进石油替代能源的综合技术开发。此后，日本于 1997 年 4 月制定了《促进新能源利用特别措施法》，大力发展风力、太阳能、地热、垃圾发电和燃料电池发电等新能源与可再生能源。此后，该法于 1999 年、2001 年、2002 年等先后进行了修改。在体系结构上，该法分为总则、基本原则、分则和附则共 4 章 16 条等、促进企业对新能源的利用、分则和附则共 4 章 16 条。2003 年，日本制定了《电力事业者新能源利用特别措施法》（简称 RPS 法）。该法主要对可再生能源配额进行了规定，即以配额的形式通过法律对电力事业者利用新能源的义务进行规定，通过强制措施促进能源多样化战略。同时，为贯彻实施《促进新能源利用特别措施法》，1997 年 6 月 20 日，日本制定了《促进新能源利用特别措施法施行令》，具体规定了新能源利用的内容、中小企业者的范围。该法于 1999 年、2000 年、2001 年、2002 年经过多次修改。

6）原子能立法

日本于 1955 年制定了《原子能基本法》，于 1978 年、1998 年、1999 年、2004

年进行了修改。1961 年日本制定《原子能损害赔偿法》，1965 年制定《原子能委员会及原子能安全委员会设置法》。在 2006 年的《新国家能源战略》中，日本政府再次强调了对核能的重视。

7）电力立法

如何满足如此快速增长的电力需求一直是日本政府亟待解决的重要课题。1964 年，日本政府颁布了《电力事业法》，该法于 1995 年、1999 年进行了修订，逐步放松了对电力市场的管制，促进了电价的降低和服务的提升。另外，为了使发电站的建立能顺利实施，日本政府在 1974 年出台了旨在提高发电站建立地区福利的"电力能源三法"，即《发电设施周围地区整备法》、《电力能源开发促进税法》和《电力能源开发促进对策财政法》。通过种种措施的实施，最终日本核能发电站得到大幅度发展，在一定程度降低了日本对石油的依赖程度。

8）其他相关法律

其他与能源相关的法律有：1967 年的《公害对策基本法》；1968 年的《防止大气污染法》；1973 年的《稳定国民生活紧急措施法》；1993 年的《环境基本法》；1998 年的《关于推进地球温暖化对策的法律》；2001 年的《关于推进采购环保产品法》等。

三、能源监管体系

日本本土能源资源极少，能源消费几乎全部依赖进口。但是日本的能源工业却很发达，日本的能源监管实践能够为各国应对能源匮乏的状况提供良好的借鉴。

日本政府能源监管的内容和手段主要包括：①制定法律法规。日本政府主要依靠法律手段对全国能源产业进行指导和调控。②价格监管。日本能源价格主要依靠市场进行调整，政府只进行必要的监管。③环境保护监管。能源监管部门有责任根据环境厅的要求和标准，对污染行业进行相应的管制。④争议处理。作为裁判和仲裁者，能源监管部门负责就电力、石油、天然气等能源产品的价格、项目建设和环境等问题，在能源生产者、销售者、消费者之间进行调解或协调[40]。

日本实行国家统一管理的能源管理制度。根据能源基本法和各能源专门法的规定，日本经济产业省负责能源管理工作，具体事务由下设职能部门负责。《能源政策基本法》《电力事业者新能源利用特别措施法》《促进新能源利用特别措施法》中都规定了经济产业省的职责范围。

除国家对能源实行统一管理外，日本还注重对能源专业机构与相关民间组织的建设，建立起能源管理的多级体制。在石油、天然气、新能源开发、能源节约等领域，日本都有相应的专业机构进行具体负责。这方面具有代表性的领域是日本的节能管理。在能源节约上，日本实行经济产业省—新能源和产业技术综合开发机构—节能中心的三级组织架构。经济产业省及其下属的能源资源厅根据国家总体要求，制定完善法规、条例，制定经济、产业政策，对企业的节能提出要求和奖惩措施；新能源和产业技术综合开发机构作为独立行政法人和能源专业机构，在政府宏观政策的指导下，负责组织、管理研究能源开发项目，也负责提供研究经费，对重大科技项目初期给予全部资金支持；节能中心则为民间组织，受政府委托对企业的节能情况进行评估，并提出整改建议，在政府与企业之间发挥中介机构的作用，其总部设在东京，全国有八个分支机构。日本节能管理三级机构的关系在于：新能源和产业技术综合开发机构是在经济产业省之下的独立行政法人，是行政组织体系中履行特定职权的专业性机关，在业务和宏观目标上受政府的指导，促进节能技术及其项目的发展；节能中心作为民间组织，接受经济产业省的委托履行一定的任务（行政任务私法化），具体负责节能措施的实施，保证节能管理落到实处。日本在能源节约上的世界先进地位表明，这一管理体制有效地保证了节能目标的达成和技术的提高。

针对能源专业机构，日本注重制定法律进行规范，以法律的形式明确其职责与业务范围。例如，2002 年 7 月，日本国会正式通过《独立行政法人石油天然气-金属矿产资源机构法》，决定废除原隶属于资源能源厅的"石油公团"，将其归并到原隶属于资源能源厅的"金属矿业事业团"，新组建了独立行政法人"石油天然气、金属矿产资源机构"，并对该机构的职责等进行了明确的规定。又如，在新能源开发上，2002 年，日本制定了《独立行政法人新能源、产业技术综合开发机构法》，专门对新能源和产业技术综合开发机构的目的、职责、业务等进行了规定。

日本能源监管政策分为对内和对外两种。以石油为例，对内发展国内炼油业，扩大石油产品供应，提高石油产品出口量等一系列方式满足需求。对外参与国际石油勘探开发，获取产油国的份额原油储量，增加国内石油供应保证。另外，日本还采取各种手段强化同产油国的关系，例如，增加日本企业参与产油国的重大石油开发项目的机会，根据产油国的需要实施扶持和合作政策。

第四章　主要发达国家的能源战略与政策

　　能源与劳动和资本一样，已成为当今社会的基础性战略资源和经济系统的基本生产要素。能源的短缺不论是总量的还是结构性的，都会直接和显著地影响国家经济与社会发展。然而近年来，来自地缘政治方面如中东地区混乱的社会秩序、争吵不休的伊朗核问题，都会影响中东原油产量。风险不仅限于中东地区，非海湾地区国家如主要产油国委内瑞拉和尼日利亚，曾由政治冲突导致原油供应中断。另外，近年来全球恐怖主义盛行，破坏原油供应、运输系统，这将大大增加原油供应成本。一些发展中国家如中国、印度，经济发展异常迅速，造成对能源的需求与日俱增，导致世界能源市场剧烈动荡，国家能源安全已成为各国政府高度关注的战略问题。在此环境下，各国政府都在紧锣密鼓地根据各国自身情况，调整和完善其能源政策，以使能源能够保证经济发展的需求。本章以美国、日本和欧盟这三个国家或地区为例，详细说明发达国家和地区能源政策，归纳出发达国家和地区能源政策的三条共同经验：①提高能源利用效率；②开发利用替代资源；③建立能源战略储备。

第一节　美国能源战略与政策

　　针对美国国内外的石油市场现状，以及历年来政府出台的各项能源政策和法律，将从国内战略和国外战略两方面进行讨论。

一、国内战略

　　美国立足国内石油勘探开发，积极发展替代能源，同时注重改善和新建能源基础设施，提高能源效率，增加政府战略石油储备。

1. 加强国内石油勘探开发

为了降低石油对外依存度，保障国内石油供应安全，美国加快国内石油开发力度，石油开采延伸至阿拉斯加禁区和美国西部地区。

1）开发阿拉斯加禁区

阿拉斯加曾是美国最大的产油州，油田位于北极冻土带的普拉德霍湾，通称"北坡"，1968 年在这里发现了特大油田。经过几十年的开采，北坡油田进入开发后期。地质调查证明，除北坡田外，阿拉斯加还有三个可供开采石油和天然气的地区：阿拉斯加国家石油储备区、北极边远大陆架和北极国家野生动物保护区[41]。

阿拉斯加国家石油储备区位于阿拉斯加北部布鲁克斯岭和北冰洋之间，预计石油储量为 21 亿桶，天然气储量为 0.24 万亿立方米。作为联邦政府的石油储备区是为应付战争紧急需要储备的，探明后把资源保留在地下。布什政府增加美国国内石油、天然气产量的重点是开发北极国家野生动物保护区，其总面积为 190 万英亩，首先开发 8.094 平方千米，最高产量可能达到 100 万～130 万桶/日，约为美国石油总产量的 20%以上。若按进口量计算，相当于美国从伊拉克进口石油 46 年。

2）开发美国西部石油及天然气资源

美国石油可采储量比较丰富。美国土地分为三级所有：联邦政府、州政府和私人。联邦政府在大陆 48 个州拥有 31%的土地（多位于美国的西部）和全部大陆架。目前，这些地区提供的能源占全国能源总产量的 30%。这些地区有待开发的地下石油储量约 41 亿桶，天然气储量 4.72 万亿立方米。但这些地区地质构造复杂，勘探和开发成本高，必须采取现代化高科技手段才能把它们从地下开采出来。

2. 发展替代能源

在开发原油的同时，美国还特别重视天然气尤其是页岩气的开发，强调发展核能的重要性，继续发挥煤炭在电力发展中的作用，大力开发未来先进能源的利用技术。

1）重视天然气的作用

目前，天然气在美国能源消费结构中的比例是 24%，预计到 2020 年，美国对天然气的需求将增加 50%。美国天然气供应量中的 85%是国内生产的，其余的 15%主要从加拿大进口，并由便利的管道输送到国内 48 个州。天然气是美国发电的第三大资源，约占 2000 年发电量的 16%，1999～2020 年计划新增的发电总量中，约有 90%是天然气发电。到 2020 年，天然气发电量的比重将达到 33%。天然气除了用于电力外，还用于交通、工业和家庭等，因此，天然气的发展前景相当可观。为了迎接这种长期的挑战，美国不仅必须大力发展天然气工业，而且必须根据市场需求保证建设足够的天然气管网，降低价格、保证供给，以确保天然气发电事业顺利发展[42]。

具体的措施有以下几种。

（1）开发阿拉斯加地区已探明丰富的天然气资源。阿拉斯加北坡有大约 0.99万亿立方米的已探明的天然气储量，约占美国天然气探明总储量的 20%。政府应对阿拉斯加天然气管道建设采取有效的公共激励措施，建设这条天然气管道每天可以运送 1.13 亿立方米天然气，管道建成的头 10 年无形中至少可以降低天然气价格的 10%。但建设这条管道面临的主要困难是前期投资巨大（200 亿美元），建设期过长（10 年）。2004 年议会通过的法案中已给予贷款、税收、折旧方面的优惠政策。

（2）大力发展页岩气。2000 年，美国页岩气产量占天然气总产量的比重仅为1%左右。随着水平井和水力压裂技术的进步及开发成本与风险的大幅降低，页岩气井数量激增，页岩气产量自 2008 年以来得到突破性增长，页岩气井数量激增到 4 万余口，产量为 599.2 亿立方米，占天然气总产量的 11%，比 2007 年增长了64%。根据能源信息署发布的《年度能源展望报告 2012》（*AEO 2012*）的预测，美国页岩气将在 2012～2035 年持续增长，在 2035 年，页岩气产量将占天然气产量的 49%，比 2010 年页岩气产量占比增长 1 倍多。此外，根据（国际能源署）的《2012 世界能源展望》（*WEO 2012*）预测，到 2035 年，美国非常规气占天然气总量的比重将达到 71%，其中，45%将来源于页岩气。

（3）增加液化天然气（Liquefied Natural Gas，LNG）的进口。虽然对阿拉斯加的天然气加以开采和利用，但仍不能满足国内的需求，还需要通过进口来弥补空缺。LNG 是美国天然气进口的主要形式。目前美国进口 LNG 约 141.58 亿立方米，仅占全国消费量的 2%，增加 LNG 的进口量可以帮助满足国内的需求。目前面临的难题是 LNG 的基础设施明显不足，以及出于安全因素考虑的新建基础设施的选址问题，解决这些难题需求联邦政府和各州政府的密切合作。

2）强调发展核能的重要性

美国国内有 103 个商业性质的核电厂，其发电量占到国内发电总量的 20%，在非含碳能源发电量中，核电占到了 69%。1979 年，宾夕法尼亚州的三里岛发生一系列严重的核事故，导致新建核电站决议延期执行，暂时关闭一些正在运行的核电站。但最近几年美国开始筹划建设新的核电厂，以缓解能源需求及环保等方面的压力。

满足今后 20 年美国日益增长电力需求的关键就在发展核能，这是解决电力供应问题的必经之路。这样也可以从一定程度上缓解石油和天然气的供应压力，尤其是天然气。面对环保的压力，未来 20 年内用于发电的天然气的需求量将急剧增长，把核电厂建设重新提上日程也是意在降低石油、天然气的供应压力。

3）继续发挥煤炭在电力发展中的作用

目前，美国拥有发电厂 5000 座，煤炭发电占美国总发电能力 80 万兆瓦的 50% 以上。在中西部、东南部和西部的 12 个州，煤炭发电所占比重超过 80%。用煤发电的成本低廉，而且煤价一直很稳定，煤炭仍然扮演重要角色，这也是小布什政府不批准《京都议定书》的主要原因之一。为了减少发电厂对国内有限的天然气资源的依赖，今后煤炭将继续发挥主导作用，煤炭发电比重可能仍保持在 50% 左右的水平上。

4）开发未来先进能源的利用技术

开发能源技术对于限制国内石油需求，在不花费过多的经济和环境成本的情况下减少进口中的摩擦问题有很大的意义。另外，它有助于在满足汽车需求增加的情况下，改善城市的空气质量；在减少相关的事故危险的情况下，扩大核能利用；在控制空气质量和酸雨影响的情况下，应用大量的煤炭资源。总之，新能源技术的开发和利用，对于保证国家能源安全，维护和扩大美国经济的繁荣，保持国家强大的竞争力都有很重要的意义。

为了维护和扩大能源给人们带来的利益，在控制和减少能源的成本与风险时，有两种较为普遍的途径：一是充分利用一系列现有的能源供应和能源终端应用的技术；二是通过技术革新来完善现有能源技术的特点。

另外，政府还应积极推动私营部门的能源研发、示范和早期部署工作；增加对国际研发、示范和早期部署合作计划的投资，加强相关联邦机构之间的协调；为了推动这些技术的开发，联邦政府必须增加与私营部门、各州及其他国家的合作。另外，能源监管委员会还建议美国将销售温室气体排放许可证的收益用于促进改进的能源技术的开发和部署[43]。

3. 改善和新建能源基础设施

1）修缮陈旧的输油和输气管道

美国输油管道总长度达 320 万千米，担负着全国大约 66% 的原油、汽油和其他成品油的运输任务。但管道老化问题突出，既不安全，也不符合环保要求，亟须修缮。2012 年，美国国家能源政策组发布的《国家能源政策报告》特别强调了阿拉斯加管道系统：这条管道由北向南纵贯阿拉斯加，年输油量占国内石油总产量的 1/5。美国国内生产的天然气几乎全部经输气管道到达用户，总输送能力约0.65 万亿立方米。2020 年天然气需求量将增加 50%，国内现有输气管道远远不能满足需求，必须新建管道。《国家能源政策》报告建议兴建 42 万千米天然气分销网管道和 6 万千米天然气管道干线。此外，连接加拿大的天然气管道也需要扩建[44]。

2）改善和新建炼油厂

随着环保意识的加强，环保呼声高涨，美国政府近 20 多年内出台了一系列环保方面的法律法规，从而增加了炼厂成本，限制了炼油工业的发展。近 10 年来，美国大约有 50 家炼厂被迫关闭，近 25 年来美国国内没有兴建大型炼油厂，所以全国炼油能力远远不能满足需求。为了解决这个矛盾，报告建议总统重新审查现有的有关环保、清洁空气等一系列规章制度和法律，为扩建、新建炼油厂扫除障碍，同时还要求各州政府放宽对新建炼油厂的环保限制。

4. 提高能源效率

为了应对美国乃至世界的短期和长期的能源挑战，抑制国内石油需求的膨胀，提高能效是各种关键的政策中必不可少的战略措施，它在整个能源战略体系中都占有很重要的地位。因为美国消费的能源比世界上其他任何一个国家都多，提高美国能源的利用效率对减少世界能源需求有显著效果。

居住、商业、交通这几个部门的能源消费量占美国总消费量的 66%，根据针对各个部门能源效率提高可能性的分析，估计到 2025 年这些部门应用现有的效率技术至少每年节省 16 夸特（1 夸特=21.75 千克）的能源。另外，工业部门也能通过提高效率节约能源。

能源效率的提高作为关键的政策措施，它是战胜国家、世界，以及短期、长期能源挑战的关键。没有在交通运输、建筑业、电器及各种设备方面能源效率的实质性进步，将无法实现用安全、低碳的能源供应来满足日益增加的能源需求的场景。如果一个国家的能源消费量比世界上其他任何一个国家都多，那么提高能源效率将对全球的能源需求产生显著的影响。

5. 增加政府战略石油储备

2000~2002 年，布什政府不断地对美国能源政策进行调整，其中在战略石油储备政策方面的调整尤为明显，首要目的是保证美国的能源安全，在世界石油市场发生剧烈动荡，甚至发生严重中断时仍能保证美国市场的石油供应。这一政策性调整主要体现在以下三个方面。

一是将能源安全作为首要目标，大力增加战略石油储备以供急需。在美国遭受历史上最严重的"9·11"恐怖袭击之后，布什政府立即认识到，作为美国经济命脉的石油供应，一旦因为突发事件中断，可能会给美国带来灾难性的影响。

2001 年 11 月中旬，布什下令能源部迅速增加战略石油储备，为防止石油供应中断采取最大限度的长期保护措施。2005 年战略石油储备增加到 7 亿桶（现已完成），新的能源政策法案还计划将战略石油储备扩大至 10 亿桶。

二是严格控制使用，决不轻易动用战略石油储备。在"9·11"事件后，布什政府重新评估了战略石油储备对美国长期能源安全的重要性，认为针对潜在的石油供应中断风险，美国必须对战略石油储备采取最大限度的长期保护措施，除非到了迫不得已的严重关头，美国只能加强而不能轻易动用战略石油储备。即使面对近年来国际油价的不断攀升，布什政府也听之任之，并不动用其战略石油储备来平抑油价。只是在 2005 年 8 月底，在"卡特里娜"飓风给美国的石油生产带来严重破坏的情况下，布什政府才决定释放部分战略石油储备。这与克林顿政府的政策形成了鲜明的对照。

三是努力与建有战略石油储备的西方国家协调立场一致行动。在 2005 年之前，美国能源市场供应趋紧和油价波动，以及要求动用战略石油呼声四起之际，布什政府一再强调，美国不会单方面采取措施动用战略石油储备，而是要同西方国家协调立场后才会决定是否动用石油储备。布什政府同时认为，只有西方国家采取一致行动，才会对国际石油市场产生实质性的影响。

在国际方面，在美国的敦促下，国际能源署成员国已达成共识，在紧急情况发生之初，就动用战略储备以补充供应。这一联合行动将为石油市场注入 400 万～500 万桶/日的储备油，从而保障石油市场的供求平衡。国际能源署还将扩大成员国的范围，以使更多的国家参与联合行动[45]。

二、国外战略

1. 寻求多渠道和可靠的供应

美国前经济事务助理国务卿艾伦·拉森（Alan P. Larson）先生认为 "通过市场政策来提高能源利用率，节约能源和增加产量，以降低我们对进口石油的依赖，这符合我们的利益。但进口石油将仍是美国能源供应中不可缺少的部分。大量减少石油进口是不可能的，然而通过有效的能源安全政策，可以在更大程度上保障本国对外政策的独立性和经济安全不受石油进口问题的影响。"

1）加强同加拿大、沙特阿拉伯、委内瑞拉和墨西哥等产油国的贸易关系

加拿大、沙特阿拉伯、委内瑞拉和墨西哥四个国家是美国的四大石油进口国（四国进口量约占总进口量的一半）。2014年，从加拿大进口原油338.8万桶/日，占到进口总量的36.7%；从沙特阿拉伯进口原油116.6万桶/日，占12.6%；从委内瑞拉进口原油78.9万桶/日，占8.6%；从墨西哥进口原油184.2万桶/日，占9.1%。

2）加强同海湾产油国的关系

中东的石油储量占世界石油储量的67%，其中大部分在海湾地区。预计到2020年海湾地区的石油供应量将占世界石油供应总量的54%～67%。因此，世界经济的发展将继续依靠石油输出国组织（Organization of Petroleum Exporting Countries，OPEC）成员国，尤其是它的海湾地区成员国。其中，世界第一石油出口国沙特阿拉伯是保证向世界稳定供应石油的关键。沙特阿拉伯正努力制定关于投资剩余产能及出口渠道多元化的政策，尽可能缓解向任何地区供应石油的压力。除此之外，美国与阿尔及利亚、科威特、阿曼、卡塔尔、阿联酋、也门等国家也保持着良好的外交关系，在某种程度上，也正鼓励它们开放能源产业，吸引外国投资。总之，美国新的能源政策提出，海湾地区是美国根本利益所在，是美国对外政策优先关注的焦点。

3）加强开发里海和俄罗斯的石油资源

阿塞拜疆和哈萨克斯坦等里海沿岸国已探明储量约200亿桶，略高于北海，但略低于美国。目前，勘探仍在继续进行，预计探明储量将大幅增加。里海石油出口量目前为80万桶/日，出口量少的部分原因是出口线路的限制。虽然美国对开发里海油气资源表现了浓厚的兴趣，但目前主要矛盾是怎样绕过俄罗斯把里海的石油运出来，在多年的管道之争中，美国略胜一筹。在修建里海石油出口管道方面，美国政府和石油公司及一些国家进行了密切的合作。考虑里海地区石油和天然气良好的储量前景，美国正和黑海、波斯湾沿岸各国进行合作，帮助它们提高产油能力。随着管道建设规模扩大，里海石油和天然气的出口量将大幅增加。

4）关注亚洲特别是我国的石油动向

今后20年内，世界石油消费量将年均增长2.1%。而发展中国家的石油需求量将增加41%～52%。美国认为，我国和印度是两个最大的石油需求增长国，将越来越依赖进口石油。这将促使许多发展中国家纷纷到石油产地获取石油，从而对美国和其他发达国家形成越来越大的压力。

亚洲（不包括西亚）已探明石油储量只占世界石油储量的不到5%，产量占世界石油产量的10%，但消费量却占世界石油消费量的30%。亚洲发展中国家的石油进口主要来自中东。估计今后亚洲发展中国家从中东的石油进口量将大幅度增加。

美国新的能源政策提出，我国在全球能源安全问题方面将扮演着"关键性角色"。估计，到 2020 年，我国石油进口量将从目前的 100 万桶/日增加到 500 万～800 万桶/日，其中 70%将来自中东。

2. 通过改善世界石油市场加强石油安全

美国前经济、商业和农业助理国务卿艾伦·拉森先生认为："加强与主要石油生产国的对话有助于培育功能完善的石油市场。负责任的生产国和消费国在增强对全球石油市场具有引导作用的数据的透明度、及时性和准确性方面拥有共同利益。"

市场动力应该在决定石油价格方面发挥越来越大的作用。在世界逐渐走出全球性经济衰退的阴影时，石油生产国和消费国可以通过向市场发出经济及对石油的需求都将恢复持续性增长的信号，来最有效地获得共同的利益。

3. 鼓励能源生产国开放能源部门和贸易活动

促进能源领域的投资和贸易是美国与主要石油生产国交往的中心任务。美国积极利用诸如亚太经合组织（Asia-Pacific Economic Cooperation，APEC）论坛、世界贸易组织（World Trade Organization，WTO）、经济合作与发展组织（Organization for Economic Co-operation and Development，OECD）及北美自由贸易区（Free Trade Area of Americas，FTAA）等多边组织及多边谈判中的成员资格，来减少贸易和投资的壁垒。

此外，政府还大力支持美国公司通过进出口银行、贸易和发展机构及海外私人投资公司组织的各种计划进行贸易和投资。

4. 用特殊方式对待"问题国家"

鉴于"问题国家"的政策和行为与美国所期望的有所差异，以及考虑从这些国家开发的石油可能为国际恐怖组织所利用，美国政府禁止或限制本国公司在这些国家开展包括勘查和开发能源在内的大多数商业活动，禁止或限制从这些国家购买或进口石油。

第二节　日本能源战略与政策

一、领先的节能计划

1. 构筑节能技术战略

今后，来自用户及需求方目的性明确的节能技术开发要求会越来越强，在各个不同领域开展渐进式的、改良式的技术开发很重要。同时，为取得重大突破，政府、企业、学校，不同行业领域、厂家与用户等各种主体之间的配合、协作也很关键。因此，日本应设定跨越行业领域的题目，努力促成多种技术的融合，展示面向 2030 年的中长期节能技术战略及路线图，然后，定期评价进展情况并进行修订，加深相关人员间的合作关系。

2. 提出各领域的基本标准

各事业主体应该根据各自的事业环境，最大限度地促进能源利用效率的提高、加强各领域的基本标准的研究。具体地讲，为了向市场展示引领能源利用效率提高的最先进的设备、机器、系统等的节能价值并加速推广应用，需要分别提出能反映各领域的最先进水平的节能基本标准，并根据实际普及情况对设备投资予以支援，充实开发初期所需的促进创新的资助措施[46]。具体操作时从下述措施入手。

1）产业部门

积极完善能代表各种用途的技术、设备的最先进节能水平的基本标准，同时灵活运用资助制度、税收制度等方式提高对"最先进"的认知度，并支持这个标准的引进。细致周到地以支援节能服务公司（Energy Service Company，ESCO）等形式促进节能商业经营活动。

2）住宅、高层建筑物

将建筑物、建筑物中的节能设备、太阳能发电装置等机器设备的综合测试方法标准化，并据此完善基本标准，以及推出符合节能标准住宅的直观标注制度。

掌握建筑物与机器设备等的开发和产业化动向，并对其推广普及程度进行跟踪预测，提出施行策略的路线图，督促销售业者对住宅、高层建筑的节能性能加以说明，对节能性能好的住宅和高层建筑应加大资助力度。特别要努力推进采取必要的隔热措施，配备适合居住的机器、设备，努力推进生活条件舒适且环境优美住宅的实现和普及。

3）运输部门

2005 年修改的有关能源利用合理化法律（节能法）制定了针对运输业者、货主的节能标准，确立了制订计划、定期报告的制度。除了要实实在在普及并落实本制度外，在灵活应用技术改善运输业者经济运营效益的同时，对修订完善作为汽车效率标识的燃料消耗率标准、提高车用汽油的辛烷值等也刻不容缓。

3. 确立由市场评估节能投资的机制

1）完善对节能投资事业价值的评估

节能需要中长期的稳健措施。为了稳定和不过度干扰企业的经营活动，节能投资主体需要由市场来评估事业价值。

开发出可以直观评估的方法，对引进节能技术和节能设备降低生产工序能耗企业的节能效果进行评价，并在市场中验证这一评估方法的效果。必要时利用这个评估方法作为后援，探讨促进节能投资的援助和管理措施。

2）各领域的基本标准及评估制度的国际化

进一步将这个评价方法向国际化扩展，进而为解决全球性气候变化问题做出积极贡献。为此，将各部门、各领域制定的最先进的准则等整理成基本标准，编制成分部门的标准总图在国际上发表，同时努力使这些标准及评估机制成为国际公认的世界通用节能制度。

4. 构筑节能型城市和地区

城市有效利用高温余热的区域节能已为社会所公认，但对有助于疏导交通流量的公路网的建设、IT 等技术系统的开发和普及、物流领域降低环境负荷、未利用余热的能源输送、普及区域内车辆共享、城市的出行方式向公共交通的转移等一系列理想模式需重新进行认识。对必须变革社会系统乃至城市结构本身的课题要进行中长期的研究。

二、新一代运输用能计划

要在运输部门建立能源消费效率高、能够灵活且坚定地应对能源市场变化的供需结构，将同时开展以下课题的研究工作。

1. 切实改善汽车燃料消耗率

促进改善汽车燃料消耗率技术的引进和普及，降低轿车的燃料消耗率。此外，为促进汽车燃料消耗率持续、长期地改善，要不断更新，适时地制定适当的新标准。

提高普通车用汽油的辛烷值，可能有助于减排二氧化碳、降低石油消费，要根据经济性、基础原料的供应稳定性、国际燃料标准发展动向等情况加以研究。

2. 为实现燃料多元化配套环境条件

为加快生物质燃料的引进，要继续对生物质乙醇为原料生产的乙基叔丁醚（MTBE）的风险进行评估及有关生物质乙醇应用的工业试验。同时，为了配套建设生物质燃料的供应基础设施，要尽快对土壤污染、加油站地下储罐、管线等的环境、安全对策等采取适当的支援措施[47]。

柴油车具有燃料利用效率优于汽油车、有助于减排二氧化碳等优点，但面对当前严格的废气排放标准，推广很困难。为促进天然气制合成油（gas to liquids，GTL）的发展，在用户中推广普及柴油车是当前的重要任务。

为扩大生物质燃料及 GTL 的使用，需配套建设供应基础设施，为进一步扩大生物质乙醇的使用量，要继续关注生物质乙醇稳定供应及经济性方面的课题，同时汽车等基础设施的配备也必不可少。

今后，汽车行业进行产品更新，将优先考虑适用混入 10%左右生物质乙醇汽油的车型。考虑已销售车辆的更新、从旧车市场的退出需要十多年，暂时以 2020 年为时限设定目标，在考察此类车辆的普及情况、已出售车辆的安全性能及排气性能状况的基础上，重新评价质量认证法实施规则中所限定的包括乙醇在内的含氧化合物的混用比例上限值。

为了能进一步扩大生物质燃料及 GTL 的长期使用，要继续研究各种燃料供应的稳定性及车辆的环境适应性、安全性等，并综合探讨中长期目标及环境整合的理想模式。

3. 确保生物质燃料、GTL 等新燃料的供应

实施多种扶持政策，提高生物质燃料的经济性。鼓励国内外的生物质燃料的供应，对扩大国内生物质乙醇生产的地区给予扶持，探讨扶持开发和进口的理想模式。促进生物质乙醇的大规模工业试验及开发以木材等纤维素为原料的乙醇生产高效技术等。

日本独有的 GTL 技术还可以使原本难以利用的含二氧化碳天然气的利用成为可能，应进一步加强技术开发。应用 GTL 生产技术加快生物质液化燃料（biomass to liquids，BTL）、煤制油（coal to liquids，CTL）等新一代液体燃料技术的开发，为协助亚洲各国降低石油依存度，与亚洲各国开展煤制油技术合作。

4. 促进电动、燃料电池汽车等的开发和普及

为进一步普及已步入实用化阶段的混合动力车、电动汽车、燃料电池汽车等的使用，采取资助措施，鼓励引进。

将马达与电池组合在发动机上，实现大幅度降低燃料消耗率的混合动力车，使用电力、氢气等清洁能源的电力汽车和燃料电池汽车等称为新一代汽车。对新一代汽车来讲，电池技术是共有的必不可少的基础技术，提高电池性能、降低电池成本的技术可由企业、政府和学校联手集中进行开发。

对于燃料电池汽车，在提高电池性能的基础上，还必须彻底解决燃料电池的

低成本化；进一步提高电池效率和耐久性；开展安全、简便、高效且低成本的氢气储存技术等课题研究，并继续推进上述技术开发试验研究。

三、新能源创新计划

为扩大引进能源品种，增加符合技术特性要求的新能源，制定了如下政策。

1. 制定与发展阶段相适应的扶持措施

对正处于从起步向普及阶段过渡的太阳能发电、风力发电、生物质能源，将根据需要继续利用补贴、税收等措施支援引进相关设备。同时，切实推进公用事业部门率先引进太阳能发电等设备，加大 RPS（Renewables Portfolio Standard）法执行力度，不断扩大新能源市场。对正处于起步阶段的新能源实施中长期的扶持措施[48]。

以长远眼光看待新能源市场的形成和扩大。在使用新材料的太阳能电池、有助于平稳风力发电的蓄电池、以实现氢能社会为目标的燃料电池等革新型技术方面，促进技术选择与竞争，支持技术开发，推进工业规模实验，培育未来的"需求"和"供应"。

此外，在利用海洋能源（波能发电、潮汐发电等）、空间太阳能发电（space-based solar power system，SSPS）等方面，关注国际技术开发动向的同时，注重拓展基础性研究。

2. 造就基础雄厚的产业结构

太阳能发电与周边产业联系广，通过扶持技术开发等措施，促进非能源产业的参与；通过竞争降低零部件、材料的成本，促进建设太阳能发电产业群。

除太阳能发电外，在燃料电池、蓄电池等战略性产业领域中，也要开拓和发展支撑这一行业的横向产业群，有望提高产业结构整体的经济性。

对风力发电、生物质能等地域局限性高的新能源，支持当地以自产自销为基础的地区经济，开拓与地域特点密切结合的新能源经济。对于以地方团体或当地居民为中心的运用新能源的措施，给予积极的支持。

为了使国民能亲眼所见、亲手所及，增进对新能源或节能设备等新型能源生产和利用方式的理解，在各地设点建设能源学习园地。

3. 促进革新性的能源高效利用

以超高效燃烧和能源储存为突破口，真正摆脱对化石燃料的依赖，对支撑未来能源经济的核心技术实施战略性开发。

积极推进包括化石燃料自身有效利用在内的革新性技术的开发和普及，促进能源的高效利用。如非硅系太阳电池的开发和普及；利用硅的薄膜化技术开发薄型太阳电池；开发生物质乙醇的高效生产技术、生物质造气技术、新一代蓄电池技术；促进燃料电池彻底地低成本化；扩大非常规石油等重质油利用的开发技术，开发甲烷水合物生产技术及煤气化复合发电等，拓展能源利用途经的新技术选择[49]。

4. 扩大对新能源风险企业的支援

参考美国能源部发布的小企业创新研究项目（small business innovation research，SBIR），公开征集有志于扩大技术选择的风险企业的提案，进行阶段性选拔，对挑战革新性技术的企业进行有重点的资金投入，支持多种技术选择的商业化运行。

四、逐步实现"无核化"战略

日本福岛核事件爆发后，核能毫无疑问成为了国内外讨论的焦点，可谓是将核能的使用推到了风口浪尖之上。兼顾国民经济的发展对核能的依赖和国民"去核"的呼声，政府为了顺应民意，只能权衡各方面的因素来制订日本的能源战略转型计划。利用逐步降低核电使用的"慢步伐"政策减少对核电的依赖程度，阶段性地对核电站进行废止，直至"零核电"，贯彻积极发展新能源的方针，并加大对核能技术的出口政策[50]。

1. 降低核能比重

日本前首相菅直人执政期间，在核能政策方面以"去核论"为主，推行限电及节电政策，让自然能成为日本电力的根本。然后由于对突然而至的地震、海啸和核泄漏缺乏准备，其政策建议基本是对灾难的被动反应，缺乏远见性和稳定性。野田佳彦执政时，地震灾害对日本国内的直接创伤已经基本平复，复兴经济的压力则更加沉重。由于既要照顾国内的"去核"呼声，又要考虑核能产业对国民经济的重要作用，野田政府采取了一种折中的能源政策，主张阶段性地废止现有核电站，逐渐实现零核电目标；关闭核反应堆的应对措施，使日本不堪重负，具体表现为不仅使日本的能源价格上涨，还使进口能源的需求进一步加大，这使日本政府贸易赤字进一步扩大。日本政府在巨大的财政压力之下，不得不对重启核电站方案加以考虑，许多企业也要求重启核电站，这样会在很大程度上缓解能源支出给它们带来的压力。因此，安倍晋三政府表示，要从负责任的角度重新审视由前民主执政党提出的"零核电"能源战略，同时还以保证民生、经济活动作为政策制定的指导方针。虽然受到很大争议,但安倍晋三政府在2014年4月在内阁会议上通过了《能源基本计划》(以下简称计划),指出在2020年之前日本能源将包括核能、再生能源和化石燃料。其中核电被定义为"重要的基荷电源",计划还指出核电站能够符合福岛核电站核事故之后制定的新的安全标准就可以进行重启,这个计划已经在2014年日本自民党和公民党两党会议通过了[51]。

日本新的能源政策从长期来看，主要是逐步降低核能在能源结构中的比重,由发展核能转向开发安全性更高的新能源,利用火电代替核电,同时加快新能源发展的步伐。

2. 鼓励核电技术出口，开拓新市场

由于日本民众强烈的反核活动,日本想要在国内大力发展核电项目已基本不太可能,原来的核电工业想要继续发挥作用,就必须扩大国际市场。日本阶段性废止现有核电站并不意味着日本将放弃其核电工业,相反,日本想要寻求新兴的市场作为核电工业海外扩展的重点,积极将核能技术作为开拓新市场的产品出口世界。日本政府将提高核电的安全性能和相关技术,并出口日本的设备及技术。不可否认,日本在核能技术方面处于领先地位,能够帮助新兴国家探索核能利用。目前,日本正在利用其核能技术以确保与中东国家的核合作和技术转让的交易,并加强以其核能技术换取长期的原油供应和上游合同。例如,2013年日本签署与阿联酋的核能技术转让协议。

3. 加大对核能安全的监察

日本核电公司可以自行决定是否采取措施应对重大灾难的规定造成了福岛核泄漏事故发生初期东京电力公司处理不当,而日本政府又无法获取第一手资料而导致延误最佳处理时机。2013年1月,日本原子能规制委员会(Nuclear Regulatory Authorities,NRA)发布了旨在保护核电设施抵御自然灾害和恐怖袭击的安全法规草案。根据该法规,核电站必须在远离反应堆的地方配备后备控制室,以减少工作人员紧急情况下受到辐射的风险。此外,该法规还规定加固防护结构使其可承受用于恐怖袭击的喷气客机冲撞,安装能够滤除放射性气体的通风口及紧急情况下核电站周边疏散区域的标准。日本核安全监管机构主席田中俊一指出,新法规是日本真正核监管的开端。

五、综合资源保障战略

日本的综合资源保障战略包括强化资源保证的战略性和综合性措施，推进战略性资源技术开发，强化天然气购买战略，以及开拓化石能源的清洁利用。

1. 强化资源保证的战略性、综合性措施

日本通过全方位加强与资源国的关系，强力支援油气开发企业，促进供应源多元化，制定资源保障的指导方针，提高能源市场的透明度和稳定性等措施保障能源资源的供应。

1）全方位加强与资源国的关系

为确保日本能源资源的稳定供应，全方位强化与资源国的关系十分重要。

日本政府及相关机构应针对资源国建设不单纯依赖资源的多元化、尖端化经济的需求，开展更广泛、不局限于能源资源领域的合作。日本所拥有的先进科学技术正好符合资源国努力争取经济多元化、尖端化的需求，在这些领域中进行合作是经济合作的重要方法，应积极推进。此外，在协助资源国振兴中小企业、开发水资源、教育、医疗等社会基础设施等方面开展合作，扩大各层次的人员交流，包括直接投资等形式，构筑并加强与资源国之间的战略关系。从这一观点出发，充分活用官方发展援助（official development assistance，ODA）战略，以与资源国缔结经济合作协议等方法，强化与资源国的经济关系。同时，联合经济界开展积极的资源外交[52]。

2）强力支援石油、天然气开发企业

在国际资源竞争日益严峻的形势下，日本为推进以民营企业为主导的石油、天然气开发，应注重培育和加强其中担当骨干，具有国际竞争力，拥有经营规模、技术能力的核心企业。同时，加强政府及石油天然气、金属矿物资源机构等相关部门对石油、天然气开发核心企业的支援。

彻底解决石油天然气、金属矿物资源机构提供的差额补偿津贴，维持和加强负责资源金融制度的新政策性金融机构提供的资金，强化日本贸易承担风险的能力等。与相关机构开展战略合作、努力充实和加强各自的功能。

政府应有策略地逐步推动上述加强与资源国全方位关系的措施，首先要支持日本企业在资源国参与资源开发，获得的应有权益。

为更有效地发挥差额补偿津贴的功能，要重新认识评价独立行政法人的模式。

3）供应源多元化

日本石油进口对中东地区依存度高达约90%，谋求供应源的多元化有助于确保石油安全稳定供应，今后还将继续这一方针。

自 2012 年以来，在俄罗斯、加勒比海周边地区，石油供应源多元化的举措已初见成效。今后将继续在利比亚、尼日利亚等非洲各国、南美各国及加拿大等国积极开展行动。其中，西伯利亚原油输送至太平洋沿岸的太平洋输油管线项目，有可能大幅度降低日本进口原油对中东的依存度，对日本企业参与西伯利亚石油、天然气的开发很有意义。从另一方面看，对俄罗斯来讲，不仅可以将原油直接供应东亚、太平洋市场，同时也成为开发东西伯利亚的引爆剂，是对日本、俄罗斯两国都具有战略意义的重要项目。日本、俄罗斯将以符合两国利益的形式实现这个项目[53]。

4）制定资源保障的指导方针，政府与相关部门采取协调一致的措施

政府将与相关部门协调一致，支援骨干企业，参与海外资源开发，获得海外资源开发权益。

根据能源政策基本法，重新制订能源基本规划。在基本规划的基础上，将支援获得资源开发权益的政府总体指导方针汇总成为"资源保障指导方针"，政府及相关部门要加强资源、金融、经济等全方位的战略性合作。

石油天然气金属矿物资源机构、负责资源金融制度的新政策性金融机构、日本贸易保险等相关部门，在每一个案例的处理过程中都要与政府保持紧密的合作关系，对企业实施支援。

5）提高能源市场的透明度、稳定性

对于能源资源的绝大部分依赖进口的日本来讲，国际能源市场的透明和稳定是确保能源安全稳定供应的重要课题。利用产销对话、多边协议等机会，促成有关能源供需统计、预测及据此采取的措施等能源市场的信息共享。

6）强化对铀资源开发及生物乙醇开发、引进的支援

在原有的支援石油、天然气勘探开发的基础上，扩展到对铀资源开发及生物乙醇开发、引进项目的支援。

2. 推进战略性资源技术开发

充分运用日本现有的尖端技术，推进提高资源获取能力的技术开发，有助于提升日本对资源国的吸引力。

从这一观点出发，GTL 等天然气利用技术，甲烷水合物、提高原油采收率（enhanced oil recovery，EOR）等石油天然气勘探开发、生产技术，二甲醚（DME）开发利用技术，重质油等非常规石油的轻质化技术及炼制技术，煤炭的清洁利用技术及炭储存技术等是开发的重点。

在技术成果的普和实施阶段，要将其作为与资源国的共同事业，在获得海外资源开发权益和加强与资源国的关系等方面灵活运用。

3. 强化天然气购买战略

在我国、印度等国对 LNG 的需求不断扩大的形势下，要继续保持日本企业在国际 LNG 市场的领军地位，政府就必须支援企业间实施战略联合，开发那些在与资源国的合作中比较容易获得优势的战略性技术。具体来说，要为主要的天然气采购经营商进行市场分析，创建一个平台实现需求动向等战略性信息的共享，使强化购买能力的技术在能源技术战略中得以反映，使强化购买能力的投资案例在资源保障指导方针中得以体现，实现支援措施的强化。

4. 开拓化石能源的清洁利用

支撑日本能源供应绝大部分是石油、天然气和煤炭，希望借助环境负荷小、利用效率高的技术，使日本成为一个先进的化石燃料消费国。具体来说，努力扩大二氧化碳排放负担小的天然气在火力发电、工业锅炉等广阔领域中的利用，广泛促进煤气化联合发电、煤气化燃料电池联合发电等洁净煤技术，渣油的有效利用技术，伴随化石燃料的利用产生的二氧化碳的回收和储存技术等的开发和普及。

为实现天然气在更广范围内的使用，继续采取多种方式，包括奖励投资等措施支持输气管网的建设。

六、亚洲能源环境合作战略

日本的亚洲能源环境合作战主要包括促进基于"亚洲节能规划"的节能行动、开展亚洲的新能源合作、在亚洲地区推广煤炭的清洁利用、生产与安全技术 、构筑亚洲地区的储备制度、推进亚洲地区核能利用区域性合作等。

1. 促进基于"亚洲节能规划"的节能行动

日本通过实施两国间政策对话合作、 实施跨部门合作、支持日本企业经营节能机械和设备、加强与国际机构合作等措施推行气节能计划。

1）实施两国间政策对话，制订行动计划

日本提出"亚洲节能规划"作为与亚洲地区节能合作的基本方针。对以我国、印度为主的能源需求快速增长重点国家开展两国间的政策对话，制订旨在推进节能的具体行动计划。今后，两国间的节能合作将根据本行动计划，针对明确的目标实施。

推进节能的基础是节能法的制定及实施，向对方国家提供制度建设方面的支援。具体来说，对构建节能制度必不可少的基础条件建设，如人才培养、完善能源统计等提供帮助，同时对以地方节能为主的国家提供节能制度建设和应用支援。

2）实施民用、运输、电力部门的合作

打破以往节能重点局限在产业部门的惯例，通过与 ESCO 领域的合作，将日本节能标准、标识推广到国际，将合作扩展到民用、运输、电力部门。

3）支持日本企业经营节能机械和设备

节能工作的开展离不开企业商业化的合作，通过支援拥有杰出节能技术的日本企业在亚洲各国的事业活动，促进商业经营节能机械、设备的普及。

在促进产业间开展对话等商务交流之外，也要灵活运用政策金融及清洁发展机制（clean development mechanism，CDM）。

4）加强与国际机构合作

鉴于亚洲的能源供需问题对世界具有很大的影响，实施节能合作时有必要与国际机构、国际非营利组织（Non-Profit Organization，NPO）等联手，促进对节能事业的融资，支援电器等节能标准的制定。为此，日本也要做出必要的财务方面的贡献。

为提高合作的实际效益，要加强政府与相关机构的合作，从而实现政府与相关合作机构协调一致

5）积极利用跨太平洋合作伙伴等国际框架

在跨太平洋战略经济伙伴协定（trans-Pacific strategic economic partnership）框架中，日本灵活运用各领域的先进技术和提高能源利用效率的同时，依据基本标准指南，按公开标准对成果进行评估，支援技术实力雄厚的企业在成员国之间推进节能技术转让。对国际框架做出积极的贡献，推进符合基本标准指南的节能活动，同时灵活运用基本标准，提高节能企业的市场评级。

2. 亚洲的新能源合作

1）支持亚洲各国的制度建设

为推进亚洲地区能源供应源的多元化，对促进太阳能发电、风力发电、生物质燃料等各种可再生能源的引进予以支援。

从经济效益角度考虑，可再生能源以商业运作模式实现普及是很困难的。但可以利用对电力行业设置一定量的可再生能源发电的义务（RPS 制度）等方法促使新能源发电的引进。

2）支援技术开发和试验

支援亚洲各国引进新能源，推进符合当事国自然条件、能源特性的新能源技术的开发和试验。特别是在对日本技术期望值高的太阳能发电、生物质能源利用等方面，可以与当事国共同进行开发和试验，以促进新能源技术的输出。此外，对未来亚洲各国引进潜力巨大的生物质燃料，日本要从保障能源安全供应角度出发，在充分考虑日本中长期进口供应源的基础上实施合作。

3）支援企业的事业活动

日本企业在太阳能发电等新能源领域拥有先进技术，通过支援日本企业在亚洲各国开展的事业，促进亚洲各国引进新能源。例如，灵活应用日元贷款等政府资金、加强商务交流、灵活运用清洁发展机制等。

3. 在亚洲地区推广煤炭的清洁利用、生产与安全技术

1）普及煤炭清洁利用技术

鉴于我国、印度等国家在环境对策尚不完备的情况下，继续扩大煤炭的消费，向亚洲推广日本先进的煤炭清洁利用技术。例如，以接受研究生等方式协助进行人才培养，组织介绍日本先进技术的专题讲座等，为未来商业性推广煤炭清洁利用技术用好清洁发展机制。

2）在煤炭液化技术方面的合作

目前，我国、印度尼西亚等国正在进行将煤炭转换成汽油或轻油的煤炭液化技术的商业化示范。日本利用小型煤炭液化试验装置，获取并分析实现商业化运营所需的相关数据，为当事国培养人才，促进煤炭液化事业的发展。

3）普及煤炭生产、安全技术

将日本先进的煤炭生产、安全技术推广到煤炭生产规模不断扩大、煤矿事故频发的我国和印度尼西亚等产煤国。以接受研究生进修、派遣专家等方式协助培养人才。

4）开展两国间政策性对话，充分利用国际框架组织

通过亚洲地区的产煤国与煤炭消费国间的政策性对话，解决亚洲地区有关煤炭的种种问题。活用亚太合作伙伴等国际框架组织，将日本的煤炭清洁利用、煤炭生产、安全技术推广到我国和印度尼西亚。

4. 构筑亚洲地区的储备制度

以我国为首的亚洲地区是世界上能源需求增长最快的地区，同时也是由政局动荡、恐怖主义威胁、自然灾害及相关水域安全等短期因素导致市场突变而应对能力较薄弱的地区。亚洲地区的能源稳定供应是世界能源市场稳定发展必不可少

的要素。建立以储备制度为核心的亚洲整体应急机制，对日本，甚至全世界的能源安全保障是至关重要的。

5. 推进亚洲地区核能利用区域性合作

1）创建确保核安全的区域性合作框架

在东北亚地区，我国、韩国等正在制订大规模核电扩张计划，将成为未来世界核电发展中心。为进一步提高整个东北亚地区核能发电的安全性，东北亚地区拥有核电的各国应该考虑构筑区域性合作体制，探讨加强核安全管理合作的策略。

2）推进核能和平利用的区域性合作

为积极推进亚洲地区核能的和平利用，日本支持亚洲各国采用日本的先进技术。同时，协助亚洲各国培养技术人才，政府积极参与创建两国间协议转让相关器材设备的机制。

七、强化紧急情况对策

1. 引进石油制品储备、强化石油储备体制

2014 年，美国遭遇飓风袭击引发国际性石油制品供应紧缺，国际能源署成员国经协商动用了石油储备，但这并不是原来制定石油储备制度时所设想的"供应方·原油"的风险，而是"需求方·油品"风险引发的供应紧缺。

2. 建立天然气应急机制

全世界的燃料正在快速地向天然气转换；日本不仅在能源转换部门和大企业如此，在民用部门及中小企业也同样在全国加快向天然气燃料的转换和引进。在天然气的重要性不断提高的形势下，为防备供应国发生难以预料的事态引发供应量急剧减少，有必要进一步加强国内供应体制。

日本从提高国内供应安全考虑，促进以民营企业为主的大范围天然气输送管网的建设，在掌控管网建设进程的同时充分利用已枯竭的天然气田建设地下储气设施。开展天然气供应中断应对机制的可行性研究，并为实现这一设想付出长期的努力。

3. 加强危机管理中不同品种能源间横向的合作

在自由化稳步发展的环境下，日本政府逐步减少了对保持国内二次供应设备备用能力的投资奖励。可以预见当发生相关水域安全问题、恐怖活动威胁、天灾及事故等紧急状况时，确保国内核燃料加工等燃料相关设备、发电设备、输配电

网、内航油轮等延伸至消费者的供应链的重要性将越来越突出。

对于恐怖活动的威胁等，除为防患于未然所需采取的措施之外，从能源角度考虑，要设置应急方案的危机管理机制。

第三节　欧盟能源战略与政策

欧盟能源战略与政策主要包括建立欧洲内部统一的电力和天然气市场、促进成员国之间的团结、实现更加可持续、高效和多元化的能源结构、采取应对气候变暖的综合措施、建立欧盟能源技术战略计划及建立欧盟一致的对外能源政策。

一、建立欧盟内部统一的电力和天然气市场

只有在开放和竞争的能源市场，且是在欧洲范围而不是在某一国家领先的公司之间竞争的基础上，才能实现欧洲能源的可持续性、竞争力增强和供应安全提高。开放的市场而不是保护主义，将加强欧洲的市场地位，并有利于解决存在的问题。一个真正竞争的单一欧洲电力和天然气市场将使电力价格下降，提高供应安全和增强竞争力，同时还因为公司为应对竞争关闭能源效率低下的电厂而有助于改善环境状况。

每一个欧盟消费者将依法获得从欧盟任一供应商处采购电力和天然气的权利，这为欧洲提供了重要发展机遇。虽然欧盟已为营造竞争的市场做了大量的工作，但工作远不止于此。欧洲许多市场仍高度国有化，由少数公司控制；各成员国开放市场的法规还存在许多差异，阻碍了欧洲真正竞争市场的发展；一个真正竞争的市场应包括：监管部门的权力、开展竞争活动的电网运营商的独立程度、电网规范、公平，以及天然气储存制度[54]。

自 20 世纪 90 年代以来，欧盟先后颁布了三个电力改革法案，推动成员国开展电力市场化改革，并同步推进电力行业一体化建设，促进成员国之间能源市场的开放融合，力争在 2014 年之前建成内部统一能源市场。2014 年 2 月，欧盟 4 家电力交易所与 13 家输电系统运营商首次实现日前市场联合交易，范围覆盖中西欧区域、英国、北欧、波罗的海、瑞典和波兰等 15 个国家和地区，该区域用电量占欧洲整体电力需求的 75%。这是欧盟电力市场化改革和统一电力市场建设的重要里程碑。目前，已经有如下 5 个核心问题比较清晰，需要引起特别关注。

1. 建立统一的欧洲输电网络

消费者需要建立和发展单一的欧洲电力及天然气市场，这需要对影响电力跨境贸易的问题制定统一的规则和标准，目前虽已取得一些进展，但相当缓慢。

欧洲输电网络法规鼓励符合条件的输电网络接入，对影响电力跨境贸易的监管事宜制定统一的规则。特别是来自欧洲能源监管委员会和欧洲监管集团的能源管理专家正在欧洲地区做初步的工作，但在所有商业和私人消费者均能从其他欧盟成员国供应商处采购电力和天然气之前，还必须在此方面取得更大和更快的进展。为此，欧盟委员会调查了以下内容：①要明确欧盟各成员国能源监管部门现有相当权力和独立性之间的差异，还需要做哪些工作；②欧盟各国的能源监管部门和电网运营商之间现有的合作方式是否充分，或者是否还需要更密切的合作，如在欧洲能源监管部门考虑解决电力跨境贸易问题方面。这样的能源监管部门具有决定统一规则和方法的权力，如欧洲输电网络法规应与电网运营商共同合作。欧洲能源网络中心也应与电网运营商共同建立正式的机构来帮助制定欧洲输电网络法规[55]。

2. 输电网络优先发展互相连接计划

在 2002 年巴塞罗那欧洲理事会上，欧盟各国和政府首脑达成协议，将各成员国之间输电网络的联网水平至少提高到 10%，但进展并不令人满意。在没有新增输电能力的情况下，不会建立起真正竞争的单一欧洲市场。这对仍保持着"能源岛"，基本与其他国家互不往来的爱尔兰、马耳他或波罗的海诸国至关重要。同样，新增电力联网能力在欧洲许多地区之间也非常必要，特别在法国和西班牙之间，能使两者建立起真正的竞争市场。类似地，对天然气市场的基础设施建设也需要新投资。许多欧盟成员国需要采取措施释放过去根据电力和天然气长期合同承担储备义务时的储备发电能力。输电网络优先互联是建立欧洲统一输电网络的至关重要的一步。

需要刺激私人和公众对电网基础设施进行投资，并加快审批手续。欧洲输电网络的互联程度越高，闲置输电能力就越少，相应的成本就越低，这在当前欧洲输电能力过剩成为历史的时候更为重要。

3. 投资增加发电能力

在未来的 20 年，为更新老化的发电设施并满足电力需求，欧盟需要大量的投资，这其中包括提高应对用电高峰能力的投资、为防止用电高峰出现断电的投资，并作为对时断时续的可再生能源发电的投资，对必要的发电能力储备的投资。

为了获得可持续的投资，需要建立一个具有适当功能的市场，能够提供必要的价格信号、激励机制、监管政策及融资途径等。

4. 公平竞争的环境

输配电分类交易的有效性在竞争性活动中有着明显的差异，这意味着在实践中各国电力市场在公平和自由竞争方面放开的程度各不相同。因此，不仅在形式上，而且在实质上完全执行欧盟《第二个电力指令》和《第二个天然气指令》中关于分类交易的条款。如果各国没有在建立公平竞争的市场环境方面取得进展，就考虑在欧盟层面上采取进一步的措施。

5. 提高欧洲的产业竞争力

建立欧洲内部能源市场最重要的目标之一就是提高欧洲的产业竞争力，进而为欧洲经济增长和就业做出贡献。提高欧洲的产业竞争力应建立一个精心设计、稳定、有预见性的市场监管架构，要尊重市场运作机制。因此，需要支持具有成本效益选择方案的能源政策，并建立在对不同政策对能源价格的影响进行全面经济分析的基础上[56]。要确保获得可支付得起的能源，必须建立供应中断风险最低、优化配置、具有竞争的电力和天然气市场。在能源、环境和竞争力方面具有高水平的新公司将在提高产业各方面竞争力的途径上发挥重要作用。

例如，新公司需要考虑在遵守竞争规则的同时，寻求能够满足能源密集型产业合理能源需求的最佳途径。此外，还需要考虑如何最好地保证在欧盟委员会、各成员国能源监管部门和各成员国市场竞争管理部门之间进行有效的协调。

二、成员国之间的团结

1. 提高内部市场的供应安全

自由化的竞争性市场通过向产业参与者发送正确的投资信号来促进供应安全。但为了保证竞争的有效性，市场必须是透明和可预见的。

欧洲内部能源市场具有可预见性的关键因素是：欧洲能源基础设施在防范自然灾害和恐怖袭击方面的物质保障，以及应对包括供应中断在内的政治风险的安全措施。灵活的电力网络、需求管理及分布式发电等方面的不断发展，均有利于应对突发性的电力供应短缺。未来可能采取措施的几个领域如下。

（1）尽快建立欧洲能源供应观察机构，监控欧盟能源市场的供需形势，尽早判断出电力基础设施和供应存在不足的可能性，并在欧盟层面上补充国际能源署的工作。

（2）通过加强输电系统运营商之间的协作和信息交流，制定并达成统一的欧洲电力安全和可靠性标准，提高欧洲电力运营网络的安全性。可以在 2003 年大面积停电引发的工作基础上，建立起更加正式的输电系统运营商小组，并实行向欧盟能源监管部门和欧盟委员会汇报的制度。这可能最终发展成为欧洲能源网络中心，将拥有收集、分析和发布相关信息的权力，并执行由相关监管部门批准的计划。

（3）有关保障基础设施安全方面，应进一步考虑两项举措：第一，应建立起团结和互助机制，保证在一国的必要基础设施遭到损坏而面临困境时能够迅速团结起来并提供适当的援助；第二，应制定保护基础设施的统一标准和方法。

2. 修订欧盟紧急石油及天然气储备法，预防供应中断

石油市场是全球化的，并且是可能发生供应中断的主要能源，即使出现局部或者地区性的供应短缺，也会引发全球性反应。为应对"卡特里那"飓风带来的供应问题，由国际能源署组织释放紧急石油储备的工作是令人满意的。因此，欧盟在该领域采取任何比较强硬的行动都应与这一全球机制相适应。在国际能源署决定释放石油储备的时候，需要欧盟做出一致的反应。特别是，为了不断提高石油市场的透明度，需要制定新的法律，确保在更加规范和透明的基础上，发布欧盟石油储备状况[57]。

另外，还应重新检查欧盟现有的关于天然气和电力供应安全方面的指令，以保证能应对潜在的供应中断。此外，还有许多重要问题需要关注，如欧洲的天然气储备是否能够满足短期供应中断的挑战。

三、实现更加可持续、高效和多元化的能源结构

每一个欧盟成员国和能源公司都可以选择自己的能源结构，但各成员国的选择不可避免地将对其邻国和欧盟整体的能源安全、竞争力和环境产生影响。例如，任何一个欧盟成员国做出其发电能源主要或全部采用天然气的决定，那么在天然气供应短缺的情况下，必然对其邻国的供应安全产生巨大的影响。

在欧盟对化石燃料进口的依赖性和二氧化碳排放方面，任一成员国与核能有关的决定也将对其他成员国产生十分巨大的影响。

《欧盟能源战略报告》清晰地描述欧盟各国关于能源结构的决定。该报告将按照标准的方法，分析不同能源的优点和缺陷，从具有本土性的可再生能源，如风能、生物质和生物燃料、水电到煤炭和核能，并分析这些能源结构的变化对欧盟的整体影响。例如，煤炭和褐煤发电量目前约占欧盟总发电量的 1/2，这就意

味着要想持久地采用煤炭和褐煤发电，必须在欧盟范围内使用碳封存技术和洁净煤技术。该报告也应允针对有关成员国就核能在未来欧盟能源结构中的角色进行透明的、客观的讨论。目前，核电约占欧盟总发电量的 1/2，尽管需要谨慎应对有关核电废物和安全的问题，但核电迄今仍在欧洲无碳能源中占有最高比重。欧盟能够在组织及时、客观、透明地讨论以确保识别核电的所有成本、优点和缺陷方面发挥重要的作用。

此外，就欧洲能源战略的总体目标是实现可持续性、有竞争力和供应安全的平衡应达成一致。这需要以全面的影响评估为基础，并且提供一个基准可判断欧盟能源结构变化情况，并有利于欧盟阻止进口依存度的不断增长。例如，可设立整个欧盟能源结构中来自安全、低碳能源的最低水平目标，这个基准目标应能反映进口依存度的潜在风险，确定长期开发低碳能源的前景，并确定为实现这些目标，欧盟内部所应采取的必要措施。

欧盟各成员国有选择不同能源的自由，而欧盟作为一个整体，也有为实现其核心能源目标建立整体能源结构的需要，两者应结合起来。《欧洲能源战略报告》可作为重要的工具，为欧洲理事会和议会决定的战略目标提出建议并进行监测。

四、应对气候变暖的综合措施

采取有效行动应对气候变化是非常紧迫的，在这方面欧盟必须继续做出榜样，并尽最大可能使之成为全球性的行动。欧洲必须充满雄心壮志，并采取综合的行动，推动实现欧盟的里斯本目标。

在采取措施消除经济增长与能源消费增加之间的关联方面，欧盟已处于最前期。欧盟的行动包括积极完善法规建设、推进有竞争力和高效的可再生能源的能效计划，但欧盟需要把应对气候变暖视为一个长期的任务。

为了实现将全球气温上升控制在比工业革命前水平高 2 摄氏度以内的目标，全球温室气体排放应在 2025 年前达到顶峰，然后至少减少15%，或者说比 1990 年减少50%。这个巨大的挑战意味着欧洲必须立即行动起来，尤其是在提高能效和可再生能源利用方面。

除了应对气候变暖，提高能效和利用可再生能源的行动还将有益于能源供应安全，以及帮助欧盟控制能源进口依存度的上升。该行动还能为欧洲创造大量就业机会，使欧盟在迅速发展的全球能源技术领域保持领先地位。在这方面，欧盟排放贸易方案（EU Emission Trading Scheme）创造了一种灵活和经济有效的模式，以获得更多能源产品。欧盟排放贸易方案的全面修订为扩大和进一步推动该方案的作用。另外，欧盟排放贸易方案为核能提供了一个逐步扩大的全球碳市场，欧洲企业因此已处于领先地位。

1. 提高能源效率

有效的能效政策并不意味着牺牲舒适和方便，也不意味着降低竞争力。实际上恰恰相反，进行经济有效的投资可以减少能源浪费，提高生活品质和省钱，利用价格信号可以引导大家更加负责、经济和合理地使用能源；在这方面，基于市场的方法如欧盟能源税收体系可以成为非常有效的工具。尽管欧洲已是世界上能效最高的地区之一，但它仍在不断努力做得更好。在 2005 年关于能源效率的绿皮书中，欧盟委员会指出欧盟能源消费的 20% 是可以节约下来的，相当于减少 600 亿欧元的能源费用，同时还可提高能源安全，并直接在相关部门创造 100 万个新的就业机会。欧盟委员会计划提出一项提高能源效率的行动计划，以实现上述目标。这项努力需要得到整个欧洲最高政治层面的切实支持和确认。许多手段都掌握在各个国家的手中，如补助金和税收激励。国家层面也让公众确信提高能效就是节约能源的一种重要途径，但欧盟层面可以对此有决定性的影响。提高能效行动计划将提出到 2020 年实现节约能源 20% 的具体措施，具体行动可能包括以下几方面。

（1）长期、有目标的提高能效行动包括建筑能效，尤其是公共建筑。

（2）主要的努力方向是提高运输部门能效，特别是迅速提高欧洲大城市市内运输的能效。

（3）利用金融手段，推动商业银行对节能项目和提供能源服务公司的投资。

（4）建立机制刺激对节能项目和提供能源服务公司的投资。在欧洲范围内启动"白色证书"系统，可买卖的权证将使能源效率高于最低标准的公司将其高出部分出售给那些没有达标的公司。

（5）为引导消费者和制造商关注的焦点更多地放在评估和展示最重要的耗能产品的能效上，如装置、车辆和工业设备等产品的能效，在这方面应制定最低标准。

能效已成为全球性的优先问题。在国际能源署和世界银行的密切合作下，欧盟提出的提高能效行动计划可以起 "发射台"的作用，在全球范围加速类似的行动。欧盟建议和推动所有发达和不发达国家达成关于能源效率的国际性协议，并扩大"能源之星协议"（Energy Star Agreement）。

2. 提高对可再生能源的利用

从 1990 年开始，欧盟就雄心勃勃地实施了成功的可再生能源开发计划，要在可再生能源领域成为世界领先者。例如，截至 2013 年，欧盟已经安装的风力发电装置的发电能力相当于 50 个燃煤电厂，但成本只有燃煤一半。欧盟的可再生能源市场年营业额达到 150 亿欧元（是世界全部可再生能源市场的一半），雇员达到 30 万人，是主要的出口地区。从 2004 年开始，欧盟的可再生能源占总能源的比重不断上升，欧盟统计局公布的数据显示："2011 年欧盟可再生能源占总能源的比重为 13%，2012 年已经达到 14.1%，其中比重最高的三个成员国分别为 64.5% 的挪威、51% 的瑞典和 35.8% 的拉脱维亚，增幅最大的三个成员国分别为瑞典、丹麦和奥地利"，这意味着可再生能源目标落实到国家层面并不一致，只要整体平均比重达到 20% 就算实现目标。2013 年欧盟关于可再生能源进程的报告显示，欧盟内部认为 20% 的可再生能源目标可以通过经济复苏和增长达到。当然，过去几年成员国之间的差距已使整体推动变得不再现实，德国、奥地利及北欧国家在朝向低碳社会大踏步迈进之时，饱受经济困扰的南欧和中东欧国家不得不勉强平衡国内经济和能源转型的压力。

2013 年，欧盟委员会发布名为《2050 年欧盟能源、交通及温室气体排放趋势》的研究报告，正式从官方角度提出 2050 年能源与气候政策目标的预测，计划在 1990 年温室气体排放量基础上削减 80%～95% 的排放量。在清洁能源方面，欧盟预测到 2050 年，天然气、风能、核能可以分别占据欧盟能源总供给的 25%，届时估计欧盟经济总量要在 2010 年的基础上增长 78%，能源消费要总体降低 8%。紧接着又提出在 "2030 年前国内温室气体排放要降低 40%，可再生能源占总比重要达到 27%，并进一步提高能源效率" 的目标。可以看出减排目标和可再生能源比重是量化的，而能源效率提高方面则不再具体，这与目前欧盟正在推动的 2020 年能源与气候政策的发展现状相符，说明是根据现有情况制定的。

欧盟要实现其长期的抑制气候变暖目标，降低化石燃料进口依存度，不但要满足还必须超越上述指标。在世界范围，可再生能源已成为第三大发电资源（仅次于煤炭和天然气），且考虑环保和经济优势，其地位有继续上升的潜力。为了充分挖掘可再生能源的潜力，政策框架必须为其提供支持，特别是在充分尊重竞争规则的同时，促使其提高竞争力。在本土的低碳能源已可利用的同时，其他的一些可再生能源，如海上风力、海浪和潮汐能等还需要积极的鼓励政策。

3. 碳捕集和地质储藏

碳捕集和地质储藏与清洁化石燃料技术相结合，是降低碳排放的第三条途径，目前在提高油气利用率领域已得到经济地应用。对于那些选择继续以煤炭作为安全和丰富能源来源的国家而言，其重要性尤为显著。但该技术目前需要建立必要的经济激励、对私人投入提供法律保障及确保环保性能，需要进行研发和展开大规模实验项目以降低成本，而以市场为基础的激励措施，如排放贸易，也能够使其成为长期的有利可图的选择。

五、建立欧盟能源技术战略计划

　　能源技术的开发和应用是提供能源安全供应、可持续性和产业竞争力的基础。关于能源的研究工作已为提高能效（如汽车发动机）和通过可再生能源进行能源多元化做出了很大的贡献，但面临巨大挑战，需要付出更多且长期的努力。例如，在过去 30 年来，研究工作已使燃煤电厂的能效提高了 30%。煤炭和钢铁科研基金在欧盟层面上为该研究提供了资助。进一步的技术开发将使二氧化碳排放大幅降低。

　　科研开发还能带来商业机会。提高能源效率和降低二氧化碳排放技术已经成为迅速增长的市场，未来若干年将达到数十亿欧元。欧洲必须保证其企业成为新技术和新工艺的时代领导者。

　　对于能源问题，没有单一的解决方案，需要开发利用各种技术来应对，包括可再生能源技术、清洁煤技术、碳捕集和碳封存技术、可经济利用的运输用生物燃料、新的能源介质（如氢气）、有利于环境的能源利用（如燃料电池）及提高能效的技术等。欧盟建立的能源技术战略计划包括加快开发能源新技术，并创造条件帮助这些新技术更快、更有效地进入欧盟和其他市场。关于高能耗领域的研究如建筑、运输、农业、农用工业和材料等也应进一步加强。在这方面，欧洲技术协会（European Institute of Technology）发挥了重要作用。该项计划还加强欧洲研究力量，有效地避免各国技术和研究项目的重复，并将重点集中于欧盟层面一致的目标上。工业主导的欧洲技术平台，包括生物燃料、氢气、燃料电池、光电池、清洁煤和电力网络等，有助于达成一致的研究计划和开发战略。

　　欧盟需要考虑如何投入更多资金在更具战略性的能源研究上，考虑如何进一步整合和协调欧盟及各国的研究、开发计划和预算。在欧洲技术平台的经验和成果的基础上，高层股东和决策者需要被动员起来，从欧盟的角度推动能源系统改革，实现科研开发成果利用的最大化。

　　在适当的时机，尤其是为创新技术开发"领先市场"时，欧洲采取足够大规模的综合行动，通过公共、私人合作伙伴关系或通过国家和欧盟能源研究计划的整合，将私营企业、成员国和欧盟委员会集合起来。长期的能源相关国际热核聚变实验反应堆计划(international thermonuclear experimental reactor，ITER)项目，初步目标为设计更安全和更具可持续性的第四代反应器。欧盟还计划与开发其他可能的能源，如氢气和燃料电池、碳捕集和储存，以及集中太阳能发电这样大规模可再生能源技术，以及更具前瞻性的甲烷水合物等。此外，还考虑如何集中欧洲投资银行的资源来推动研发成果的市场化，如何加强在全球共同关注的领域合作。

加快技术开发和降低新能源技术成本的行动应获得政策措施的支持，包括开放市场及打破现有有效抑制气候变暖技术的市场壁垒。新技术面临很高的进入壁垒，它们必须与已有的技术竞争，与现有能源系统中大量不能转移的投资竞争，这个能源系统以化石燃料和集中发电为基础。欧盟排放贸易方案（EU Emission Trading Scheme）、绿色证书（green certificates）、进料关税（feed-in tariffs）及其他一些措施保证实施有助于环境的生产、改造及应用有资金支持。这些措施向市场发出了强烈的政策信号：给企业创造一个稳定的环境，使其可以长期投资。智能能源欧洲计划（The Intelligent Energy-Europe Program）也提供了必要的方法和机制，帮助克服在新的有效能源技术应用过程中遇到的非技术壁垒。

六、建立欧盟一致的对外能源政策

欧盟所面临的能源挑战要求欧洲采取一致的对外政策，使欧盟在与世界能源伙伴解决共同问题的时候能够扮演更具影响力的国际角色。一致的对外政策是获得可持续、有竞争力和安全供应能源的基础，显示了各成员国对面临的共同问题采取同一解决方案的承诺。

首先，在欧盟层面上就一致对外政策的目标和实现该目标必须采取的欧盟层面及国家层面的行动达成共识[58]。欧盟对外政策的效力和一致性依赖于内部政策进展，特别是依赖于建立内部能源市场的进展。《欧盟能源战略报告》成为建立这种共同愿望的基础，该报告为欧洲理事会提供一致对外的行动计划，可用于监控各项行动进展，以及判断新的挑战。其次，在欧盟层面上，包括成员国和欧盟委员会定期举行正式的关于政策的讨论，并以合适的制度形式为包括欧盟层面和国家层面所有的欧洲能源行业的参与者设定唯一的参考标准。

一致的对外能源政策包含了如下具体目标和措施。

1. 清晰的能源供应安全和多元化政策

对于欧盟和每个成员国或地区而言，清晰的能源安全供应和多元化政策都是必需的，尤其是针对天然气的政策。为了达到这个目的，《欧盟能源战略报告》明确了能够提高欧盟能源供应安全性的机遇，例如新的油气管线、

LNG 终端、利用路过的现有管线等。例如，从里海地区、北美和中东通向欧盟心脏地带的独立天然气管线，为目前天然气供应商之间缺乏竞争的市场提供服务的那些天然气终端，将石油从里海通过乌克兰、罗马尼亚和保加利亚运往中欧地区的石油管线等。另外，该报告具体提出必要的政治、金融和法律手段建议，积极地支持承担这些项目的企业。新的欧盟-非洲战略将相互关联的能源体系视为优先问题，有助于欧洲油气供应来源的多元化。

2. 与生产国、转输国和其他参与者的能源伙伴关系

欧盟与其能源合作者是相互依赖的关系。欧盟在双边和区域层面上与许多能源生产国和转输国之间有专门的能源对话。同样，能源话题在欧盟与其他主要能源消费国（如美国、中国和印度）之间的政治对话中占有越来越重要的地位，包括多边对话，如 G8 峰会。这些对话作为公共视点在《欧盟能源战略报告》中有所反映。

1）与主要能源生产国、供应国对话

欧盟已与国际上主要的能源生产国建立起了一种关系模式，包括 OPEC、海湾合作组织等。俄罗斯是欧盟重要的能源供应国，与俄罗斯建立一个新的合作关系是非常必要的。欧盟作为俄罗斯最大的能源买家，与俄罗斯是平等的合作关系。统一的对外政策标志着欧盟层面和国家层面能源伙伴关系的逐步变化。真正的伙伴关系要为双方提供安全和可预见性保障；真正的伙伴关系还意味着在市场和基础设施准入方面是公平和互惠的，特别是管线的第三方接入方面。为了实现合作的互惠互利公平合理，有必要建立新的能源规则，其结果可以应用到欧盟-俄罗斯关系框架中，以取代现行的欧盟-俄罗斯合作协作协议。另外，欧盟应加强在 G8 中的影响，保证俄罗斯尽快批准能源宪章条约（The Energy Charter Treaty）和运输草案（The Transit Protocol）。

2）建立泛欧能源共同体

在符合欧洲睦邻政策（European Neighborhood Policy）和行动计划的前提下，欧盟在通过合作和协作协议、联合协议等展开工作的同时，还致力于扩大能源市场，将其邻国纳入并推动它们日益接近欧盟的内部市场。建立一个"统一的法制空间"将越来越意味着要统一贸易、运输、环境的标准，要融合和整合市场。这为欧盟和邻国创造一个可预见的、透明的市场，从而刺激投资和经济增长，有助于提高能源供应的安全性。此外，现有的政治对话、贸易关系和欧盟融资途径得到了进一步发展[59]。例如，通过与东南欧建立能源共同体条约，发展欧盟马格里布电力共同市场和欧盟-马什雷克天然气共同市场，一个泛欧能源共同体通过

新的条约和一些双边协议建立起来。对一些重要的合作伙伴如土耳其和乌克兰，可以推动它们加入东南欧能源共同条约。里海和地中海国家是重要的天然气供应国与转输国。作为欧盟重要的天然气供应国阿尔及利亚，欧盟与其建立了特殊的能源合作关系。

另外，作为欧盟最重要的能源战略伙伴挪威，应注意以可持续的方式对其在欧洲最北部的天然气开发活动给予支持，包括支持其加入东南欧能源共同体。

这样的泛欧能源共同体计划还提供了一个清晰的架构，以促进通过泛欧能源网络及其对第三国伙伴的延伸，实现欧盟投资长期利用的最佳化，使欧盟利用第三国能源部门的投入对欧盟能源安全产生作用的最大化。

3. 有效应对外部危机

最近应对石油和天然气外部供应危机的经验表明，对这类状况时欧盟能够迅速反应并加强全面合作，进行有效应对。欧盟目前还没有关于处理外部能源供应危机的正式文件，应制定更规范、目的性更强的文件以应对紧急外部能源供应事件，包括建立监控机制进行预警及提高对外部能源危机的反应能力。

4. 更好地与外部其他相关政策相结合

在政治层面上，统一的对外政策将使欧盟能够更好地、更广泛地将其能源目标与第三方国家和它们的能源政策结合起来。应同面临相似能源和环境挑战的国家如美国、加拿大、中国、日本和印度等，展开提高能效、可再生能源利用、新技术研究开发、国际市场开拓及投资趋势等方面的合作，并在多方谈判中争取更好的结果。如果第三方国家能够减少化石燃料的消费，也会对欧盟的能源安全带来益处。欧盟应努力扩大实行欧盟排放贸易方案的地理范围，正如前文曾提到过的，欧盟建议和推进的第一步应是达成能源效率的国际协议。另外，对于技术合作应给予更多关注，尤其是与其他能源消费国的技术合作。

同样地，在推动无差别能源运输、建立更加安全的投资环境方面，贸易政策应发挥更好的作用。欧盟应更好地遵守现行的 WTO 规则，双边和地区性的政策应在此基础上建立。这些协议可以包括关于市场开放、投资的内容，以及关于运输、管线接入和竞争等方面的规定。修订后以市场为基础的、关于能源和与贸易有关的能源问题的规定，就可以与欧盟现在或未来与第三方的协议相一致。

5. 推动能源开发

对发展中国家而言，获得能源是最重要的问题之一，世界上获得现代能源服务最少的是非洲撒哈拉地区。与此同时，非洲水电资源只有7%得到了开发利用。

欧盟主要采取以下措施，一是欧盟能源倡议加快能源开发；二是加强对能源效率的关注。重视可再生能源和小型发电项目的开发，帮助许多国家降低石油进口依存度，并提供大量的就业机会。《京都议定书》中有关清洁开发办法的实施将推动发展中国家此类能源项目的投资。

第四节　主要特征分析

一、提高能源效率

提高能源使用效率的目的是以更少的能源获得更多的光、热和交通运输能力。20 世纪 70 年代以后，国际石油价格暴涨和环境保护意识提高成为发达国家提高能效的主要动力。经过30多年的努力，发达国家提高能效已取得显著进展，经济增长对石油能源的依赖程度明显下降了。发达国家提高能效的措施主要有以下特点。

1. 以立法形式订立标准

提高能效是一项全国性战略，需要长期规划并以法律的形式保障实施。凡是提高能效工作出色的国家，都非常重视有关的长期规划和立法，长期规划提出的提高能效目标、标准和措施建议，往往以法律形式确定下来，成为政府、国民和企业必须履行的法律义务。美国 1987 年颁布《全国电器节能法案》，开始规定电冰箱和冰柜、室内空调机、中央空调机、洗衣机和烘干机等电器的能效标准和评审要求。1992年颁布《能源政策法案》，把能效标准扩大到商用和工业用加热与空调设备、热水设备和电动引擎。日本 1979 年颁布《合理使用能源法》，即《节能法》，制定了一系列能源效率标准并强制实行能源效率标签制度。日本 1998 年修订的《节能法》规定实行《领跑者计划》，即把目前国际市场上各种商品的最高能效作为本国的能效标准，通过向空调机、荧光灯、电视机、复印机、电脑、磁盘设备、车辆，以及办公室、商店、饭店、医院和学校等建筑物等产品的最高能效标准看齐，以实现日本对《京都议定书》的减排承诺。日本 1993 年颁布的《合理使用能源和资源回收利用法》，即《节能援助法》，规定了对自愿采取节能、提高能效和利用回收资源的企业提供援助的具体方法[60]。

2. 政府机构率先垂范

发达国家的政府不仅是节能政策的制定者，而且承担了率先垂范的责任。

1994 年，美国总统以发布第 12902 号行政命令的方式，要求在 2010 年以前把联邦政府建筑物的能效在 1985 年基础上提高 30%～35%。到 2002 年为止，联邦政府建筑物每平方英尺①面积能耗已经在 1985 年基础上减少了 17%。2001 年美国总统签署了关于减少联邦政府办公设备待机能耗的第 13221 号行政命令，要求联邦政府机构采购待机能耗 1 瓦特以下的产品，在没有这种产品的情况下应采购能耗最低的产品。日本政府为了提高能源效率和减少汽车尾气排放，要求政府部门带头使用天然气、电力、混合燃料的车辆，以及符合新能效标准的车辆，规定中央政府部门须在 2002～2005 年更换 7000 辆车的指标，并要求地方政府效而仿之，日本政府完成了计划目标。2000 年颁布的《绿色采购法》规定，政府必须率先采购环保和节能的设备。

3. 依法落实强制性措施

强制性措施通常是由政府强制执行法律规定的各种能效标准，主要涉及住宅、办公楼、电器和汽车等方面。美国各州政府都要根据住宅建筑的能效标准，对住宅建筑实行强制认证。《电器节能法案》和《能源政策法案》规定的能效标准也属于强制性措施范围。日本的国际贸易和产业省根据《节能法》，对本国制造和进口的车辆、空调、荧光灯、电冰箱、电视机、电脑、录像机、复印机等"指定设备"采取强制性能效标签制度，要求产品在销售时必须标明能耗状况。对 2000 平方米以上的非住宅建筑也规定了能效标准。如果制造商、进口商和建筑商不能正确使用能效标签，或设备达不到规定的能效标准，并拒不执行国际贸易和产业省提出的整改要求，国际贸易和产业省有权将企业的违法行为公布于众并且采取处罚措施。

4. 采取多种财税激励措施

以财政和金融手段激励企业节能，也是发达国家实现提高能效的主要方法。特别是 20 世纪 70 年代石油危机发生以后，发达国家陆续采取了对燃料油征收高额税收的政策，对抑制石油消费和鼓励节能发挥了重要作用。以汽油为例，目前每升汽油价格中的税收成分在法国高达 4/5，在德国和意大利达 3/4，在日本为 2/3，在美国为 1/3。在技术和工序复杂、国家不易制定统一能效标准的工业部门，非强制性手段是提高能效的主要手段，政府支持企业节能的计划可谓五花八门。美国环保局推出行为符合能效和排放标准的产品贴标签的"能源之星"计划，适用范围包括各类电器、照明设备乃至住房、商厦和厂房等商品，参加计划的企业约 8000 家。政府对高耗能企业则实行"未来产业"计划，资助其研究开发提高能效技术

---

① 1 平方英尺=0.092903 平方米

和工序，同时要求企业制订提高能效的"路线图"计划。这项计划的参加者主要是农业、铝业、化学、林产品、玻璃、金属铸造、矿业和炼钢企业。此外，政府还针对不同规模的企业，推行"最佳方式计划"和"产业分析中心计划"，帮助企业选择提高能效的技术，并支付相关费用的50%。日本从1998年开始实行"自愿环境行动计划"。参加该计划的有全国36种产业的137家组织，来自分配、运输、建筑、外贸、保险等多种行业。参加计划的企业都制定节能和环保的量化标准，并每年接受评估，评估结果公布于众。参加计划的企业的提高能效投资可以得到政府提供的补贴，补贴数额可达投资成本的33%，政府为此计划每年预算拨款123亿日元。日本还引进了美国的"能源之星"计划，在个人电脑、打印机、传真机等产品使用"能源之星"标签。日本根据1993年颁布的《节能援助法》，自愿提高能效的企业都可以申请政府援助，援助方式包括日本开发银行提供的低息贷款、工业基金会担保发行债券或政府减免税收。投资购买节能设备的企业，可以任选政府提供的减税或加速折旧鼓励。减税金额为设备购置成本的7%，最多不能超过企业所得税的20%；加速折旧措施允许对所购买设备在第一年内在正常折旧基础上再折旧设备价值的30%。

二、开发替代能源

石油替代能源是在科技进步和环保意识推动下发展起来的，20世纪70年代到80年代初的国际石油价格长期居高不下，进一步推动了石油替代能源的发展。石油替代能源包括天然气和核能，以及可再生能源。替代能源的快速发展显著降低了石油在初级能源结构中的比重。但可再生能源的发展，因其初期成本较高，离不开政府的干预和激励。

1. 以长期规划明确市场前景

政府制定可再生能源的发展目标对于明确可再生能源的市场前景进而激励企业投资开发可再生能源，具有重要意义。美国1992年制定的《能源政策法》规定了在2010年把全国可再生电力能源在全国发电量中的比例在1988年的基础上提高7.5%的目标。德国政府则计划把可再生能源在全国能源中的比例由2011年的8%提高到2020年的20%，特别是使风能占全国发电总量的比重在2030年由2011年的4%提高到25%。日本政府在整合原有新能源开发计划的基础上，1993年制订了"新日光计划"（1994～2030年），规定可再生能源占全国能源供应总量的比例在2010年达到10%，在2030年达到34%，开发重点是太阳能、风能和垃圾发电。

2. 以立法手段开辟市场渠道

以立法手段强制电力公司购买用可再生能源生产的电力入网，是帮助可再生能源生产企业克服竞争弱势和获取市场份额的必要手段。德国 1991 年颁布的《电力入网法》规定电力公司必须购买可再生能源生产的电力，2000 年颁布的《可再生能源法》规定对于用林业废弃物、垃圾和小水电等技术生产的电力，要保证强制入网、优先购买。日本 2002 年也通过了《电力设施利用新能源特别措施法》。发达国家一般允许电力公司把购买可再生能源电力的成本转移到电费中去，或提供国家价格补贴。

3. 以财税手段鼓励投资和消费

美国 1978 年颁布的《能源税收法》规定，购买太阳能和风能设备的房屋主人所付金额中的头 200 美元的 30%和其后 8000 美元的 20%，可以从当年须交纳的所得税中抵免。开发利用太阳能、风能、地热和潮汐发电技术项目投资总额的 25%可以从当年的联邦所得税中抵免。1979 年颁布的《能源税收法》规定，可再生能源设备投资可以享受 5 年加速折旧待遇。1992 年颁布的《能源政策法》规定，1999 年 6 月 1 日以前投入运行的风能和闭合回路生物质能发电设备自投产之日起 10 年之内，每生产 1 度电能可以免交当年个人或企业所得税 1.5 美分，这一数额在 1997 年已根据物价变动提高到 1.65 美分；公共事业单位、地方政府和农村经营的可再生能源发电企业每生产 1 度电能，国家补助 1.5 美分；企业利用太阳能和地热发电的投资永远享受 10%的低税优惠。此外，美国政府还为利用地热和生物质制取乙醇等项目提供贷款担保，通过建立风险投资基金支持风场建设，以及允许风力发电设备在 5 年期间完全折旧。

4. 以配额制度落实实施方案

自 20 世纪 90 年代以来，"可再生能源发电配额标准"成为发达国家推动可再生能源电力消费的主要具体方案。这种方案把全国可再生能源电力消费总量分解为每个用电单位的配额，强制消费；同时发行与配额数量相等的"可再生能源证"，以便于配额的市场交易；每年无法以"可再生能源证"证明其履行了配额消费义务的企业将受到政府处罚。目前已采用这种制度的国家包括美国、英国、荷兰、丹麦、日本和澳大利亚。

三、建立战略石油储备

通过建立战略石油储备来防范石油供应危机的风险，是主要发达国家石油安全战略的重要组成部分。战略石油储备对防范国际石油供应风险的有效性已经经历了三次实践检验。1990年8月伊拉克入侵科威特以后，联合国对伊拉克和科威特的石油采取了禁运措施，导致国际石油市场供应减少，国际石油价格暴涨。1991年1月11日，国际能源署董事会决定综合采取动用储备、需求限制、燃料转换和本土油田增产四项措施，以增加250万桶/日的石油供应量，其中80%依靠动用储备实现，成功实现了国际油价回落。1999年3月OPEC决定采取限产促价措施以后，OPEC综合价从1999年2月不足10美元/桶的低点猛升到2000年10月中旬的32美元/桶。西方国家库存不足、世界经济增长、亚洲经济复苏、国际游资在石油期货市场的炒作，对国际油价上涨也起到推波助澜的作用。OPEC三次增加产量，但遏制油价上涨的效果并不明显。在这种情况下，美国总统于2000年9月做出动用战略石油储备的决定，2009年10月中旬以后国际油价出现回落。2003年美国发动伊拉克战争以后，国际油价再度猛增。国际油价在多种因素综合作用下于2005年8月30日创下每桶70美元的历史记录后，国际能源署于2005年9月2日宣布再次动用战略石油储备，要求26个成员国在30天内每天总共向市场投放200万桶战略石油储备，以缓和市场供应的紧张局面。美国和日本两个战略石油储备大国也相继宣布在30天内分别动用3000万桶和730万桶战略石油储备，国际石油价格应声回落。实践证明，战略石油储备已经成为防范国际石油危机爆发的一种行之有效的干预手段。

1. 依法建立战略石油储备

建立战略石油储备是关系国家安全的重大问题，有关国家一般都制定了相关的法律。美国战略石油储备的建立主要依据1975年12月国会通过的《能源政策与保护法》。日本主要依据1973年制定的《石油需求与供应法》、1978年修订的全国《石油储备法》和1983年修订的《石油储备法》等法律。欧盟国家主要依据欧洲经济共同体理事会1968年制定的《第414号法令》（1972年以第425号法令形式加以修订）。

2. 确定石油储备的数量标准

战略石油储备应当有一个合理的数量。《国际能源计划》规定战略石油储备数量的合理标准是90天石油净进口量，然而各国的实际储备则根据国情而异，但普遍超过《国际能源计划》规定的标准。美国是石油生产大国，2014年美国的联邦战略石油储备量约为6.96亿桶，相当于2014年75天的进口量，企业储备的石油数量与战略石油储备量差不多。日本石油几乎全部依赖进口，福岛核事件后进一步增加了对于原油进口的需求，2014年储备量相当于68天的进口量。欧盟国家普遍执行年石油消费量 90 天的储备量标准，超过国际能源署的标准。

3. 加强政府与企业的配合

建立石油战略储备不仅需要付出巨额投入，也需要耗费相当长的时间，政府不可能完全包揽。调动民间的战略储备能力，特别是那些与石油进口有直接利益关系的炼油商和进口商的能力，实行政企结合、政府控制的方式，充分发挥官方储备和民间储备各自的优势，是发达国家大国的普遍做法。各国战略储备的建立一般都是从企业开始的，以后官方储备比重逐步上升并超过企业储备。官方的战略储备在大国一般由政府或准政府机构管理，如美国的能源部、日本的全国石油公团（2002 年已改组为日本石油天然气与金属矿物资源机构）、德国石油储备协会等，在奥地利、芬兰、希腊、爱尔兰、意大利、葡萄牙、西班牙等较小的国家则由国有企业代管。企业建立战略储备一般得到政府的财税支持并接受政府核查和依法支配。建立战略储备的企业为主要炼油商和石油进口商。官方储备一般是原油储备或以原油储备为主，企业战略储备则以油品储备为主。官方储备一般存放在大型战略储备基地，企业储备主要集中在各炼油厂和进口商的罐区。

4. 确定石油储备的种类

战略储备的品种一般都是原油与油品兼备。油品储备具有在危机发生时快速做出反应，立即弥补消费市场缺额的优点，但储备成本较高。原油储备的成本一般较低，但其应急效果取决于储备基地与炼油厂之间的运输条件，以及储备国的炼油能力。因此，石油战略储备的品种只能根据国情而定。美国有大量经济适用的盐腔可以作为原油储备设施，尽管油品未达到完全自给，但拥有比较充足的炼油能力，还有发达的原油运输管网和海运系统，可以保障储备原油顺利运往炼厂，因此选择了全部储备原油的方式。日本有充足的炼油能力，全国十大储备基地比较均匀地分散在全国各地，运输能力强，因此官方战略储备也全部是原油。但作为万全之策，日本企业也储备了大量油品。

5. 建设适宜的储备设施

战略储备设施的建设都是根据本国条件，因地制宜，形式多样，但一般考虑以下原则：首先，充分利用本国的地质和自然地理条件，或利用盐腔、洞穴、岛屿等建立储备基地，或建立地下储油罐和海上浮动油罐，以便节约建设成本，节约使用土地，提高储备设施在防泄漏、防地震、防污染等方面的安全性。其次，充分考虑运输便利因素，或选址靠近油港、炼油厂或与全国输油管网连接，或将储备基地与工业园区同时建设，缩短储备基地与消费地点的距离。最后，地面油罐仍然是企业储备的主要方式，官方储备机构在建立储备基地以外，也租用企业的油罐储备石油。美国的五个战略石油储备基地都集中在得克萨斯和路易斯安那两个州的墨西哥湾沿岸，靠近拉美石油供应来源和海港，与炼油厂和全国石油管网相连接，储备设施主要利用盐腔。日本的官方战略储备有一半存放在十大储备基地，采用地面油罐、地下油罐、漂浮油罐和地下洞穴等多种储存系统；另外一半存放在日本全国石油协会租用的私营炼油厂油罐中，以便在发生石油危机时这些原油可以及时补充炼油厂的原油供应缺额。

6. 多方筹措储备的资金

融资对于建立战略石油储备具有关键意义，方式多种多样。政府财税支持的方式包括政府直接出资建设储油设施和购买储备用油，为建设储油设施和购买储备油提供贷款担保和贴息贷款，以及对储备设施和储备油的进口免征关税等。资金来源或来自政府财政预算拨款，或来自专项进口税收，或来自协会企业的交费。战略储备设施建设费和战略储备的石油购买费一般分账管理。战略储备的经济效益不是优先考虑，只能在保障石油供应安全的前提下适当顾及。美国的战略石油储备开支分为战略石油储备设施和战略石油储备两个账目管理，前者为储备基地建设、运行和维护开支账目，也包括研究费用和雇员薪金；后者包括原油购买开支、储运开支、进口关税等。出售战略储备的收入也作为追加预算列入后一账目。20 世纪 90 年代中期的低油价时期，美国曾出售一部分战略石油储备，以降低储备开支。日本全国石油公团可以从商业银行获得贷款，利息由政府支付。同时，企业建立战略石油储备，可获得购买石油的低息贷款。储备设施的建造、保养和维修所需资金依靠冲绳银行和开发融资银行提供的低息贷款解决。

7. 选择储备的分配方式

各国动用战略储备的方式各不相同，大致分为通过市场分配和依靠行政手段分配两种做法。美国的《能源政策与节约法》规定，战略石油储备的分配基本依靠市场完成，即以招标购买方式把原油拍卖给出价最高的购买者。美国采用这种方法，既是出于其市场经济的理念，也是由于石油购买商数量巨大，采取行政手段分配比较困难。但为了防范市场分配可能出现的缺陷，《能源政策和节约法》还规定，在"极端情况"发生时，能源部长有权决定10%的销售量的买主，销售价格为市场价格的平均值。德国也是以拍卖方式分配联邦战略储备，对价格没有限制。但日本认为，以拍卖的方法分配储备只能引起价格上涨，因此采取了带有更多政府干预的做法，即按照各炼油商的市场份额分配战略储备，特别是对那些配合通产省监督市场石油流量、参加通产省石油信息体系的炼油商给予优先分配。官方储备石油的销售价格为同类原油在动用储备时的离岸价格与进口同类原油所需的费用之和。

第五章　我国能源发展现状

改革开放以来，我国能源工业持续较快增长，能源生产总量和消费总量增长迅速，能源结构逐步优化，能源效率显著提高，二氧化碳的排放总量不断增长。我国"多煤、少油、缺气"的资源禀赋特点在很大程度上决定了我国以煤炭为主的能源生产和能源消费结构，这种结构将继续影响我国能源战略的制定。

第一节　我国能源生产现状

一、一次能源生产情况

一次能源是指自然界中以原有形式存在的、未经加工转换的能量资源，又称天然能源。主要包括化石燃料（煤炭、石油、天然气等）、水能、风能、海洋能、原子能、地热能、潮汐能等。改革开放以来，我国基础设施和基础产业发展取得了质的飞跃，能源生产能力不断提高，在一定程度上保证了国家经济安全。我国一次能源生产总量从 2000 年的 13.5 亿吨标准煤增加到 2013 年的 34 亿吨标准煤，增长了 2.52 倍，年均增长率达到 7.37%（图 5-1）[61]。我国是能源生产大国，在世界能源市场上占据着越来越重要的地位。2012 年 BP 世界能源统计年鉴发布的数据显示，2011 年我国能源生产总量达到 24.33 亿吨标准油[①]，占世界能源生产总量的 18.43%，为世界上第一大能源生产大国，远高于美国的能源生产总量 17.85 亿吨标准油，也超过了其他金砖国家俄罗斯、印度、巴西、南非四国的能源生产总量和。近年来，我国能源生产虽然保持着快速的增长，但生产总量仍小于能源消费总量，能源生产量增长率也低于能源消费总

[①] 当前能源领域的统计口径不一，只涉及国内能源数据时，以中国统计年鉴为准，单位用标准煤（又称煤当量）表示；当涉及全球能源数据对比时，以 BP 能源统计年鉴为准，单位用标准油（又称油当量）表示。我国 GB 2589-1990《综合能耗计算通则》规定，低位发热量等于 29.3076MJ 的燃料，称为 1 千克标准煤，我国标准油的热值为 41.87MJ。

量的增长率水平。

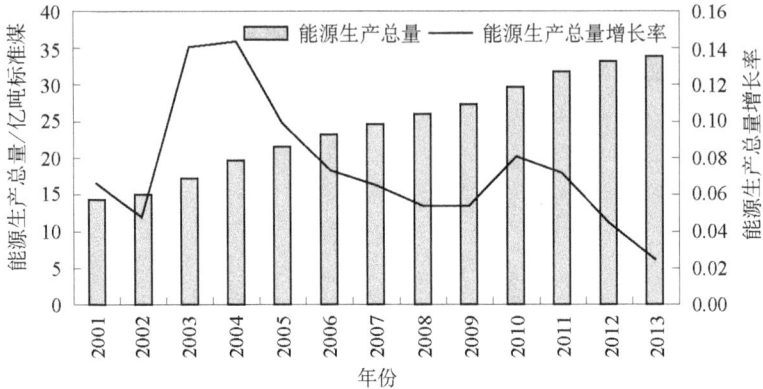

图 5-1　2001～2013 年我国能源生产总量及增长率变化[61]

二、原煤生产现状

《BP 世界能源统计年鉴 2015》显示，截至 2014 年年底，我国煤炭探明储量为 1145 亿吨，总量非常丰富[62]。受此影响，我国煤炭在能源生产结构中扮演着极其重要的作用。近年来，我国原煤产量逐年攀升，但增速不断下滑。2000 年，我国原煤产量为 9.9 亿吨标准煤，占能源生产总量的 73.2%。2008 年原煤生产量首次超过 20 亿吨标准煤，达到 20.01 亿吨标准煤。2013 年,原煤产量增加到 25.7 亿吨，同比增长仅为 1%，增速明显下滑，为 2001～2013 年的最低值（图 5-2）。我国原煤探明储量在全球仅居第三位，但近 10 年来，我国原煤产量却始终高居世界第一，这与我国石油和天然气储量不丰富有关。2006 年，我国原煤产量为 12.64 亿吨标准油，占全球原煤产量的 32%，比全球排名第二位到第六位的美国、澳大利亚、印度、俄罗斯、南非等五个国家原煤产量总和还多。2014 年，我国原煤产量高达 18.45 亿吨标准油，占全球原煤产量的 46.9%，接近全球原煤产量的一半，高于美国、澳大利亚、印度尼西亚、印度、俄罗斯、南非、哈萨克斯坦、波兰、哥伦比亚、乌克兰、德国等 11 国的原煤产量。

从省份看我国原煤产量比较多的区域多为煤炭资源丰富的山西、内蒙古、陕西等地。2014 年，山西累计原煤产量达到 9.77 万吨，同比增长 1.47%，煤炭产量再次超过内蒙古，自 2010 年以来重新夺取第一产煤大省地位。2014 年，内蒙古原煤产量位居全国第二位，为 9.08 亿吨，同比减少 11.9%，降幅进一步加大。从企业所有制看，内蒙古国有重点煤矿企业 2014 年产量为 8.17 亿吨，同比增长 11.0%；国有地方煤矿企业产量为 3372 万吨，同比下降 52.8%；乡镇煤矿企业（包括私营煤矿企业）产量为 5751 万吨，同比下降高达 74.2%。在 2014 年煤炭市场寒潮中，陕西煤炭产量实现逆势增长，全年生产煤炭 5.15 亿吨，增产 2182.54 万吨。

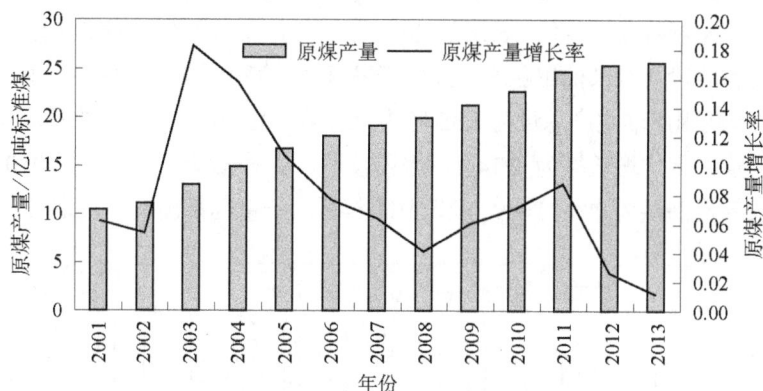

图 5-2 2001～2013 年我国煤炭产量及增长率变化[61]

在国家大力提升煤炭产业集中度、稳步推进大型煤炭基地的政策推动下，煤炭企业兼并重组取得新进展。2013 年，中国神华集团有限责任公司、中国中煤能源集团有限公司、大同煤矿集团有限责任公司、山东能源集团有限公司、冀中能源集团有限责任公司、陕西煤业化工集团有限责任公司、山西焦煤集团有限责任公司七家企业原煤产量都超过 1 亿吨（表 5-1）[63]。2014 年我国煤炭企业 100 强实现煤炭产量 30.05 亿吨，同比增长 5.47%，占全国煤炭产量的 81.66%，首次达到 80% 以上，煤炭生产集中度进一步提升。

表 5-1 2013 年我国十大煤炭公司煤炭生产量 （单位：万吨）

排名	企业名称	原煤产量
1	神华集团有限责任公司	45665
2	中国中煤能源集团有限公司	17552
3	大同煤矿集团有限责任公司	13267
4	山东能源集团有限公司	12292
5	冀中能源集团有限责任公司	11564
6	陕西煤业化工集团有限责任公司	11368
7	山西焦煤集团有限责任公司	10540
8	开滦（集团）有限责任公司	8354
9	山西潞安矿业（集团）有限责任公司	8008
10	兖矿集团有限公司	7617

资料来源：中国煤炭运销协会。

三、原油生产现状

我国石油工业的发展可以分为四个阶段:20 世纪 50 年代为探索阶段;60~70 年代为高速发展阶段(胜利、长庆等油田开发);80 年代为稳步发展阶段;90 年代为战略转移阶段(东部油田稳产,勘探开发西部、海上及海外油田)。由图 5-3 可知,2001 年我国原油生产总量为 2.35 亿吨标准煤;2013 年原油生产总量增加到 2.95 亿吨标准煤,年均增长率为 2.14%,增幅较小。从增长率角度来看,2010 年我国原油增长率最高,为 7%;2009 年和 2011 年原油产量则都出现了负增长。

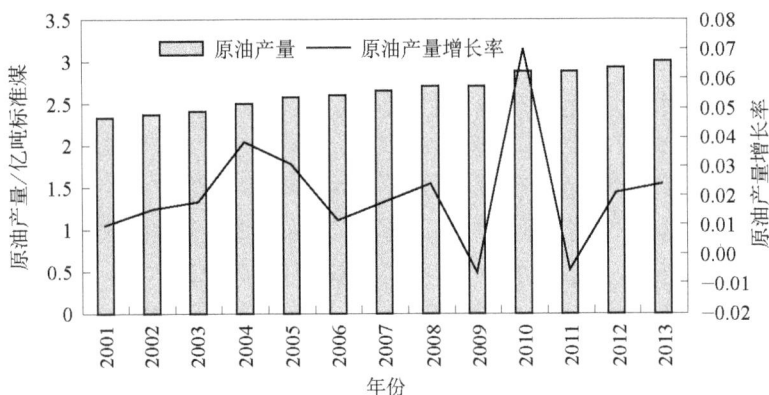

图 5-3　2001~2013 年我国原油产量及增长率变化[61]

我国石油生产在世界石油市场上占据着比较重要的地位。2006 年,我国为世界第五大石油生产国,生产总量为 1.848 亿吨,占据世界石油生产量的 4.7%;2014 年,我国石油产量跃居世界第四位(前三位分别是沙特阿拉伯、俄罗斯、美国),达到 2.114 亿吨,占世界石油生产总量的 5%。但沙特阿拉伯及俄罗斯相比,我国原油生产总量仍然较低。自 2004 年以来,与世界其他国家相比,我国石油生产量的增长速度并不是很快。2004~2014 年,我国石油生产平均增长率为 1.96%,低于伊拉克、美国、加拿大及科威特等国的平均增长水平。

从省份来看,2000 年我国黑龙江、山东、新疆及辽宁的原油产量分别为 5306.7 万吨、2675.7 万吨、1848.2 万吨及 1401.1 万吨,分居全国前四位。2012 年,我国分省份原油产量排名出现较大变化,主要与本省份油田开采阶段有关。其中,黑龙江原油产量下降较快,全年共生产原油 4001.5 万吨,但在全国仍排名第一,这与大庆油田进入开采后期有关。陕西则以 3527.6 万吨的原油年产量跃居第二,主要原因是随着西部大开发的推进,陕西的石油资源得到了大幅度的开发。2012 年,随着渤海油田的不断开发,天津原油产量剧增,达到 3098.3 万吨,位居第三位。此外，山东、新疆、广东的原油产量分别为 2774.7 万吨、2670.6 万吨和 1209.3 万吨，分别为第四至第六位。其他省份原油产量则都低于 1000 万吨。

分公司来看，2014 年，中国石油天然气集团公司（简称中石油）石油产量为 11364 万吨，净增长 104 万吨，同比增长 0.9%；中国石油化工集团公司（简称中石化）石油产量 4378 万吨，与 2013 年持平；中国海洋石油总公司（简称中海油）石油产量 3955 万吨，同比增长 1.1%；陕西延长石油（集团）有限责任公司（简称延长石油）石油产量 1255 万吨，同比下降 0.6%。分油田来看，2014 年，大庆油田、胜利油田、渤海油田、长庆油田、延长油田、新疆油田、辽河油田七大的产量均超过 1000 万吨。大庆油田石油产量连续 12 年保持 4000 万吨以上，胜利油田连续 14 年保持 2700 万吨以上，长庆油田油气当量快速攀上 5568 万吨的新高峰。渤海海域、长庆油田、新疆油田、辽河油田的原油产量也分别达到 2611 万吨、2505 万吨、1180 万吨和 1122 万吨。

四、天然气生产现状

我国天然气生产大致可以分为三个阶段：①1949～1995 年的起步阶段；②1996～2001 年的稳步上升阶段，随着长输管线不断新建并相继投产，我国的天然气产量不断上升；③2002 年至今的快速发展阶段。随着我国塔里木盆地、鄂尔多斯盆地等天然气的大规模开发，天然气产量快速增加。由图 5-4 可知，2001～2013 年，我国天然气产量增加了 3.88 倍，达到 1.56 亿吨标准煤，年均增长率为 12%，超过了同期原油产量增长率的 2.14%。2014 年，全国天然气产量 1329 亿立方米，净增长 132 亿立方米，同比增长 10.7%。其中，常规天然气产量 1280 亿立方米，净增长 114 亿立方米，同比增长 9.8%；煤层气产量 36 亿立方米，同比增长 23.3%；

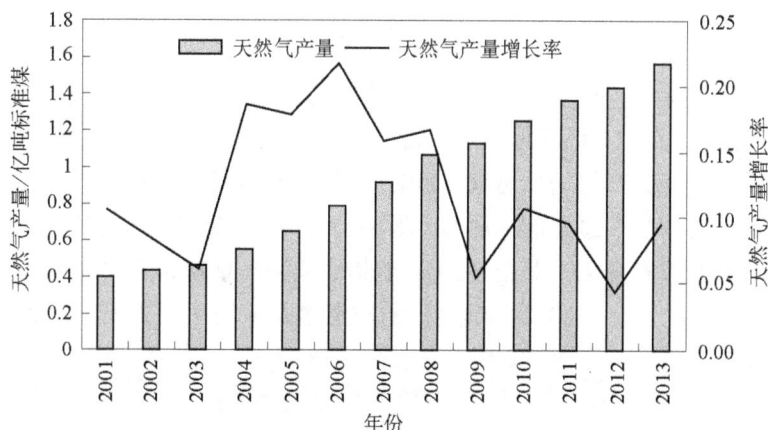

图 5-4　2001～2013 年我国天然气产量及增长率变化[61]

页岩气产量 13 亿立方米，同比增长 5.5 倍。此外，我国天然气产量增长率在 2006 年出现新高以后，开始逐步下降，并在 2012 年达到最低值 5%。

与世界其他国家相比，我国天然气产量仍然较低。2004 年，我国天然气产量为 0.386 亿吨标准油，世界排名仅第 15 位，远远低于俄罗斯同年的天然气产量 5.16 亿吨、美国的 4.8 亿吨及加拿大的 1.65 亿吨标准油。其后，我国天然气产量增长迅速。2014 年，我国天然气产量达到 1.21 亿吨标准油，占世界天然气生产总量的 3.9%，在世界天然气市场上上升到第六位。分地区来看，我国目前主要有塔里木盆地、柴达木盆地、鄂尔多斯盆地、四川盆地、松辽盆地、渤海湾盆地及沿海大陆架七大天然气产区。其中鄂尔多斯盆地、塔里木盆地、四川盆地是我国天然气主产区。2014 年，鄂尔多斯盆地天然气产量达到 426 亿立方米，同比增长 10%。四川盆地、塔里木盆地天然气产量均超过 250 亿立方米。分省份来看，陕西、四川、新疆、广东及青海等地区天然气产量较多。2012 年，陕西以 311.3 亿立方米的天然气产量位居全国首位，这主要与长庆气田天然气加速开发有关；新疆天然气产量排名第二，累计生产天然气 253.01 亿立方米；四川天然气产量位居第三，共生产 242.26 亿立方米；其他省份天然气产量均少于 100 亿立方米。2014 年，全国主要油气生产企业生产情况分别为：中石油天然气产量 952 亿立方米，净增长 72 亿立方米，同比增长 8.2%；中石化天然气产量 200 亿立方米，同比增长 7.2%；中海油天然气产量 118 亿立方米，同比增长 23.6%；延长石油天然气产量为 6 亿立方米。

五、其他能源生产现状

积极调整能源结构，大力发展核电、水电、风电、太阳能等非化石能源，是我国长期坚持的一项重要能源政策。2001 年，我国其他能源（核电及可再生能源）产量仅为 1.14 亿吨标准煤，占能源生产总量的 7.9%。经过十几年的发展，我国其他能源产量增长迅速。2012 年其他能源产量达到 3.7 亿吨标准煤，占同期我国能源生产总量的 10.9%（图 5-5）。2001～2013 年，我国其他能源产量增长率呈波浪式变化。其中，2011 年其他能源产量增长率仅为 0.3%，为 12 年的最低值；2001 年与 2012 年其他能源产量增长率均达到 22%，为 2001～2012 年的最高值。

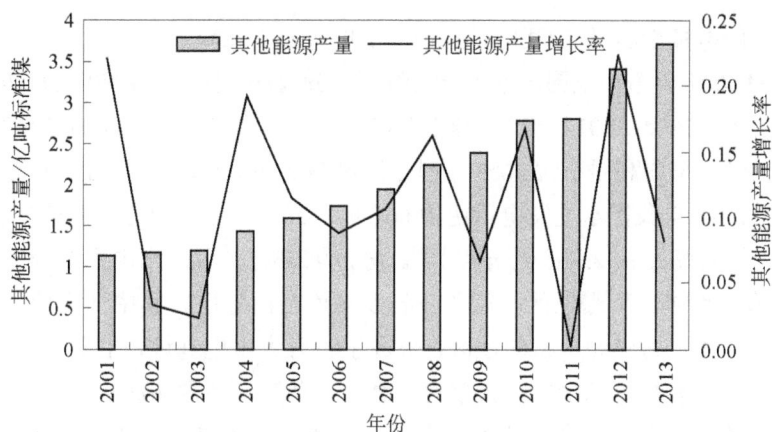

图 5-5　2001~2013 年我国其他能源产量及增长率变化[61]

我国的核电应用起步较晚，从 20 世纪 90 年代中期才开始。近年来，受国家政策扶持的影响，我国核电行业保持了稳步前行的态势。根据《2014 年全国核电运行情况报告》，截至 2014 年年底，我国投入商业运行的核电机组共达 22 台，总装机容量为 20305.58 兆瓦，约占全国电力总装机容量的 1.49%[64]。我国核电发电量和上网电量也继续保持上升趋势。22 台商业运行核电机组累计发电量为 1305.80 亿千瓦时，比 2013 年增长 18.89%；累计上网电量为 1226.84 亿千瓦时，比 2013 年增长 18.80%。

近几年来，受可再生能源法及分区固定上网电价政策等的影响，我国风电产业实现了快速发展。2014 年，我国风电产业发展势头良好，新增风电装机量刷新历史纪录。据统计，全国（除台湾地区外）新增安装风电机组 13121 台，新增装机容量 23 196 兆瓦，同比增长 44.2%；累计安装风电机组 76241 台，累计装机容量 114609 兆瓦，同比增长 25.4%[65]。其中，内蒙古依然保持全国首位，累计装机容量达到 22312.31 兆瓦，占全国的 19.5%。其次为甘肃，占全国的 9.36%，河北和新疆占比相当，分别为 8.61% 和 8.44%。2014 年，在我国风电累计装机容量上，仅中国国电集团公司（简称国电集团）超过了 20 吉瓦，占全国累计装机容量的 17.93%，其次分别为中国华能集团公司（简称华能集团）和中国大唐集团公司（简称大唐集团），累计装机容量达到 13138.38 兆瓦和 11399.16 兆瓦，所占市场份额分别为 11.46% 和 9.95%。进入我国累计风电装机容量排名前 10 位的开发商还有中国华电集团公司（简称华电集团）、中国广核集团有限公司（简称中广核）、中国电力投资集团公司（简称中电投）、国华电力公司（简称国华）、华润集团公司（简称华润集团）、北京天润新能投资有限公司（简称天润）、中国长江三峡集团公司（简称三峡集团）。2008 年以来，我国风电上网电量快速增长。2014

年风电上网电量 1534 亿千瓦时,占全部发电的 2.78%。

从 1980 年至今,我国水电生产大致可以分为两个阶段:1980~2002 年的缓慢增长阶段;2002~2014 年的快速上升阶段。2014 年年底全国水电装机容量 3.0 亿千瓦,设备平均利用小时 3653 小时,同比增加 293 小时,是 2006 年以来的最高水平。2014 年我国水电发电量达 10661 亿千瓦时,占全国总发电量的 19.2%,比 2013 年大幅提高 2.6 个百分点[66]。分区域来看,我国水电主要分布在西南地区、黄河流域、新疆地区、东北三省及东南沿海地区,其中西南地区的水电最为丰富。在水力资源丰富的地区,形成了十五大水电基地,主要包括金沙江、长江上游、雅砻江、澜沧江、大渡河、怒江、乌江、南盘江红水河、黄河上游、黄河北干流、湘西、闽浙赣诸河、东北三省诸河、雅鲁藏布江和新疆诸河等生产基地。

20 世纪 70 年代,我国就开始进行太阳能发电建设,但进展一直比较缓慢。自 2009 年以来,随着政府逐渐重视及扶持力度的加大,太阳能发电取得迅速发展。2014 年,全国全年光伏发电累计并网装机容量 2805 万千瓦,同比增长 60%,其中,光伏电站 2338 万千瓦,分布式 467 万千瓦。光伏年发电量约 250 亿千瓦时,同比增长超过 200%。我国光伏发电呈现东部、西部共同推进,并逐渐由西向东发展的格局。截至 2014 年年底,全国光伏电站累计并网容量排名前六的省份依次为甘肃、青海、内蒙古、新疆、江苏、宁夏。其中,甘肃光伏电站累计并网容量达到 517 万千瓦,继续居全国第一;青海以累计并网容量 413 万千瓦居其次;内蒙古累计并网容量为 284 万千瓦,居第三。

第二节　我国能源消费现状

一、能源消费总体情况

我国经济的发展离不开能源,能源是我国经济发展的命脉和物质基础。改革开放以来,随着我国经济的迅速发展、工业化及城镇化进程的加快,能源消费总量增长非常迅速。从图 5-6 可知,2001 年我国能源消费总量为 15.04 亿吨标准煤,高于同期我国能源生产总量(14.39 亿吨标准煤)。2013 年,我国能源消费总量达到 37.5 亿吨标准煤,跟 2001 年相比,消费总量增长了 2.49 倍,年均增长速度为 7.9%。2013 年我国能源消费总量也高于同年能源生产总量。由图 5-6 可知,2001~2013 年我国能源消费总量增长速度较快,基本在 4% 以上波动起伏;2004 年增长率最高，达到 16%。

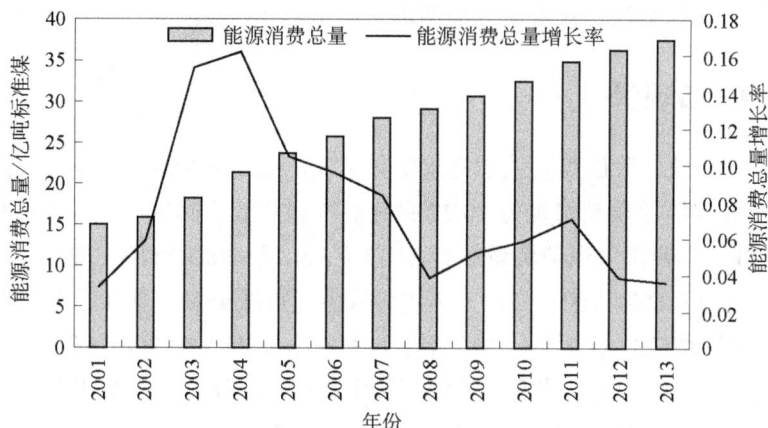

图 5-6 2001~2013 年我国能源消费总量及增长率变化[61]

　　我国的能源消费在世界能源市场上占有极其重要地位。《BP 世界能源统计年鉴 2015》显示[62]，2004~2014 年，我国一次能源消费总量占世界能源消费总量的比重逐年增加。2004 年我国能源消费量为 15.73 亿吨标准油，占世界能源消费总量的 14.9%；2010 年，我国一次能源消费总量达到 22.28 亿吨标准油，占世界能源消费总量的 19.6%，首次超过美国成为世界上最大的能源消费国；2014 年一次能源消费总量继续上升，达到 29.72 亿吨标准油，占世界的比重增加到 23%，跟美国和俄罗斯两国能源消费总量之和基本持平。可以预计，我国能源消费总量占世界的比重将越来越高，增长速度也将持续一个较高的水平。

　　根据中国能源统计年鉴，工业、生活消费和交通运输仓储邮政业是我国能源消费的主要行业。1995 年这三者的能源消费量分别为 9.62 亿吨标准煤、1.57 亿吨标准煤和 0.57 亿吨标准煤，占我国能源消费量的 89.8%。1995~2011 年，随着我国经济的增长和工业化、城镇化水平的提高，我国各行业能源消费总量都出现了较大幅度的上升。2012 年工业、生活消费和交通运输仓储邮政业三者的消费量分别为 25.25 亿吨标准煤、3.97 亿吨标准煤和 3.15 亿吨标准煤，分别占我国能源消费总量的 69.8%、10.9%和 8.7%，三者的消费总量占我国能源消费总量的比重为 89.4%。其他行业的消费量为仅占 2012 年我国能源消费总量的 10.6%[67]。

　　分省份来看，2012 年，山东、河北、广东、江苏、河南、辽宁、四川、内蒙古、山西及浙江等省份的能源消费量在全国排名前 10 位，分别为 3.89 亿吨标准煤、3.02 亿吨标准煤、2.91 亿吨标准煤、2.89 亿吨标准煤、2.36 亿吨标准煤、2.35 亿吨标准煤、2.06 亿吨标准煤、1.98 亿吨标准煤、1.93 亿吨标准煤及 1.81 亿吨标准煤，这些省份的能源消费量占全国消费量的 73.9%左右。其他省份的能源消费量为 8.91 亿吨标准煤，仅占全国能源消费总量的 26.1%。

二、原煤消费现状

21 世纪以来，我国煤炭总体需求明显扩大，煤炭消费增长迅速。如图 5-7 所示，2001 年我国原煤消费量为 10.27 亿吨标准煤，低于同期的原煤生产量（10.5 亿吨）；2013 年我国原煤消费量达到 24.75 亿吨，跟 2001 年相比增加了 2.41 倍，年均增长率为 7.6%。2001～2003 年我国原煤消费增长率一直处于上升趋势。随后，原煤消费增速急剧下降，2012 年增长率仅为 1.2%，为 2001～2013 年的最低水平。这主要与我国近年来严格控制煤炭消费有关。我国是煤炭生产大国，但仍需大量进口煤炭。自 2009 年我国由煤炭净出口国转变成为净进口国，煤炭进口量一路攀升，在 2013 年达到煤炭进口量的新高。据海关总署统计，2013 年我国累计进口煤炭 3.27 亿吨，同比增长 13.4%。在进口依存度方面，2013 年我国煤炭进口依存度为 8.13%，较 2012 年 7.11%的进口依存度上升明显。不过，受政策限制及国内煤炭需求不振等因素影响，2014 年我国进口煤在经历了五年高速增长后，进口量出现了较大幅度的下滑，煤炭进口 2.9 亿吨，同比下降了 10.9%[61]。

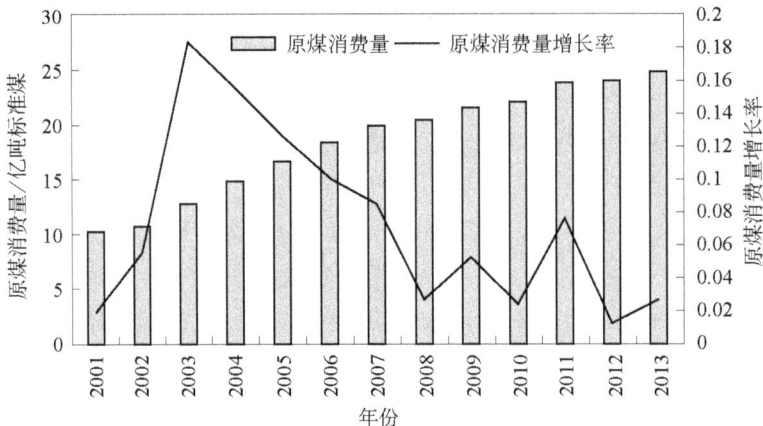

图 5-7　2001～2013 年我国原煤消费量及增长率变化[61]

我国是世界第一大原煤消费国。2004 年原煤消费量为 11.25 亿吨标准油，占世界煤炭消费总量的 38.6%，远远高于美国的原煤消费总量（5.66 亿吨标准油）。2011 年，我国原煤消费量增加到 18.96 亿吨标准油，占世界消费总量的比重首次超过了 50%，达到 50.19%。2014 年，我国原煤消费量达到 19.62 亿吨标准油，占世界煤炭消费总量的比重为 50.6%。而同期排名第二的美国原煤消费总量仅占全球煤炭消费量的 11.7%。

从煤炭的消费构成来看，工业消费所占比重一直最高。1995 年，我国工业消费煤炭 11.76 亿吨，占消费总量的 85.4%；生活消费量为 1.35 亿吨，排在第二位，占比 9.8%；其他行业、农林牧渔和水利业消费量为 1986.7 万吨、1856.7 万吨，分居第三、第四位。2012 年，工业消耗煤炭 33.57 亿吨，占消费总量的比重提高到 95.2%；而生活消费受国家鼓励使用电、气（煤气或天然气）等清洁能源影响，煤炭消费比重逐渐下降，2012 年占比仅为 2.6%。

分省份来看，2005 年，山东、山西、河北、河南、江苏的煤炭消费量分居全国前五位，分别为 2.61 亿吨、2.59 亿吨、2.05 亿吨、1.85 亿吨和 1.72 亿吨。2012 年，山东原煤消费量继续高居榜首，为 4.02 亿吨；内蒙古则超过山西，成为第二大原煤消费省份，消费量为 3.66 亿吨；山西、河北、江苏的煤炭消费量为 3.46 亿吨、3.14 亿吨和 2.78 亿吨，分居第三到第五位。

三、原油消费现状

我国经济平稳迅速发展拉动了对能源的需求，尤其是对原油的需求。如图 5-8 所示[61]，2001 年，我国原油消费量为 3.28 亿吨标准煤，高于同年的原油生产量；2013 年，原油消费量增加到了 6.9 亿吨标准煤，跟 2001 年相比增长了 2.1 倍，年均增长 6.4%，远远高于同期的原油产量增长率（2.1%）。1993 年，我国成为石油净

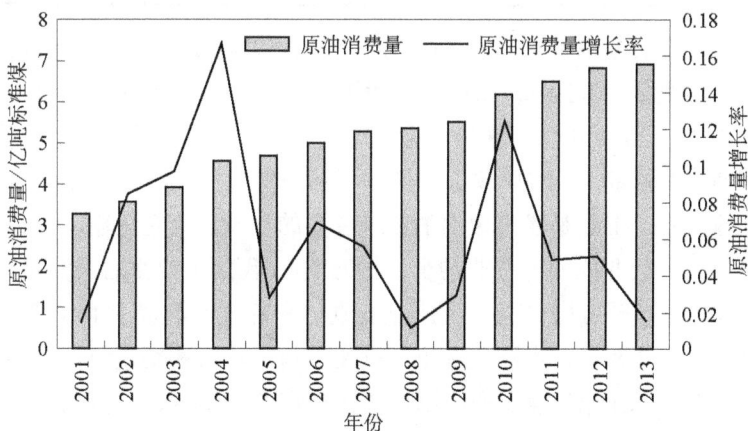

图 5-8　2001～2013 年我国原油消费量及增长率变化[61]

进口国；1996 年，我国成为了原油净进口国。其后，我国原油进口逐年上升。我国海关总署发布的数据显示[68]，2012 年，我国原油进口总量为 2.711 亿吨，同比增长 6.79%，涨幅较 2011 年有所上升，月度平均进口量约为 2258.5 万吨，月度

产量平均仅为 1718 万吨；2013 年，我国原油进口量在经过连续 12 年的上升后，原油进口量增长至创纪录的 2.821 亿吨。2014 年，我国原油进口量为 3.08 亿吨，原油对外依存度逼近 59.4%（表 5-2）[68]。

表 5-2　2012～2014 年我国原油进口情况[68]

时间	进口量 /万吨	同比增长 /%	进口额 /亿美元	同比增长 /%	平均进口单价 /（美元/吨）	同比增减 /%
2012 年第一季度	7061.00	11.35	582.30	33.28	824.67	19.70
2012 年第二季度	6946.00	10.61	601.50	16.91	865.97	5.69
2012 年第三季度	6031.00	-2.96	454.10	-8.60	752.94	-5.80
2012 年第四季度	7064.00	7.98	568.80	9.70	805.21	1.59
合计	27102.00	6.79	2 206.70	12.20	814.22	5.10
2013 年第一季度	6897.00	-2.32	555.20	-4.65	804.99	-2.39
2013 年第二季度	6920.00	-0.37	523.58	-12.95	756.62	-12.63
2013 年第三季度	8022.00	33.01	559.52	23.22	697.48	-7.37
2013 年第四季度	7075.00	0.16	558.10	-1.88	788.83	-2.03
合计	28914.00	6.69	2 196.40	-0.01	759.63	-6.70
2014 年第一季度	7 472.30	8.34	589.10	6.11	788.38	-2.06
2014 年第二季度	7723.60	11.61	597.70	14.16	773.86	2.28
2014 年第三季度	7652.50	-4.61	587.20	4.95	767.33	10.01
2014 年第四季度	7987.30	12.89	507.30	-9.10	635.13	-19.48
合计	30835.70	6.65	2 281.30	3.87	739.82	-2.61

我国是一个石油消费大国。2004 年，我国石油消费量为 3.19 亿吨标准油，占世界石油消费量的 8.24%；2010 年，我国石油消费量为 4.38 亿吨标准油，占比首次超过 10%；2014 年，石油消费量位居世界第二位，达到 5.20 亿吨标准油，占世界石油消费量的 12.4%，仅低于美国石油消费量（8.36 亿吨标准油）。

分行业来看，工业是我国原油消费最主要的行业，交通运输、仓储和邮政业次之，另外几大行业原油消费非常少。1995 年，我国工业原油消费量为 1.47 亿吨，占原油消费总量的 98.9%；交通运输、仓储和邮政业消费了 156.77 万吨原油，占比 1.05%；农林牧渔、水利、建筑、批发零售、住宿和餐饮业占比在 0.05% 左右。十几年来，工业原油消费在我国原油消费市场的地位进一步加强，另外几个行业消费的原油占比继续减少。2012 年，我国工业原油消费达到 4.66 亿吨，跟 1995 年相比增长了 3.17 倍，占原油消费总量的比重达到了 99.7%；交通运输、仓储和邮政业消费的原油量有所下降，仅为 119.4 万吨，占比 0.26%；其他几个行业原油消费量都为零。

　　分省份来看，2012 年，辽宁、山东、广东、江苏、浙江的原油消费量继续占据前五位，分别为 7000.91 万吨、6271.5 万吨、4511.51 万吨、2947.99 吨、2732.59 万吨。另外，新疆、黑龙江、上海及陕西的原油消费量也都达到了 2000 万吨以上。

四、天然气消费现状

　　天然气是一种优质、高效、清洁的低碳能源，具备资源丰富、利用广泛、使用方便、排放清洁等优点。推动天然气产业发展，提高天然气在一次能源消费中的比重，对我国调整能源结构、提高人民生活水平、促进节能减排、应对气候变化具有重要的战略意义。2000 年以前，我国天然气消费量增长较为缓慢。2000 年以后，我国建成了大量的天然气长输管道及支线管道，天然气进入了快速发展时期。2001～2013 年，我国天然气消费量由 0.36 亿吨标准煤增长到 2.18 亿吨标准煤，增长了 6.03 倍，年均增长 16%（图 5-9）。从图 5-9 还可以看出，我国天然气消费增长率一直保持在较高的水平，在 6%～23% 浮动。尽管如此，2014 年，我国天然气消费占一次能源消费的比重为 6.3%，仍远低于世界平均水平（24%）。此外，我国的雾霾等环境污染问题日趋严重，二氧化碳排放量迅速上升，在短中期加快天然气利用，促进天然气产业发展仍是保障我国能源安全、调整能源消费结构、应对环境污染最现实的选择。

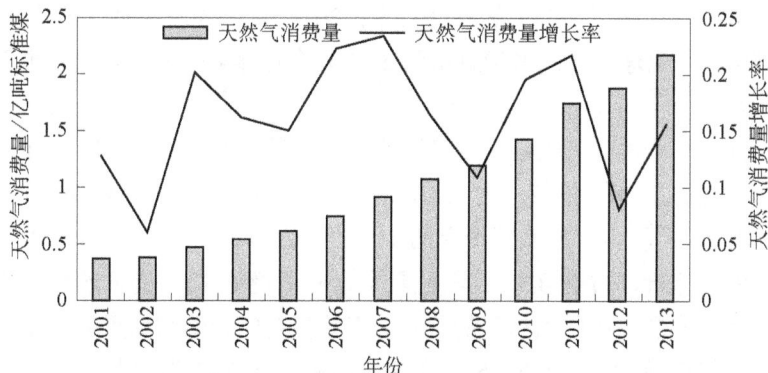

图 5-9　2001～2013 年我国天然气消费量及增长率变化[61]

　　受天然气市场供不应求等因素影响，我国从 2006 年开始进口天然气，此后，天然气进口量快速增长，天然气对外依存度持续上升。2014 年，我国进口天然气 584 亿立方米，对外依存度达到 27.5%（图 5-10）。其中，LNG 进口量为 271 亿立方米，占天然气进口总量的 46.4%，主要来自澳大利亚、印度尼西亚、马来西亚、卡塔尔四国；管道天然气进口量为 313 亿立方米，占天然气进口总量的 53.6%，以土库曼斯坦天然气资源为主。随着中俄天然气协议的签署，再加上中亚到我国新疆、缅甸到我国云南及东南沿海 LNG 进口通道的打通，我国四大天然气进口通道格局已经初步建成。随着四大进口通道逐步进入稳定运营，进口天然气将继续为增加我国天然气供应发挥重要作用。

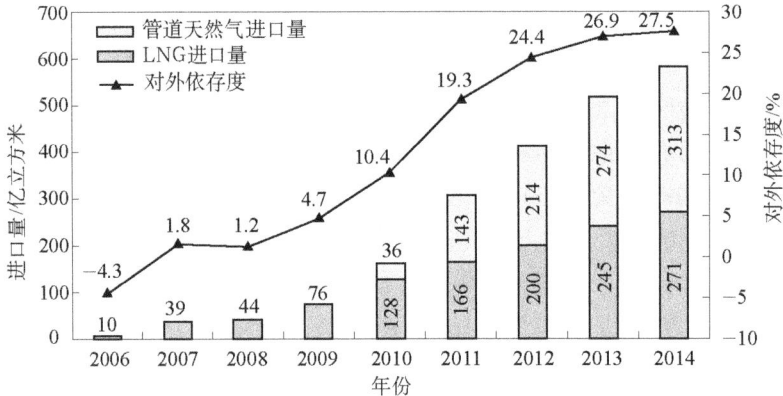

图 5-10 2006～2014 年我国天然气进口及对外依存度[62]

我国天然气消费总量偏低，在全球天然气消费市场的地位仍有待提高。2006年，我国天然气消费量为 0.37 亿吨标准油，仅占全球天然气消费总量的 1.5%；2012 年我国天然气消费量为 1.3 亿吨标准油，占比继续上升，达到 4.3%，仍低于美国、俄罗斯、伊朗三国的天然气消费量；2014 年，我国天然气消费量为 1.67亿吨标准油，占全球天然气消费总量的 5.4%，全球排名第三位，仅低于美国、俄罗斯两国。

跟石油市场一样，工业是天然气消费市场中最主要的行业。1995 年，工业消耗了 154.39 亿立方米天然气，占天然气消费市场的 87%；生活消费消耗了 19.41亿立方米的天然气，占天然气消费量的 11%；交通运输、仓储和邮政业消费了 1.57亿立方米的天然气，占比 0.9%；其他几个行业消费了 1.1%的天然气。随着我国天然气产业的发展与民用天然气的普及，工业消耗的天然气比重逐渐下降。2012年，工业用气量最大，为 946.75 亿立方米，占天然气消费总量的 64.72%；生活消费用气量排在第二位，占比 19.7%；交通运输、仓储和邮政业用气量占比10.56%；农林牧渔、水利业、建筑业、其他行业、批发零售业、住宿和餐饮业的天然气消费量也都有所上升，但消费量仍然较低。

分省份来看，2005 年，四川、新疆、重庆、北京及河南是我国天然气消费量较多的省份，分别为 89.52 亿立方米、56.04 亿立方米、35.5 亿立方米和 32.04 亿立方米。其中，四川、新疆、重庆的天然气消费量比较多主要与天然气供给丰富有关；

而北京消费了比较多的天然气则是受需求方面的因素影响。2012 年，四川、广东、新疆、江苏、北京的天然气消费量占据全国前五位，分别为 153 亿立方米、116.48亿立方米、101.95 亿立方米、113.14 亿立方米、92.07 亿立方米。

五、其他能源消费现状

随着国家经济发展方式的转变及对节能减排的重视，其他能源（核电及可再生能源）的消费量也出现了一定程度的增长。2001 年，其他能源消费量为 1.13亿吨标准煤，到 2013 年增长到 3.68 亿吨标准煤，年均增长率为 10.34%，高于同期原油消费增长率（6.4%），以及原煤消费增长率（7.6%）（图 5-11）。2001 年核电及可再生能源消费量低，近年来虽保持了快速增长，但我国核电及可再生能源消费量仍然偏低。2001～2012 年其他能源消费量增长率波动较为频繁。其中，2012年消费量增长率最高，为 22%；2001 年增长率也达到了 21%；2011 年其他能源消费量则出现了负增长；其他年份消费量增长率多在 10% 左右浮动。

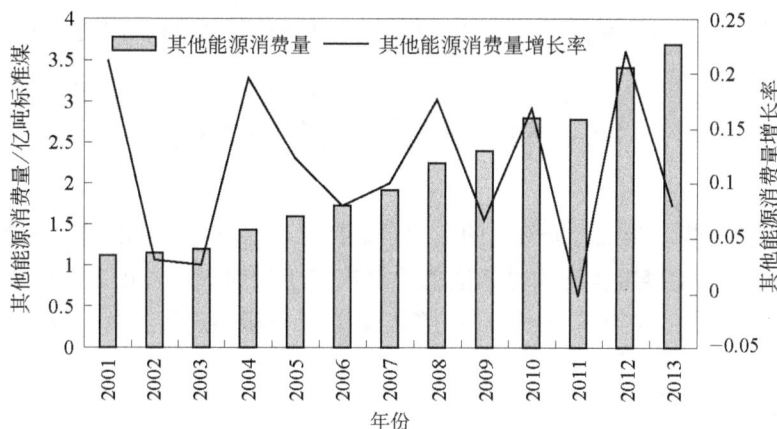

图 5-11　2001～2013 年我国其他能源消费量及增长率变化[61]

我国核能消费量在世界核能消费市场上占据着一定的地位。2004 年，我国核能消费量为 0.11 亿吨标准油，仅占全球市场消费的 1.8%，低于美国、法国、俄罗斯、德国及韩国等的核能消费量，全球排名第 12 位；2012 年我国核能消费量为 0.22 亿吨标准油，占比达到 3.9%，仍低于美国、法国、俄罗斯、韩国、德国五国的核能消费，但超过了加拿大、乌克兰及英国等国的核能消费量；2014 年，我国核能消费量为 0.29 亿吨标准油，占比为 5%，超过德国成为世界第五大核能消费国。

我国是世界上最大的水电消费国。2004 年我国水电消费量为 0.8 亿吨标准油，

位居世界第一位，占世界水电消费量的 12.6%；2012 年我国水电消费量为 1.95
亿吨标准油，继续占据世界第一位，占世界水电消费量的 23.4%，是第二大水电
消费国巴西水电消费量的 2.06 倍；2014 年我国水电消费量达到 240.8 百万吨标准
油，占比为 27.4%。我国水电消费不仅总量大，年均增长速度也非常快。2004～
2014 年，我国水电消费年均增长率为 11.6%，远远高于世界水电消费平均增长率
（3.3%）。

2004 年我国其他可再生能源（风能、地热、太阳能、生物发电等）的消费量
为 90 万吨标准油，仅占世界消费总量的 1.2%，远远低于美国、德国、日本、西
班牙等国的其他可再生能源消费总量；2012 年，我国其他可再生能源消费量增加
到 0.32 亿吨标准油，占世界消费总量的 13.4%，超过德国、西班牙等国成为世界
上第二大其他可再生能源消费国，仅低于美国的其他可再生能源消费量（0.51 吨
标准油）；2014 年，我国其他可再生能源消费量首次超过 0.5 亿吨标准油，占全
球其他可再生能源消费量的 16.7%，全球仍居第二位。可以看出，我国其他可再
生能源领域的发展速度非常快，这与我国政府出台的促进其他可再生能源发展的
政策相关，也显示了我国在应对气候变化和发展新能源领域所作的巨大努力。

第三节　我国能源结构现状

我国"多煤、少油、缺气"的资源禀赋特点，工业化、城市化发展进程中的
巨大能源需求及煤炭资源相对低廉的价格决定了目前我国以煤为主的能源生产
和能源消费结构。在未来很长一段时期内，这种能源格局很难发生根本改变。

一、能源生产结构现状

我国的能源资源以煤炭、石油、天然气、可再生能源为主，其中石油储量
少，煤炭储量和可再生能源资源却极为丰富。《BP 世界能源统计年鉴 2015》
显示，截至 2014 年年底，我国煤炭探明储量为 1145 亿吨，总量非常丰富，占
全球煤炭探明储量的 12.8%；我国石油探明储量为 25 亿吨，占全球石油探明
储量的 1.1%；我国天然气探明储量为 3.5 万亿立方米，占全球天然气储量的
1.8%[62]。

我国能源资源结构的特点决定了我国能源生产的结构。2000 年我国能源
生产结构中煤炭、石油和天然气合计占我国全部一次能源生产 13.5 亿吨标准
煤的 93.1%，核电和可再生能源合计占 6.9%。其中，煤炭生产量占比为 73.2%，

远远超过原油、天然气和其他能源的生产总量；原油产量占比 17.2%；天然气占比非常低，仅为 2.7%。2000～2013 年，我国能源生产总量不断增长，受资源结构特点影响，煤炭生产量占能源生产总量的比重继续增加，2013 年达到了 75.6%；我国石油产量同期也有一定幅度的增长，但增长速度低于一次能源生产总量的速度，因此所占比重有所下降，跟 2000 年相比，2013 年下降了 8.3 个百分点，占比仅为 8.9%；天然气产量占我国能源生产总量的比重上升到 4.6%，但比重依然较低；2013 年核电及可再生能源所占比重超过 10%，达到 10.9%。未来随着我国经济的发展与能源需求的进一步上升，如果能源资源结构继续保持不变的话，煤炭在能源生产总量中所占比重将进一步上升，天然气、核电及可再生能源的地位也将有所加强，石油在我国能源生产结构中的比重将有所下降。

二、能源消费结构现状

合理的能源消费结构是一国经济快速、稳定、可持续发展的基本保证，是衡量一个国家或地区经济健康发展的重要标志，也是保证一国生态环境和居民生活水平的重要指标[69]。纵观世界能源消费的变化情况可以发现，一方面，随着经济社会的发展，人类的能源需求迅速增长；另一方面，能源结构也在不断地调整以适应经济社会发展需要，其大体趋势是由煤炭等高污染的化石燃料向天然气、风能、电能、水能等污染程度较低的清洁能源发展。

我国的能源消费结构为适应经济和社会的发展经历了以下几个调整阶段。

20 世纪 50 年代初，由于国内已探明的油气储量不足，再加上西方石油国家由于政治原因对我国采取禁运措施等原因，在我国的能源消费结构中，石油和天然气的消费比重不到 2%，严重阻碍了经济的发展。60 年代后，大庆油田和其他油田的相继发现在一定程度上缓解了我国无油的局面，石油和天然气在能源消费结构中的比重迅速上升。

改革开放后，我国加大油气资源的开发力度，石油、天然气在能源消费结构中的比重继续上升，但由于我国油气资源储量有限，油气开采的速度跟不上经济发展的速度，能源的供需缺口越来越大。尽管我国曾尝试大力开发水、核电等新能源来弥补国内资源的不足，但并没有取得很好的效果，所以不得不增加煤炭资源的消费缓解供需矛盾。1990 年，在整个能源消费结构中，煤炭占了 3/4，尽管促进了经济的发展，但也使其与环境保护之间的矛盾越来越尖锐。为缓解我国能源紧张的局面及提高人民的生活水平，我国同时加大了石油的进口力度，石油对外依存度越来越高。同时，我国注重开发利用可再生能源，在能源消费结构中注重提高可再生新能源的比重。

当前，我国经济和社会面貌发生了重大变化，但支撑经济和社会发展的整个能源基础基本保持以煤炭为主的能源消费格局。煤炭在能源消费总量中的比重始终在 70%左右，大体相当于欧美等西方发达国家和地区 20 世纪 50 年代的水平。2000～2013 年，煤炭在我国的能源消费结构中所占的比重一直在 66%以上，在 2007 年更是达到了 71.1%；其后煤炭消费所占比重有所降低，2013 年达到 13 年间的最低值 66%。我国原油所占的比重一直维持在 20%左右，2005年以来呈现轻微的下降趋势；2013 年原油占我国能源消费结构的比重为18.4%。2000 年以来，我国天然气所占比重有所上升；2011 年比重首次超过5%；2013 年为 5.8%。核电及可再生能源的比重虽然超过了天然气在我国能源消费结构中的比重，但仍然较小，2010 年占比为 8.6%；2013 年比重增加到9.8%。这种以煤为主的能源消费结构不可避免地会造成严重的环境问题，从而影响我国经济与社会的可持续发展。我国调整能源消费结构和节能减排急不可待。

通过能源消费结构的跨国比较可以得出我国的能源消费结构非常不合理。与世界平均水平相比，我国的能源消费结构中煤炭占绝大部分，2014 年达到了 66%，在世界各国中仅低于南非煤炭消费比重（70.6%），远远超过美国（19.7%）、印度（56.5%）及全球平均水平（30%）。我国的天然气和石油所占比重都远低于世界平均水平，且严重依赖于进口（图 5-12）。《BP 世界能源统计年鉴 2015》[62]发布的数据显示，2014 年我国天然气占能源消费总量的比重为 5.6%，低于全球绝大部分国家天然气所占比重及世界平均水平（23.7%）。2014 年我国原油消费占能源消费的 17.5%，在金砖五国（中国、印度、巴西、俄罗斯、南非）中所占比重最小，也低于美国（36.4%）、法国（32.4%）及世界平均水平（32.6%）。我国的核能、再生能源在能源消费结构中所占的比重也低于世界平均水平。我国的水力发电在能源消费结构中扮演着重要角色，2014 年在一次能源消费中占 8.1%，高于世界平均水平（6.8%），但是低于巴西（28.2%）、加拿大（25.8%）。可再生能源作为一种可重复使用的清洁能源，必将在未来的能源发展中发挥重要作用。而且，我国的可再生能源储量丰富、潜力巨大，如果能得到充分利用，不仅能够解决我国能源供给不足的问题，还将有效改善我国不合理的能源消费结构，减少化石能源过度使用对环境造成的污染。

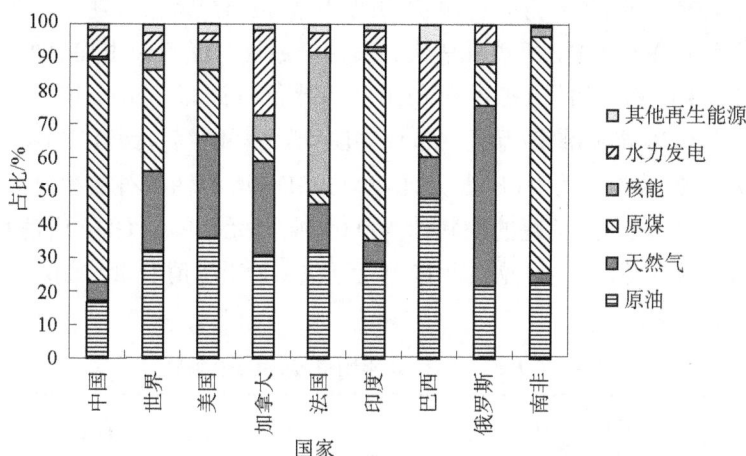

图 5-12　2014 年部分国家一次能源消费结构[62]
本图所指的一次能源是指商业贸易的燃料，包括用于发电的现代可再生能源

第四节　我国能源效率现状

能源效率是指单位能源的使用能够给某个国家（或地区）所带来的经济效益。有很多指标可以衡量能源效率，如单位产值能耗、单位产品能耗及单位服务量能耗等[70]。在本书中，选择单位产值能耗作为能源效率的指标，尽管这并不是十分全面，但已足够反映我国能源效率现状。单位产值能耗是指单位 GDP 所消耗掉的能源，国内外也有很多文献将其称为能源强度，这是衡量能源效率的重要指标。

一、能源强度概况

我国的产业结构不够合理，工业（尤其是制造业、建筑业）耗能高，同时能源密集型企业的技术不够先进，导致能源强度较高，能源利用率低。近些年来，随着国家逐渐重视提高能源效率，我国在节约能源资源方面取得了一些进展，平均能源强度不断降低（见表 5-3，GDP 按 2005 年可比价格计算）。从表 5-3 可以看出，2005 年我国单位 GDP 能源消费总量为 1.28 吨标准煤/万元；单位 GDP 所消耗的煤炭为 1.25 吨/万元、单位 GDP 所消耗的焦炭为 0.14 吨/万元、单位 GDP 所消耗的石油为 0.18 吨/万元、单位 GDP 所消耗的原油为 0.16 吨/万元、单位 GDP 所消耗的燃料油为 0.02 吨/万元、单位 GDP 所消耗的电力为 0.13 万千瓦时/万元[71]。与 2005 年相比，2010 年，单位 GDP 能源消耗量有所下降，为 1.03 吨标准煤/万元；单位 GDP 所消耗的煤炭下降明显，为 0.99 吨标准煤/万元；单位 GDP 所消耗焦炭、石油、原油、燃料油也均有所下降。此外，由表 5-3 可知，如果 GDP 按 2010 年可比价格计算，2012 年单位 GDP 能源消耗量为 0.76 吨标准煤/万元，单位 GDP 所消耗的煤炭为 0.75 吨/万元，单位 GDP 所消耗的焦炭为 0.08 吨/万元，单位 GDP 所消耗的石油和原油都为 0.1 吨/万元，单位 GDP 所消耗的燃料油为 0.01 吨/万元，单位 GDP 所消耗的电力为 0.11 万千瓦时/万元。可见，2012 年万元 GDP 能源消费量与 2010 年相比，变化并不是很大。

表 5-3　2005 ~ 2012 年平均每万元 GDP 能耗[71]

项目	年份	能源消费总量/（吨标准煤/万元）	煤炭/（吨/万元）	焦炭/（吨/万元）	石油/（吨/万元）	原油/（吨/万元）	燃料油/（吨/万元）	电力/（万千瓦时/万元）
GDP 按 2005 年可比价格计算	2005	1.28	1.25	0.14	0.18	0.16	0.02	0.13
	2009	1.08	1.04	0.11	0.13	0.13	0.01	0.13
	2010	1.03	0.99	0.11	0.14	0.14	0.01	0.13
GDP 按 2010 年可比价格计算	2010	0.81	0.78	0.08	0.11	0.11	0.01	0.10
	2011	0.79	0.78	0.09	0.10	0.10	0.01	0.11
	2012	0.76	0.75	0.08	0.10	0.10	0.01	0.11

尽管我国近些年在能源效率方面有所成效，但与世界上其他国家相比，我国的单位 GDP 能耗即能源强度仍然很高，依然没有摆脱高投入、高能耗、高污染的粗放型经济增长方式。1980 年我国单位 GDP 一次能源消费量为 21.98 吨标准油/万美元，是美国的 3.36 倍、日本的 6.62 倍、印度的 3.94 倍及世界平均水平的 3.65 倍（图 5-13）。1980~2011 年，各国能源强度都保持下降趋势，其中，我国下降的速度最快，为 83.76%，高于美国（77.01%）、日本（75.6%）、印度（45.88%）及世界平均能源强度下降率（70.98%）。但与美国、日本等其他国家相比，我国每单位 GDP 所消耗的能源仍然很大，能源强度依然很高。2011 年我国单位 GDP 一次能源消费量为 3.57 吨标准油/万美元，相当于美国的 2.4 倍、日本的 4.4 倍、印度的 1.2 倍、世界平均水平的 2.1 倍。

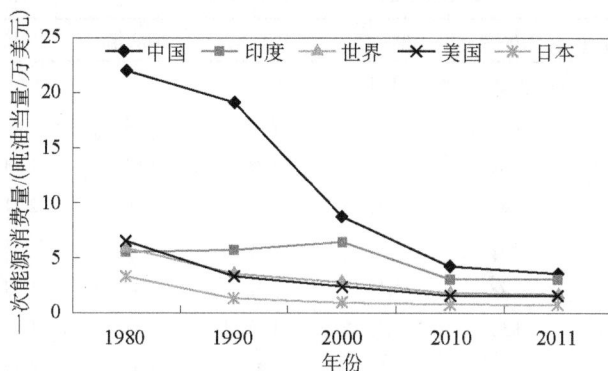

图 5-13　1980～2011 年我国与部分国家 GDP 一次能源消费量比较

资料来源：中国石油集团咨询中心

二、区域能源强度现状

表 5-4 为我国内地各省份单位产值能耗，随着我国经济结构调整的推进及节能减排力度的加大，我国各地区能源强度呈现逐年下降的趋势。2005～2011 年，我国内地各省份能源消费强度都有不同程度的下降[72-79]。其中，宁夏、内蒙古、北京、陕西及湖北的能源强度下降速度比较快，下降率分别为 44.95%、43.15%、41.77%、40.42%及 39.74%。下降速度较慢的省份主要有新疆、海南、黑龙江、广东及上海，下降率分别为 22.7%、25%、28.77%、29.11%及 30.34%。这些省份能源强度下降速度慢主要有两方面的原因：一是经济较为发达，能源强度本身就比较低，下降的空间有限，如海南、广东及上海等地；二是经济发展比较慢，科技水平偏低，从而影响了节能效果，如新疆、黑龙江等地。2011 年，我国内地能源强度最低的五个省份分别为北京（0.46 吨标准煤/万元）、广东（0.56吨标准煤/万元）、浙江（0.59 吨标准煤/万元）、江苏（0.6 吨标准煤/万元）及上海（0.62 吨标准煤/万元），这些省份依然都属于经济比较发达的地区。其中，北京取代广东成为我国内地能源强度最低的省份。2011 年能源强度最高的五个省份分别为宁夏（2.28 吨标准煤/万元）、青海（2.08 吨标准煤/万元）、山西（1.76吨标准煤/万元）、贵州（1.71 吨标准煤/万元）和新疆（1.63 吨标准煤/万元）。其中，能源强度最大的省份依然为宁夏，其能源强度是能源强度最小的北京的 4.95 倍。

表 5-4 2005 ~ 2011 年单位地区生产总值能耗[73-79] （单位：吨标准煤/万元）

地区	2005 年	2006 年	2007 年	2008 年	2009 年	2010 年	2011 年
北京	0.79	0.76	0.71	0.66	0.61	0.58	0.46
天津	1.05	1.07	1.02	0.95	0.84	0.83	0.71
河北	1.98	1.90	1.84	1.73	1.64	1.58	1.30
山西	2.89	2.89	2.76	2.55	2.36	2.24	1.76
内蒙古	2.48	2.41	2.30	2.16	2.01	1.92	1.41
辽宁	1.73	1.78	1.70	1.62	1.44	1.38	1.10
吉林	1.47	1.59	1.52	1.44	1.21	1.15	0.92
黑龙江	1.46	1.41	1.35	1.29	1.21	1.26	1.04
上海	0.89	0.87	0.83	0.80	0.73	0.71	0.62
江苏	0.92	0.89	0.85	0.80	0.76	0.73	0.60
浙江	0.90	0.86	0.83	0.78	0.74	0.72	0.59
安徽	1.22	1.17	1.13	1.08	1.02	0.97	0.75
福建	0.94	0.91	0.88	0.84	0.81	0.78	0.64
江西	1.06	1.02	0.98	0.93	0.88	0.85	0.65
山东	1.32	1.23	1.18	1.10	1.07	1.03	0.86
河南	1.40	1.34	1.29	1.22	1.16	1.12	0.90
湖北	1.51	1.46	1.40	1.31	1.23	1.18	0.91
湖南	1.47	1.35	1.31	1.23	1.20	1.17	0.89
广东	0.79	0.77	0.75	0.72	0.68	0.67	0.56
广西	1.22	1.19	1.15	1.11	1.06	1.04	0.80
海南	0.92	0.91	0.90	0.88	0.85	0.81	0.69
重庆	1.43	1.37	1.33	1.27	1.18	1.13	0.95
四川	1.60	1.50	1.43	1.38	1.34	1.28	1.00
贵州	2.81	3.19	3.06	2.88	2.35	2.25	1.71
云南	1.74	1.71	1.64	1.56	1.50	1.44	1.16
西藏	1.45	—	—	—	—	1.28	—
陕西	1.42	1.43	1.36	1.28	1.17	1.13	0.85
甘肃	2.26	2.20	2.11	2.01	1.86	1.80	1.40
青海	3.07	3.12	3.06	2.94	2.69	2.55	2.08
宁夏	4.14	4.10	3.95	3.69	3.45	3.31	2.28
新疆	2.11	2.09	2.03	1.96	1.93	—	1.63

注：2005～2010 年地区生产总值按 2005 年价格计算；2011 年地区生产总值按 2010 年价格计算。

由表 5-4 可计算出 2011 年我国能源强度的平均水平为 1.04 吨标准煤/万元。根据能源强度的高低，对我国各省份进行划分的标准为：高于 1.04 吨标准煤/万元的为高能耗区域；在 0.7～1.04 吨标准煤/万元的为中能耗区域；低于 0.7 吨标准煤/万元的为低能耗区域。可知位于我国高能耗区域的省份主要有辽宁、云南、河北、甘肃、内蒙古、新疆、贵州、山西、青海和宁夏共 10 个省份。这些省份多位于我国西部地区，经济与科技水平不是很发达，节能减排难度比较大；位于我国中能耗区域的省份主要有天津、安徽、广西、陕西、山东、湖南、河南、湖北、吉林、重庆、四川及黑龙江共 12 个省份，这些省份多位于我国中部地区；内地其他省份（除西藏外）都为低能耗区域，多位于我国经济比较发达的东部地区。由上述分析可知，随着地区经济发展水平的提高，我国能源消费强度整体上呈下降趋势。

第五节　我国碳排放现状

国际上，二氧化碳排放量主要有两种计法：一种是计算二氧化碳气体中碳元素的质量，单位为 GtC（吉吨碳）或 tC（吨碳）；另一种是计算二氧化碳气体的质量，单位用 Gt 二氧化碳（吉吨二氧化碳）或 t 二氧化碳（吨二氧化碳）度量[80]。通常所说的碳排放指的是二氧化碳气体的排放，计算的是二氧化碳气体的质量，只是具体单位可能有所不同。本书中提到的碳排放量都是指二氧化碳排放质量。

一、二氧化碳排放总量

由表 5-5 可知，我国是当今世界第一大二氧化碳排放国。2006 年，我国二氧化碳排放总量首次超过美国，成为世界第一大二氧化碳排放国，排放总量为 59.55 亿吨，占世界二氧化碳排放总量的 21%，比另外四个金砖国家俄罗斯、印度、巴西及南非的二氧化碳排放量还大。2006 年以后，我国二氧化碳排放量继续增加。2011 年二氧化碳排放量达到近 80 亿吨，继续位居全球第一位，占全球二氧化碳排放总量的 25.5%，超过了第三到第十一大二氧化碳排放国的总和。2012 年，我国二氧化碳为 82.5 亿吨，占全球二氧化碳排放总量的 26%，超出美国排放总量 30 多亿吨。

表 5-5　2006～2012 年部分国家二氧化碳总量　　（单位：亿吨）

国家	2006 年	2007 年	2008 年	2009 年	2010 年	2011 年	2012 年	
							总量	占比
加拿大	5.36	5.63	5.52	5.20	5.28	5.30	5.34	1.68%
美国	56.85	57.63	55.87	51.85	54.29	52.87	50.74	15.99%
日本	1.97	12.34	11.47	10.89	11.38	11.86	12.23	3.85%
韩国	4.77	4.90	5.02	5.16	5.65	5.88	5.93	1.87%
德国	8.14	7.87	7.94	7.37	7.69	7.48	7.55	2.38%
英国	5.35	5.23	5.13	4.65	4.82	4.43	4.58	1.44%
俄罗斯	15.67	15.66	15.85	14.78	15.77	16.53	16.59	5.23%
印度	12.58	13.57	14.52	16.41	17.10	17.45	19.54	6.16%
中国	59.55	63.60	65.32	68.39	72.94	80.00	82.51	26.00%
伊朗	4.55	4.88	4.98	5.14	5.08	5.21	5.32	1.68%
沙特阿拉伯	3.44	3.55	3.82	4.04	4.39	4.57	4.59	1.45%
世界总计	283.32	292.68	294.78	289.66	305.09	313.42	317.34	1.68%

资料来源：2014 二氧化碳 Emissions from Fuel Combustion（IEA）。

　　我国二氧化碳不仅排放总量大，而且年均增长速度惊人。2006～2012 年，我国二氧化碳排放总量年均增长 5.58%，低于印度（7.6%），但高于沙特阿拉伯（4.9%）、韩国（3.7%）、伊朗（2.6%）及世界二氧化碳平均增长率（1.9%）。在此期间，加拿大、美国、德国、英国等发达国家的二氧化碳排放总量都出现了负增长，主要是因为这些国家都已经完成了工业化。与发达国家相比，我国还处于工业化历史进程中，随着经济发展和社会进步、人口的增加、城市化水平与人民生活水平的提高，我国的二氧化碳排放量逐年增长仍难以避免，占世界二氧化碳排放量的比重也将逐年上升。因此，我国在可持续发展的框架下需要采取大量的与优化产业结构、优化能源结构、保障能源供给、改善区域环境、减轻社会压力相一致的二氧化碳减排对策与措施，在发展中注重经济与环境的协调，注重经济增长的质量和资源利用效率的提高，以尽可能少的物质消耗和相应较低的碳排放实现现代化的发展目标，为减少全球二氧化碳排放量、减缓全球气候变化不断做出应有的贡献。

　　图 5-14 为 1981～2012 年我国和世界碳排放增长率的变动图。由图 5-14 可知，1981～1995 年，我国碳排放增长率均高于同期的世界碳排放增长率，部分年份增长率比较接近。1996～1999 年，我国碳排放增长率与世界碳排放增长率相当，1997年、1999 年世界碳排放增长率甚至超过了我国的碳排放增长率。1999 年以后，我国碳排放总量增长迅速，年增长率远远超过世界平均碳排放增长率，这主要是

受同期我国经济增长强劲、工业化进程加快等因素的影响。2003 年，我国二氧化碳排放增长率为 15.7%，远远高于同期世界二氧化碳排放总量增长率（4.4%）；2010 年我国二氧化碳增长率为 6.7%，与世界二氧化碳增长率 5.3%比较接近。

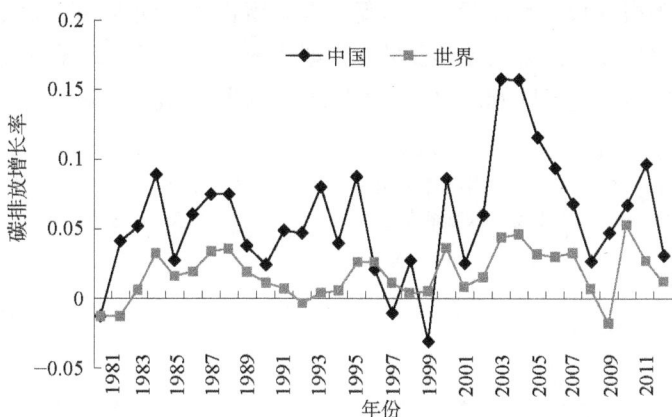

图 5-14　1981～2012 年我国和世界碳排放增长率
资料来源：2014 二氧化碳 Emissions from Fuel Combustion（IEA）

我国的能源消费结构在很大程度上决定了我国各类能源消费所产生的二氧化碳排放量。1980 年我国原煤消费在能源消费总量中占比 72.2%，原油消费占比 20.7%，天然气消费占比 3.1%。与之对应，1980 年我国消费原煤、原油、天然气所产生的二氧化碳分别为 11.47 亿吨、2.66 亿吨、0.28 亿吨，分别占二氧化碳排放总量的 79.62%、18.44%、1.94%。其中，原煤消费所产生的二氧化碳占二氧化碳总量的比重高于原煤消费在能源消费结构中的比重，这说明与原油、天然气相比，原煤将产生更多的二氧化碳，对环境的危害也更加严重。1980～2012 年，我国各类能源产生的二氧化碳随着能源消费量的增长而不断增加。2012 年我国二氧化碳消费总量约为 82.5 亿吨。其中，我国消费原煤、原油、天然气所产生的二氧化碳分别为 67.94 亿吨、11.63 亿吨、2.72 亿吨，分别占二氧化碳排放总量的 82.35%、14.1%、3.3%。与此同时，我国原煤、原油及天然气消费量分别占能源消费总量的 66.6%、18.8%及 5.2%。可以看出，我国原煤消费占能源消费总量的比重虽有所下降，但释放出来的二氧化碳占二氧化碳排放总量的比重却有增无减。

二、人均二氧化碳排放量

图 5-15 描述了 2001～2012 年，我国人口、二氧化碳排放总量及人均二氧化碳排放量的变化趋势。由图 5-15 可知，2001 年我国人口总数为 12.78 亿人；二氧

化碳排放量为 34.37 亿吨；人均二氧化碳排放量为 2.69 吨/人。2001～2012 年，受计划生育政策影响，我国人口总量增长较为缓慢，2012 年为 13.58 亿人，年均增长率仅为 0.55%。与此同时，我国二氧化碳排放总量增长较快，2012 年达到了 82.5 亿吨，年均增长达到 8.29%，远高于人口增长率。受人口增长缓慢及二氧化碳排放总量增长较快两方面因素影响，同期我国人均二氧化碳排放量也保持了较快的增长，2012 年达到 6.08 吨/人，年均增长率为 7.7%。

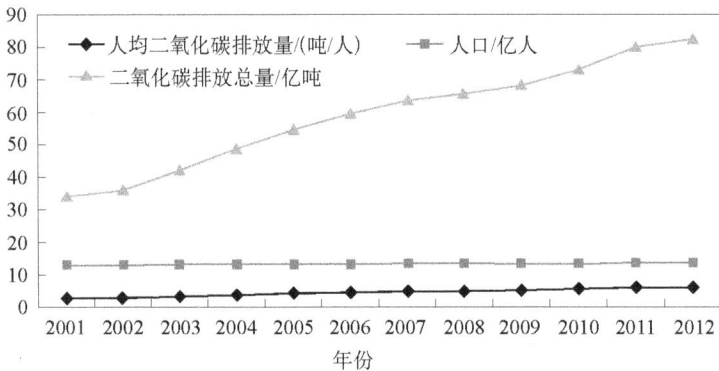

图 5-15　2001～2012 年我国的人口、二氧化碳排放总量及人均二氧化碳排放量
资料来源：2014　二氧化碳 Emissions from Fuel Combustion（IEA）

跟世界上其他国家相比，2006 年我国人均二氧化碳排放量为 4.52 吨/人，高于印度（1.09 吨/人）、巴西（1.74 吨/人）及世界平均水平（4.31 吨/人），但低于南非（6.91 吨/人）、俄罗斯（10.99 吨/人）及美国（19.02 吨/人）。2006～2012 年，我国人均二氧化碳排放量增长较快，增长率达到 50.7%。2012 年我国人均二氧化碳排放量为 6.08 吨/人，比巴西、印度及世界人均二氧化碳排放量高，但低于南非、俄罗斯等金砖国家人均二氧化碳排放量，也低于美国、澳大利亚、德国及英国等发达国家人均二氧化碳排放量。这表明我国二氧化碳排放总量虽高，但人均二氧化碳排放量却比较低。因此，一些已经完成工业化和城市化任务的发达国家要求我国承担同样的二氧化碳减排量显然缺乏充分的理由。

三、二氧化碳排放强度

二氧化碳排放强度是指与 GDP 相对应的二氧化碳排放率，即一国或地区在一定时期内单位 GDP 的二氧化碳排放量。21 世纪以来，随着我国经济的发展与技术进步，我国二氧化碳排放强度出现了一定程度的下降。2000 年，按汇率计算，我国二氧化碳排放强度为 2.14 千克二氧化碳/美元；按购买力平价（purchasing power parity，PPP）计算，二氧化碳排放强度为 0.94 千克二氧化碳/美元。2000～2002 年我国二氧化碳强度有所下降；2003～2005 年二氧化碳排放强度出现了一定程度的上涨；2006～2011 年碳排放强度一直在下降。2012 年我国二氧化碳排放强度（按汇率计算）为 1.73 千克二氧化碳/美元，与 2000 年相比下降了 19.16%。按购买力平价计算，我国碳排放强度为 0.62 千克二氧化碳/美元，与 2000 年相比下降了 34%。

我国二氧化碳排放强度比世界上绝大部分国家都高。按汇率计算，2006 年我国碳排放强度为 2.18 千克二氧化碳/美元，远高于发达国家的碳排放强度，是法国的 12.8 倍、英国的 9.5 倍、日本的 8.4 倍、德国的 7.8 倍及世界平均水平的 3.6 倍。我国碳排放强度也高于其他金砖国家的水平，是巴西的 6.1 倍、南非的 1.7 倍、印度的 1.6 倍及俄罗斯的 1.1 倍。2006～2012 年，随着全球对节能减排的重视及低碳经济的发展，绝大部分国家碳排放强度出现了下降。其中，我国碳排放强度下降速度比较快，降幅为 22.4%，高于英国（17.4%）、法国（16.67%）、俄罗斯（14.6%）、南非（8.27%）。这一方面是因为我国节能减排收到了一定效果，另一方面也是因为我国碳排放强度比较高，下降的空间比较大。2012 年，与世界其他国家相比，我国碳排放强度依然较高，为 1.73 千克二氧化碳/美元，是同期法国的 12.82 倍、英国的 9.48 倍、巴西的 6.06 倍、南非的 1.73 倍、印度的 1.58 倍、俄罗斯的 1.15 倍及世界平均水平的 3.63 倍。

四、分行业二氧化碳排放量

由图 5-16 可知，电力及热力生产、制造业和建筑业所产生的二氧化碳排放量占我国二氧化碳排放总量的绝大部分。2009 年，我国电力及热力生产产生的二氧化碳为 33.24 亿吨，占二氧化碳排放总量的 48.34%；制造业和建筑业的二氧化碳排放量为 22.83 亿吨，占排放总量的 33.2%；运输业的二氧化碳排放量为 4.76 亿吨，占二氧化碳排放总量的 6.93%；其他行业的二氧化碳排放量为 5.29 亿吨，占比 7.69%；其他能源行业自用排放了 2.64 亿吨二氧化碳，占我国二氧化碳排放总量的 3.84%。2012 年，我国电力及热力生产产生的二氧化碳增加到 41.34 亿吨，占二氧化碳排放总量的比重也超过了 50%，达到了 50.1%；制造业和建筑业的二氧化碳排放量为 25.54 亿吨，占排放总量的 30.95%；运输业的二氧化碳排放量为 7.09 亿吨，占二氧化碳排放总量的 8.6%；其他行业的二氧化碳排放量为 5.69 亿吨，占比 6.9%；其他能源行业自用排放了 3 亿吨二氧化碳，占我国二氧化碳排放总量的 3.64%。

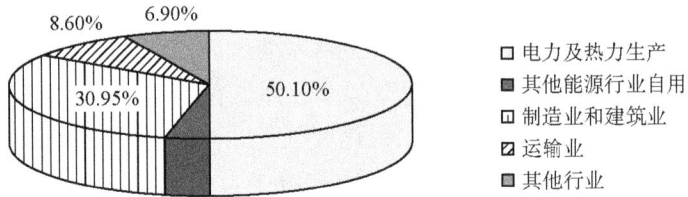

图 5-16　2012 年我国分行业二氧化碳排放量的占比

资料来源：2014 二氧化碳 Emissions from Fuel Combustion（IEA）

其他能源行业自用包括石油炼制、煤炭开采、石油天然气钻采及其他能源生产等行业

第六章 我国能源供需格局存在的矛盾

经济的发展离不开能源,能源是经济发展的命脉与物质基础。特别是我国正处在工业化发展的进程中,与发达国家相比,我国需要更多的能源来支撑经济的发展。近年来,我国能源迅速发展,能源发展和改革成效显著,工业体系更加完善,产业竞争力不断增强,行业管理水平稳步提升,安全保障能力明显提高,基本满足了国民经济和社会发展的需要。但在肯定成绩的同时,必须深刻认识能源供需格局中存在的诸多问题与矛盾。

第一节 能源需求增长过快与国内资源供应不足的矛盾

2010 年,我国首次超越美国成为世界上最大的能源消费国,能源消费总量占到世界能源消费总量的 20.3%,达到了 32.49 亿吨标准煤。2011 年,我国经济发展方式进一步转变,经济社会继续保持平稳较快发展势头,我国 GDP 为 471564 亿元,比 2010 年增长 9.2%,能源消费总量为 34.80 亿吨标准煤;2013 年,全年 GDP 为 568845 亿元,比 2011 年增长了 20.6%,能源消费总量为 37.5 亿吨标准煤。其中,煤炭消费量增长 4.0%,石油消费量增长 6.6%,天然气消费量增长 25.3%。我国已经是世界上最大的能源消费国,能源需求的过快增长给经济运行造成了诸多压力,煤电油运持续紧张,安全生产事故时有发生。

我国能源生产总量快速增长,2002～2012 年平均年增长率约为 8.2%;然而能源消费总量增长更为迅速,2002～2012 年平均年增长率超出 8.5%。图 6-1 描绘了 2005～2013 年我国的能源生产总量和消费总量情况。

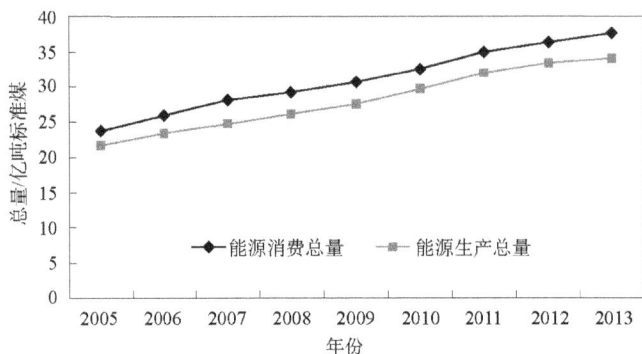

图 6-1　2005～2013 年我国能源生产总量、消费总量[61]

可以看出，尽管我国是世界上的能源生产大国，但能源生产依然难以满足规模巨大的能源需求。2005 年，我国能源供需缺口为 1.98 亿吨标准煤。2006 年，能源供需缺口为 2.55 亿吨标准煤，增加了 28.8%。2007 年，能源供需缺口高达 3.32 亿吨标准煤，增加了 30.2%，虽然 2007 年以后能源供需缺口的变化有升有降，但供需缺口均高于 2.8 亿吨标准煤。按照国家确定的经济发展"三步走"战略，即使能源效率达到目前日本和德国的水平，预计 2030 年以后我国石油对外依存度将超过 70%，天然气对外依存度接近 50%；国内能源的供需缺口量将达到 8.9 亿吨标煤，并将在 2050 年扩大到 10.5 亿吨标煤。供需缺口的逐年扩大将使我国能源进口依存度不断提高，这也直接关系我国未来发展的能源安全问题。

一、煤炭供需矛盾较为缓和

我国国民经济持续快速发展，工业经济增长明显加快，电力、冶金、石化（石油加工和化学原料及化学制品制造业）、建材等主要煤炭消耗行业生产呈现快速增长的势头，使煤炭总体需求明显扩大、价格不断上升，局部地区出现了煤炭供应紧张的情况。"十一五"期间煤炭查明资源量增长主要在内蒙古和新疆，较 2005 年增加 2423 亿吨，占全国增量的 90.8%。在市场的强劲拉动和国家政策的支持下，煤炭建设规模持续大幅增大，煤炭生产供应能力显著增强。2010 年，一些主要产煤省份资源整合、兼并重组取得阶段性成果，大批新建、改扩建现代化煤矿陆续投产，煤炭产量持续增加，山西、陕西、内蒙古、宁夏等主要产煤省份煤炭产能大幅提升，全国原煤产量同比增长 8.7%。2010 年煤炭需求增速逐步放缓，随着小火电关停、淘汰钢铁行业落后产能、淘汰水泥落后产能等方面导致的主要耗煤产品产量增幅放缓，煤炭供需矛盾得以缓和。

2005 年，我国原煤生产总量为 16.78 亿吨标准煤，原煤消费总量为 16.71 亿吨标准煤，原煤生产满足了消费需求。2006～2009 年，我国原煤出现了供需缺口，分别为 0.32 亿吨标准煤、0.72 亿吨标准煤、0.48 亿吨标准煤、0.35 亿吨标准煤。2010～2013 年，原煤生产均满足了当年的消费需求（图 6-2）。因此，总的来看，2005 年以后我国原煤生产与消费基本处于较为均衡的状态，供需矛盾相对缓和。

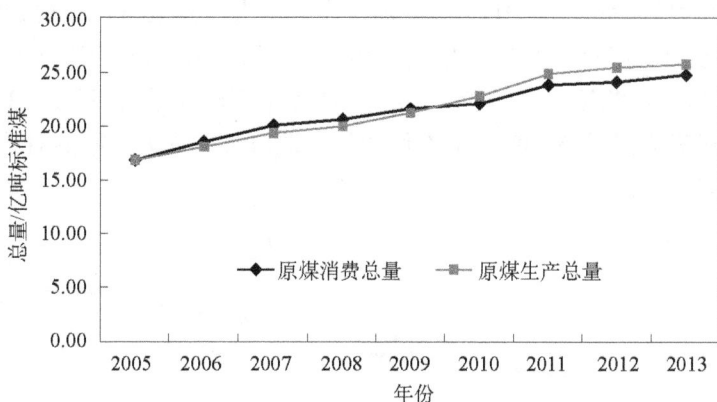

图 6-2　2005～2013 年我国原煤产量、消费量[61]

此外，从煤炭进出口状况来看，2001～2005 年煤炭出口比重不断降低，2005 年共出口原煤 7168 万吨，进口 2617 万吨，净出口 4551 万吨，占全部产量的 2.1%，比 2001 年降低了 60% 左右。除了 1985～1988 年，2002 年以前我国进口原煤基本稳定在 100 万～300 万吨，但 2002 年以后，开始快速增长，并一直持续到 2005 年，进口原煤占全部原煤表观消费量的 1% 左右。2012 年全年进口原煤 2.89 亿吨，同比增长 29.8%，出口 926 万吨，同比下降 36.8%，净进口 2.8 亿吨，同比增加 7190 万吨，增长 34.5%，可以看出，进口原煤对国内煤炭市场的供需情况起到了显著的调节作用。

二、石油供需矛盾较为突出

我国经济的平稳、迅速发展，拉动了对能源的需求，尤其是对石油的需求。我国是世界上第二大石油消费国，从轮胎到宇航服，从化肥到建材，还有重要的交通业，经济发展的方方面面都能看到石油的踪影。我国从未停止过石油勘探的脚步，然而近年来国内石油需求总量增长迅猛，石油生产总量不但低于石油需求总量，且其增长率也不及需求总量的增长率，这导致供需缺口越来越大，供需矛盾日益突出。

根据《中国统计年鉴 2014》的数据[61]（图 6-3），2005 年，我国原油生产总量为 2.59 亿吨标准煤，原油消费总量为 4.67 亿吨标准煤，原油供需缺口为 2.08 亿吨标准煤。2006 年原油供需缺口增加 14%，达到 2.37 亿吨标准煤。2007～2009 年原油供需缺口变化比较平缓，供需缺口分别为 2.60 亿吨标准煤、2.59 亿吨标准煤、2.77 亿吨标准煤。2010 年，原油供需缺口增长率高达 18%，原油供需缺口达到 3.26 亿吨标准煤。2011 年，原油供需缺口为 3.58 亿吨标准煤，增加 10%。2012 年，原油供需缺口为 3.85 亿吨标准煤，增加 7%。2013 年，原油供需缺口增加到了 3.87 亿吨标准煤。1996 年我国成为了原油净进口国，2013 年我国原油对外依存度达到了 57.4%，随着原油供需缺口日益增大，原油对外依存度也将不断提高。

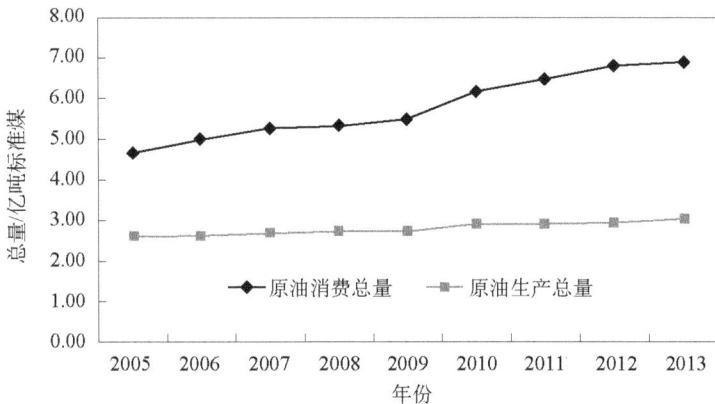

图 6-3 2005～2013 年我国原油产量、消费量[61]

三、天然气供需矛盾较为严峻

天然气作为清洁能源在当前的我国经济深度转型期受到广泛重视，为扩大天然气消费区域，优化消费结构，国家大力发展天然气管道建设，并陆续投产运营了一批新建的天然气管线，天然气的需求增长大大超过了生产增长，近年来始终保持较快的增长，2012 年天然气消费量几乎是 2002 年的 6 倍，年平均增长 17.26%，相比之下，同期生产量的年平均增长仅为 12.57%，供需矛盾凸显。

根据《中国统计年鉴 2014》的数据[61]（图 6-4），2010 年，天然气生产总量为 1.25 亿吨标准煤，天然气消费总量为 1.43 亿吨标准煤，天然气供需缺口为 0.18 亿吨标准煤。2011 年，天然气供需缺口翻了一番，增至 0.37 亿吨标准煤。2012 年，天然气供需缺口为 0.45 亿吨标准煤，又增加 22%。2013 年，天然气供需缺口为 0.61 亿吨标准煤，又增加 36%。我国从 2006 年开始进口天然气，2012 年天然气对外依存度达到了 31.6%。随着天然气供需缺口日益增大，天然气对外依存度将会继续提高。

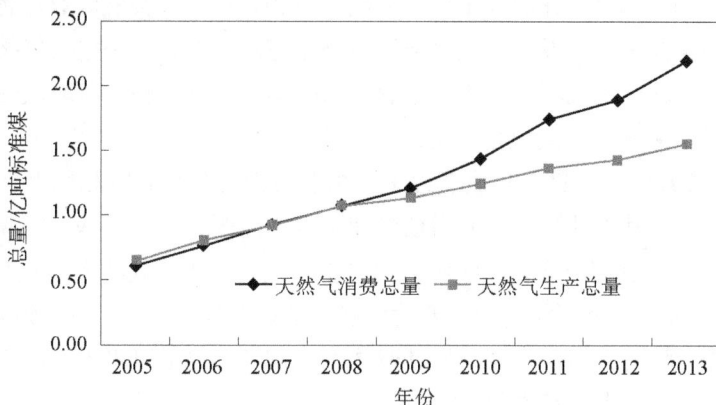

图 6-4 2005～2013 年我国天然气产量、消费量[61]

四、其他能源矛盾较为缓和

"十一五"时期是我国可再生能源加速发展的重要时期。为积极应对全球气候变化，我国颁布实施了《可再生能源法》，提出了到 2020 年非化石能源达到能源消费 15% 的目标，为可再生能源发展提出了更高的要求；国务院做出了关于加快培育和发展战略性新兴产业的决定，将新能源作为我国战略新兴产业的重要内容，极大地促进了我国新能源和可再生能源的发展，实现了可再生能源技术、市场和服务体系的突破性进展，为实现可再生能源规模化发展奠定了重要基础。"十一五"时期，我国可再生能源，特别是风能、太阳能发电发展迅速，风电步入了规模化发展阶段，各种可再生能源技术进步显著，产业实力明显提升。

我国水力资源总量、技术可行量、经济可行量、已开发和潜在开发量均处世界领先地位，2013 年，我国水电装机容量为 2.8 亿千瓦，发电量为 8963 亿千瓦时。我国幅员辽阔，海岸线长，风能资源较丰富。适合建设大型风电场的区域主要是三北地区，即西北、华北和东北，以及沿海地区。到 2013 年年底，并网风电装机容量 7548 万千瓦，发电量 1401 亿千瓦时；核电装机容量 1461 万千瓦，发电量 1121 亿千瓦时。我国太阳能资源丰富，太阳能发电市场有效启动，经济竞争力不断提高，太阳能光伏电池制造产业不断壮大，光伏电池产品的技术和成本国际竞争力明显提高。2007 年以来，光伏电池生产量均位居世界第一，2010

133

年的生产量达到 800 万千瓦时,占全球光伏生产量的 50% 以上。到 2010 年年底,太阳能热水器安装使用总量已经达到 1.68 亿平方米,替代化石能源约 3360 万吨标准煤。我国生物质能资源品种多,包括农业废弃物、林业废弃物、生活废弃物和工业废弃物,以及潜在的人工培育生物质资源,包括各类能源农作物、能源林木等。生物质能多元化发展,生物质发电技术基本成熟,大中型沼气技术日益完善,农村沼气应用范围不断扩大,木薯、甜高粱等非粮生物质制取液体燃料技术取得了突破,并开始了规模化利用。

2005~2013 年,我国其他能源生产总量与消费总量基本相同并保持同步增长,因此,目前其他能源(主要指核电和可再生能源)的生产基本能满足其他能源的消费需求,供需矛盾比较缓和。但"十二五"可再生能源发展规划中提出,到 2015 年,可再生能源年消费量要达到能源消费总量的 11%,即达到 4.6 亿吨标准煤。为更好地解决能源供需矛盾和气候变化问题,包括可再生能源在内的其他能源的发展也应引起高度重视。

第二节 高碳为主能源结构与生态环境承载能力的矛盾

一、我国生态环境承载能力的现状

面对日趋恶劣的人类生存环境,"生态安全""生态发展""生态文化""生态意识""生态技术"等问题引起了人们的关注,生态文明在人类社会发展中的地位逐步得以提升。20 世纪上半叶,发生在英国、美国、日本等国的"八大公害事件",已经暴露出了发达国家实现工业化所带来的生态环境破坏问题。1962 年,美国女科学家蕾切尔·卡逊发表了惊世之作《寂静的春天》,她描绘了一幅由环境污染所引起的可怕景象,惊呼人们将会失去"春光明媚的春天",提出了人与自然共存共荣的问题。10 年后,美国著名学者巴巴拉·沃德和雷内·杜博斯的著作《只有一个地球》问世,把人类生存与环境的认识推向新境界。同年,罗马俱乐部发表了著名的研究报告《增长的极限》,做出了"如果目前世界人口、工业化、资源消耗、环境污染、粮食生产的趋势继续不变,下一个百年的某个时刻,就会达到这个行星增长的极限——出现不可控制的灾变"的科学论断,全球性生态安全的话题震惊了全世界。

生态环境承载力是生态承载力与环境承载力概念的复合,指的是某一地域在某个时间段内,在不破坏该地域生态系统(包括资源与环境系统)自我维持、自我调节能力的基础之上,在满足一定的社会生活水平的前提下,该地域所能容纳和承受的一定的人口数量下的活动强度。生态环境承载力就组成要素而言，包括资源承载力、社会经济承载力和污染承载力（环境容量）。生态环境承载力同时具有客观性和主观性，客观性是指在一定的实际状态下，某一地域的生态环境承载力是客观存在的，是可以衡量和把握的，而主观性是指生态环境承载力的状况和水平因人类社会行为的内容、规模、速度和强度的不同而不同，人类可以通过自身行为，特别是社会经济行为来改变生态环境承载力的大小，控制其变化方向。生态系统的供给，受到自然容量的限制，虽然通过投资和运用某些技术手段可能在一定程度上改进承载能力，但自然容量本身的有限性无法得到根本改变。人类发展离不开水、食物及能源。20世纪70年代以来，每年人类对生态环境的需求已超过了它的可再生能力。2008年，人类需要一个半地球，才能吸收其排放的二氧化碳和生产其所利用的可再生资源。

我国的生态系统正在承受着巨大并在不断增长的人口和发展压力。改革开放以来，在大规模工业化、城镇化建设之初，我国就明确提出保护"生态平衡"。当时所提出的生态平衡，更多的是站在保护自然的角度，要维护生态供给的稳定性。因为此前的围湖造田、毁林开荒，不但没能实现利用自然空间、得到更多产出的目的，反而造成生态系统的退化和生态系统生产力的下降。我国在快速工业化的进程中，经济重心转向了工业制造业，大规模地开采、使用矿产和化石能源，产生了大量的工业废弃物，对自然环境的破坏更加严重，一些生态系统甚至受到了毒化。生产力提高了，物质更加丰富，但水资源受到了污染，土壤被重金属污染，还残留着农药，空气污染严重。建设生态文明，是要建立在生态环境承载力基础之上的，只有尊重自然规律、坚持可持续发展目标，我国才能建设成为资源节约、环境友好型社会。日益增长并快速工业化的生活和生产过程正在消耗着各种各样的能源，并产生了大量的废水、废气、固体废弃物等污染物，污染物也通过各种方式影响着生态系统，破坏或降低了生态系统的恢复力和生产力。尤其是化石能源的大规模超强度利用，加大了可持续发展难度，引发了很多生态环境问题。在应对全球气候变化的挑战下，统筹能源安全和环境保护的协调性任务更加艰巨。目前，我国处于全面建设小康社会的关键时期，经济增长对资源的消耗已经超过生态环境的承载能力，资源与环境的制约成为我国现如今面临的严峻挑战。

二、以煤为主的能源结构对环境承载能力的不利影响

能源消费结构合理是一国经济快速、稳定、可持续发展的基本保证，是一个

国家或地区经济发展健康的重要标志，也是保证一国生态环境和居民生活水平的重要指标[81]。纵观世界能源消费的变化情况可以发现，一方面，随着经济社会的发展，人类的能源需求迅速增长；另一方面，能源消费结构也在不断地调整以适应经济社会发展的需要。世界的能源消费结构经历了几次重大的调整，由最初的煤炭代替柴薪能源开始，到后来的石油登上世界经济舞台，再到现在的天然气和可再生能源开发。从世界能源结构的发展历程我们可以看出，世界能源正朝着高效、清洁的能源方向发展。美国能源信息署对2005～2035年世界能源消费结构变化情况做出了预计，未来的20年里，世界的能源消费仍将以石油为主，这是由世界的能源禀赋决定的。从全世界范围来说，石油是相对比较丰富的能源资源。尽管煤炭燃烧会带来一系列经济和环境问题，但在可预见的20年里，煤炭资源仍会继续扮演重要角色。天然气的增长速度较显著，天然气作为一种清洁能源，其作用将会越来越明显。其他能源（包括风能、太阳能、生物能等可再生能源）增长速度显著，可再生能源在能源体系中的替代作用会越来越得到重视。

然而，我国目前仍然是以煤炭为主要能源的能源大国，能源消费结构的特点就是以煤为主，煤炭在能源消费总量中的比重始终高达70%左右，大体相当于欧美等西方发达国家和地区20世纪50年代的水平。这种主要依赖于煤炭的能源消费结构产生了大量的二氧化碳、二氧化硫等污染气体，能源消费、经济增长与生态环境保护之间的矛盾越来越突出，环境污染已成为制约我国经济发展的障碍之一。尽管"十一五"期间我国天然气及风电、太阳能发电等清洁能源实现了快速发展，但在工业化和城镇化加快推进的带动下，我国的能源结构优化进展缓慢，天然气和非化石能源在一次能源消费结构中占的比重，距离预期目标还有很大差距。

通过与其他国家在能源消费结构方面的简单对比，可以更明显地看出我国能源消费结构十分不合理（图6-5）。2013年，我国能源消费结构中煤炭所占比重为66.0%，无论是同其他国家相比，还是与世界平均水平相比，这一比重都明显过大。在美国煤炭所占比重仅为20%，在日本、德国煤炭所占比重均在25%左右，在俄罗斯煤炭所占比重更低，仅为13.5%，远低于我国。我国的天然气和原油所占比重均远低于世界平均水平，水电、核电、可再生能源等也低于世界平均水平。

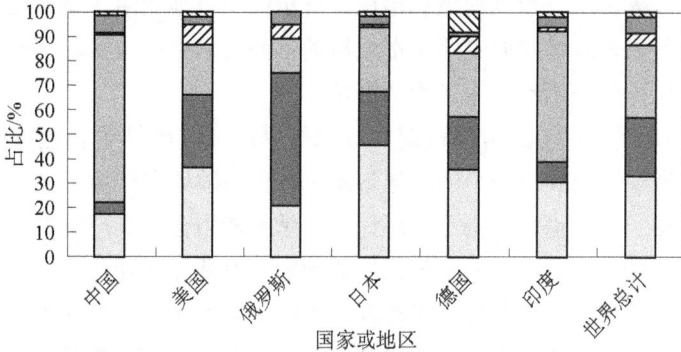

图 6-5　2013 年世界主要国家或地区的能源消费结构[62]

　　我国的煤炭资源丰富，煤炭对国民经济的发展起到了重要的作用，但煤炭的大量消耗也给我国的生态环境造成了严重的影响。煤炭燃烧会产生大量的二氧化碳、二氧化硫及粉尘，二氧化碳是造成温室效应的主要气体，而二氧化硫和粉尘是造成大气污染的主要原因[82]。2009 年，我国超过美国成为了二氧化碳排放量最大的国家；二氧化硫、烟尘排放量均大大超出世界平均水平。二氧化碳所导致的温室效应日趋明显，同时煤炭大量燃烧产生的二氧化硫还导致我国超过 40%的土地遭受酸雨的侵蚀，全国大、中、小城市中有 80%都受到了酸雨的影响。"十一五"以来，尽管关停小火电取得了巨大成绩，但目前能耗高、污染重的火电装机仍然较多，电力工业发展日益受到环境与资源的制约，且煤炭发电需要消耗大量的淡水资源，我国北部和西部大型煤炭基地水资源缺乏。此外，在煤炭开采、加工和使用过程中，还会产生其他环境污染物，引起地面沉陷、地下水系破坏等环境生态问题（表 6-1）。

表 6-1　煤炭开采、加工、使用对环境的污染情况

煤炭开采	选煤、加工	燃烧、焦化、气化等
植被破坏	粉尘	二氧化碳排放：≥80%
废水排放	煤泥排放	二氧化碳排放：≥70%
矸石堆放	煤泥水排放：2.8Mt/a	二氧化硫排放：≥90%
土地塌陷	洗矸	氮化物排放：≥70%
甲烷排放	噪声	烟尘排放：≥97%
储运煤尘		粉尘、灰渣、有害废水等

　　近几年，我国煤炭消费量持续增加，虽然在燃煤电厂开始装备脱硫设备，但煤炭燃烧引起的各种污染问题日益严重。西方国家要求我国承担减排责任的呼声不断地升高，对我国环境污染的指责及由此给我国带来的外交压力与日俱增。此

外，发达国家提出了一系列政策和措施，直接或间接地利用环境标准、环境标志和市场准入等条件，对发展中国家形成新的贸易技术壁垒或贸易限制，对我国的对外贸易和国际经济活动产生了重大影响。

我国以煤为主的能源结构短期内难以根本改变，碳排放和硫排放将继续增加，煤炭大规模开发利用带来的土地塌陷、水资源破坏和环境污染等问题也难以有效解决。由于能源消费结构不合理，环境承载能力会受到严重影响，给我国可持续发展战略的实施造成阻碍，成为发达国家牵制我国工业化进程、迟滞我国迅速崛起的重要手段，也是当前我国经济发展中必须切实抓紧抓好的一项重大环境治理工程。核电、水电等非化石能源快速发展受到多种因素制约，实现 2020 年非化石能源占能源消费的比重达到 15%的目标压力巨大，未来二氧化碳的增长速度甚至会超过能源需求的增长速度。预计到 2050 年，我国二氧化碳排放量将比现在再翻一番，对大气环境将造成更为严重的影响。因此，我国的节能减排和应对气候变化面临着非常严峻的挑战。我国在经济发展与资源环境的双重制约之下，既不能为了降低温室气体排放而牺牲发展速度，也不能完全不顾国际压力，任二氧化碳排放肆意增长，高碳为主的能源结构与环境承载力之间的矛盾亟须引起足够的重视并切实得到改善，我国要为此走出一条适合中国国情的低碳发展之路[83]。

第三节　能源利用效率低下与社会长期持续发展的矛盾

一、社会可持续发展现状与前景

人类与自然和谐共存是经济、社会发展永恒的主题。人类是社会、经济发展的主体，自然是人类赖以生存的基础，实现人类与自然的良性循环，为社会经济发展提供美好的自然保障是我们共同的责任。然而，近半个世纪以来，工业经济迅猛发展，能源问题日益凸显。能源匮乏、使用率低下、技术滞后及由此所带来的环境污染问题已经成为制约经济社会发展的巨大障碍。如何突破能源瓶颈，实现传统能源的合理利用与新能源开发并举，使得能源利用与环境保护共进，进而推动长期持续发展成为社会各界广泛关注的焦点问题。

可持续发展的概念是 1980 年在《世界自然保护策略：为了可持续发展的生存资源保护》中第一次明确提出的，可持续发展理论于 20 世纪 90 年代从西方国家传入中国[84]。按国际通用的定义：可持续发展是指既满足当代人的需求，又不对后代人满足其需求的能力构成损害的发展。换言之，可持续发展就是既要达到发展经济和社会的目的，又要保护人类赖以生存的自然资源和环境，即要实现人口、经济、社会、资源和环境的协调发展，从而保证子孙后代能够永续发展、安居乐业。可见，可持续发展的核心是发展，但进行经济和社会发展的前提是要保护资源和环境的永续利用。

能源是国家可持续发展的重要物质基础。随着工业化进程的加快，社会能源消费需求逐步从追求数量的增长转向质量的提高，从而形成能源资源消费需求的周期性变化。以石油为例，仅在过去的 100 多年中，世界累计采出的原油已经达到目前发现和确认的可采石油资源的一半左右，未来石油资源供应中断的风险很有可能出现。如何提高能源利用效率，以保障社会的可持续发展是值得每一个国家深入思考的重大课题。我国是能源生产与消费大国，长期以来由于过分强调本国资源开发的重要性，能源生产的落后结构没有得到根本改观、能源供应的回旋空间小。如何加快转变经济发展方式，推动经济结构优化升级，大力提高能源利用效率，同样是今后我国经济和能源可持续发展中必须认真研究解决的一项重大课题。

从整体上看，我国的自然禀赋条件决定了我国能源资源种类丰富，但能源地理分布不均、能源结构落后和人均拥有量少的基本特点。21 世纪初期（2000～2020年）是我国国民经济和社会发展的一个关键时期，其基本特点表现为：人口低速增长，在 2030 年前后总人口数将达到 16 亿人甚至更多，并且老龄化问题难以得到有效解决；国民经济继续以一定增速稳定增长，人均 GDP 不断提高，达到 3500美元，接近中等收入国家水平；产业结构也会发生比较大的变化，GDP 中第一产业所占比重下降较大（比重<10%），第二和第三产业所占比重大体相同（比重各占约 45%）；在工业增长中，作为支柱产业的石油化工、交通、通信发展进程加快，电力、钢铁、汽车、装备制造、船舶制造产业发展也会较为迅速。也正是由于 21 世纪初期的这些发展特点，我国的能源消费总量将不断增长。除了水电资源外，其他能源资源，无论是总量还是人均量，都相对短缺。目前，我国煤炭、石油和天然气的人均占有量仅为世界平均水平的 67%、5.4% 和 7.5%。随着我国经济的增长，其煤炭产量还会不断增长，不可持续性令人担忧。由于石油需求的快速增长，我国石油的对外依存度不断提高，石油供应的可持续发展形势不容乐观。天然气是我国近年来重点发展的能源，资源量（包括非常规的页岩气和煤层气等）前景比较乐观，产量增加速度也很快，但天然气的消费增长比产量增长更快，依靠进口获取的天然气量规模巨大。

二、能源效率低下对可持续发展的不利影响

20世纪60年代末、70年代初，经济的快速增长使世界上的能源资源严重不足，1974年的石油危机更是使其加剧，国际社会开始重视能源的节约，节能的概念由此而诞生。

就我国而言，首先，能源短缺问题始终是困扰经济发展的症结。对于我国这个发展中国家而言，能源消费与GDP关联性极强，工业化加速发展阶段的最基本特征就是重工业快速扩张，经济发展对能源过分依赖。这表现在：一般性短缺，即传统能源在经济快速扩展中出现的结构性短缺，如石油短缺与煤炭相对富裕并举；传统能源相对富裕与新能源短缺同时存在。就传统能源而言，由于在开采过程中大量的粗放型经营与浪费，能源的开采周期大为缩短，煤炭、石油储采比降低，因此如何在所谓能源资源总量相对丰富中提高能源利用率成为改变能源短缺的关键问题。其次，能源外部负效应扩大促使人类生存环境恶化。全球气候变暖与生态恶化直接与工业化外部效应相关，特别是能源外部负效应增加有直接关联。针对经济增长过程中巨大的外部不经济问题，尤其是环境破坏问题，我国政府明确提出"节能减排"问题。"十一五"规划中首次将经济增长、节能降耗、环境评价三项指标结合提出对经济增长的考核，这是非常明显的变化，但目前能源的外部负效应随经济快速增长而加强，而非弱化，因此提高能源利用效率成为经济发展中必须重视的重大课题[85]。同时，经济结构问题是影响节能降耗效率的要害。过去我们在认识上存在着严重偏差，即经济发展只强调追赶与快，形成了粗放型经济发展模式；经过一定阶段后，经济增长方式有一定改观，出现又快又好的经济特征，但粗放型状况难以改变；党的十六大之后提出：以人为本的科学发展观，在理念上正确认识好与快的关系，提出了国民经济又好又快发展问题，但这是不够的，好与快是一对矛盾，做到又好又快是困难的，目前经济结构中冶金、建筑、水泥、电力行业成为耗能的关键行业，多年快速增长的重工业化与结构扭曲给经济发展带来问题，也给能源增长带来问题。

因此，经济增长方式的真正改变才是提高经济增长质量、改善经济结构、改变外部性不经济的核心问题，同时经济结构优化才能有效促进能源效率的提高与环境的改善[86]。早在20世纪80年代，节约能源和提高能源效率就开始作为我国的基本国策[87]。"节能减排"这一概念也在我国"十一五"规划纲要中被正式提出[88]。为了提高能源利用效率，我国政府采取了一些切实可行的措施，例如，降低耗能大、效率低的工业产能，如钢铁、电力、铝和水泥等行业的产能。提高能源利用效率、减少能源浪费、建立资源节约型社会是我国走可持续发展道路的

必由之路。我国要走可持续发展道路，就必须实现经济、能源和环境协调发展。经济、能源和环境是统一的关系，它们共同发展才能实现社会真正的可持续发展。

近些年，我国的能源利用效率不断提高，能源强度一直在降低，根据世界银行的数据，2006 年我国单位 GDP 能耗相当于 1990 年的 29%。尽管我国近些年在能源效率方面有所成效，但我国仍然是世界上能源利用效率最低的国家之一，能源利用效率低下与社会可持续发展之间的矛盾依然尖锐。在 20 世纪的 100 年里，占世界人口 15% 的部分国家却消耗了世界 60% 的能源，得以先后实现工业化。而现如今，包括中国、印度等国家在内，占世界 85% 人口的国家，为了推动同样的工业化进程必然需要能源的支撑，却不得不面临国际社会提出的那些显然有失公允的节能减排要求，不得不面临随之产生的压力和挑战。

造成我国能源效率低下的根本原因在于我国的基本国情，即我国目前仍处于社会主义初级阶段，经济发展水平不高，在能源节约上没有像发达国家那样先进的技术和创新；而且由于我国的能源禀赋特点，目前我国能源消费结构是非常不合理的，煤炭占了绝大部分，煤炭的大量燃烧严重影响了整个能源体系中的能源利用效率。能源利用效率过低，一是浪费宝贵的自然资源，二是严重污染自然环境，对社会可持续发展构成挑战，同时也是造成我国能源对外依存度居高不下的重要原因。资源的持续浪费势必会影响我国经济社会的可持续发展。更严重的情况可能会造成能源供应的短缺。

第四节　能源进口通道安全与周边地缘政治冲突的矛盾

一、能源进口通道安全面临威胁

对能源重要性的认识源于第二次世界大战，而能源安全的概念真正被国际社会接受是在 20 世纪两次石油危机之后。第二次世界大战中，石油燃料枯竭导致战争机器停运是德国和日本失败的重要原因之一，当时美国在石油领域中的支配地位对反法西斯同盟的胜利起到了非常重要的作用。两次世界大战的经验使人们认识到，石油的获得是国家军事安全的前提和保障之一，石油在一定意义上成为决定战争胜负的重要武器。成立于第一次石油危机之后的国际能源署对能源安全的定义是：获得数量充足、价格合理的能源供应。随着世界对能源利用认识的深化和国际政治经济环境的变化，能源安全的外延到了深化和延伸，从而提出能源安全是实现一个国家和地区国民经济持续发展和社会进步所必需的能源保障的一种状态。从国民经济可持续发展角度考虑，能源安全的判断标准主要包括国民经济的独立性、能源供应的经济性和能源供应的可持续性三个方面。从理论上说，对"能源安全"概念内涵的理解应该包括能源供应安全和使用安全两个方面，其中能源供应安全指能源资源供应保障的连续性和稳定程度。保障能源资源的连续和稳定供应是国家能源安全的基本目标，是"量"的概念，为能源使用安全的发育提供必要的物质基础。由于各国能源结构和各能源品种所面临的供需形势不同，按产品细分，能源安全可以指煤炭安全、电力安全、石油安全、天然气安全，或者指上述全部能源品种的安全。

由于经济快速发展的需要，目前我国能源需求强劲。我国虽然是世界上的能源生产大国，但能源生产仍然难以满足规模巨大的能源需求[89]。1949～1960年，我国国内成品油需求和原油需求的满足全部依赖从国外进口；1961～1979年，石油自给自足并且出口增加，这段时期内一部分原油还用于出口；1980～1985年，我国的成品油进口速度不断增加；1993年，我国成为石油净进口国。自1993年以来，受资源等因素的制约，我国石油产量增长率低于石油消费量的增长率。2009年，我国进口了2.04多亿吨石油，出口约516万吨。据预测，到2020年、2030年和2050年，我国石油自给能力将持续下降到30%以下。除石油外，我国的煤炭、天然气未来也将会是不同程度地依赖进口，为了维护本国经济的发展，不可能降低对外依存度，据国际能源署的预测，2030年前，我国的石油产量增长潜力不大，但消费与进口将同步增长，对外依存度2015年将上升到63%、2030年上升到77%，超过OECD国家65%的平均水平。

十几年来，我国油气进口来源不断发生变化。自20世纪90年代中期以来，中东地区成为我国最大的石油进口来源地，从中东地区进口的原油基本上占到了原油进口总量的一半以上，其次是非洲[90]。1997～2000年，阿曼在我国原油进口来源国中一直排在首位。2001年，伊朗取代了阿曼，成为了我国第一大原油进口供应国。这一年我国从中东进口的原油占当年进口总量的46%，其中，伊朗第一，占总量的18%；沙特阿拉伯第二，占总量的15%；阿曼退居第三。2002年，沙特阿拉伯向我国出口原油量略超伊朗，以16.4%的份额跃居我国原油进口来源国中的首位，此后沙特阿拉伯便稳居首位，并且与其他进口来源国的差距越来越大。2006年我国原油进口1.9亿吨，仅次于美国、欧洲和日本。目前我国最大的石油进口来源还是在中东地区，我国从中东进口的比重在90%以上，但中东地区局势长期动荡，对我国的石油安全是一个极不利的因素。除了中东以外，我国与非洲长期保持着友好的外交关系，非洲也成为我国原油主要的进口来源之一[91]。

目前，我国从海外进口石油一般有海运、管道运输、铁路运输和公路运输这四种运输方式[92]。由于我国跨国石油管道较少，同时，铁路和公路运输又存在很大的局限性，我国90%的进口石油都是通过油轮从海上运输的。而国内油轮船队又普遍存在规模小、吨位少、船型结构不合理等问题，所以进口原油海运总量的90%都是由国外油轮船队所承担的。天然气的运输一般分为管道运输和海运，我国的跨国天然气管道建设尚在起步阶段，海运LNG的量也比较少，主要来自澳大利亚。

油气资源运送具有运送批量大、运输距离长的特点，而海运和管道运输因具有运量大、运费低和相对便利的优势，已经成为输送油气的主要方式。其中，油轮运输方式成本更为低廉，灵活度更大，所以我国目前大部分的油气贸易量都是通过这一运输方式完成的。

我国海路油气运输主要依靠以下三条航线。

中东航线：波斯湾—霍尔木兹海峡—马六甲海峡—台湾海峡—中国。

非洲航线：北非—地中海—直布罗陀海峡—好望角—马六甲海峡—台湾海峡—中国。

东南亚航线：马六甲海峡—台湾海峡—中国。

我国从中东、非洲进口的原油主要是租用外国海运公司的油轮通过海上运输进入我国，运输路线严重依赖霍尔木兹海峡和马六甲海峡，运输距离远，运输通道单一。世界20%的石油供应要通过霍尔木兹海峡，日本和韩国80%的石油供应、我国60%的石油供应要通过马六甲海峡。我国目前每天由油轮在海上运输的石油约有4000万桶，预计在2025年，这一数字将增加到7000万桶，而海陆运输的LNG预计2025年也会增加两倍。

从上述内容可见，能源的海上运输仍是主要的，必须十分重视，而强大的海权对保障海上能源安全不可或缺[93]。海权强大、需要进口大量石油的国家，如美国，可以凭借强大的海权（其核心和支柱是海军）来保障其分享国际资源和利用国际市场的权利，在这些权利中，石油安全上升到了战略的高度。海权越强大，控制海洋的能力就越强，海上石油安全（包括海上石油运输及控制海上油田进行事实上的开发）就越有保障；那些海上力量不够强大、主要依靠进口石油的国家，则依然存在石油供应中断的可能性。这里所说的海权，首先是指军事意义上的制海权，它要能够保护海洋石油资源并能够控制海上石油运输的战略通道，其次才是更广泛意义上的海权。海上运输可能会受到海盗、恐怖袭击的威胁，海上通道安全掌握在美国海军手里，我国无论对油轮还是对运输航线都没有控制权，一旦运输航线出现严重的恐怖活动，将无法保证及时、充分地把进口石油运到国内[94]。

与海运相比，油气管道相对安全。我国天然气开发与应用尚处于起步阶段，未来将加速发展，天然气的开发与管线建设必须要注意同步进行。跨国管道的蓝图已经展现，主要方向是北接俄罗斯、西引中亚哈萨克斯坦。2004 年，我国与哈萨克斯坦就石油天然气合作项目达成协议，中哈石油管道同年开始铺设，项目第一期工程 2005 年完工，设计输油能力为每年 1000 万吨。第二期工程于 2011 年完成，输油能力提高到每年 2000 万吨。西线也同时挖掘潜力，扩大运输能力，目的是把该管道与伊朗的石油管道连接起来，为中东石油进入我国提供管道线路。中哈输油管道的修建对我国具有重要意义：一是开辟了中亚-里海这一石油供给源，有利于减轻我国对中东地区石油进口的依赖，降低我国能源安全因中东局势动荡而受到的影响；二是在亚洲内陆开辟出新的石油运输线，有利于缓解我国石油进口过分依赖马六甲海峡的局面，使能源进口通道安全性更高；三是该管道还可以把包括俄罗斯、土库曼斯坦等在内的其他里海国家的石油经由我国运送到亚洲其他国家，使我国处于"泛亚全球能源桥梁"枢纽的战略位置，有利于提升我国在东亚能源格局中的地位[95]。

我国目前使用的铁路主要有两条线，一条是从俄罗斯的伊尔库茨克到我国满洲里；另一条是从哈萨克斯坦到我国新疆阿拉山口。公路主要是指昆明-曼谷公路、南宁-友谊关-河内高等级公路等。铁路在大陆缺乏石油管道的地方是第一选择，但运输运量有限。除此之外，我国在采用铁路方式从俄罗斯和中亚进行石油运输的过程中，由于铁路轨距不同，火车在经过满洲里和阿拉山口时还需要换装，而换装过程会导致石油进口成本增加。另外，从俄罗斯进口石油要经过冰冻期很长的满洲里，换装的效率和运输的效率也会因此受到影响。公路运输在我国海外石油运输中所占的比例极小。

提高我国能源进口通道安全，是提高我国能源安全保障的必然需要。尤其是我国油气进口渠道单一、国内船东承运份额过低，这使我国在地区局势动荡之时将面临巨大的能源供应中断风险。

二、周边主要地缘政治对能源进口通道安全的威胁

地缘政治是把地理因素视为影响甚至决定国家政治行为的一个基本因素，核心是将特定历史时期征服他国的核心竞争力作为争取世界霸权、提升国际影响力的主导力量，当一个国家所拥有的某种特殊能力能够跨越国界并制约其他国家的发展时，这种特殊能力就构成了左右他国的工具。地缘政治理论发展到今天，当一个国家因为拥有充足、安全的石油天然气资源权益，所以具有持续的油气资源供给而形成强大的国家政治经济实力，并保持良好的可持续发展远景时，就会对国际社会的发展产生重大的影响[96]。能源进口通道安全，是目前国家能源安全

中最直接的地缘政治表现[97]。

美国研究世界资源问题的学者迈克尔·克莱尔指出，世界上已探明的石油储量约 4/5 位于政治不稳定或者存在着竞争的地区，如波斯湾、里海地区等。冷战结束后，中亚和高加索新独立国家的出现，使环里海地区成为世界新的油气供应源。中亚包括哈萨克斯坦、乌兹别克斯坦、吉尔吉斯斯坦、土库曼斯坦和塔吉克斯坦，里海地区包括哈萨克斯坦、土库曼斯坦、阿塞拜疆、乌兹别克斯坦，以及俄罗斯和伊朗的部分地区。哈萨克斯坦、土库曼斯坦和乌兹别克斯坦的石油储量大约在 250 亿桶以上；1991 年以来，哈萨克斯坦和阿塞拜疆的油田逐步对外开放；俄罗斯西伯利亚、远东地区及大陆架的油气资源也由于改善管理、产业重组等因素使投入开发成为可能；同时，北非马格里布地区和几内亚沿海地区的油气也表现出活跃的态势。对于世界来说，这意味着更大的石油中东地区的出现，即从北非的马格里布到波斯湾，从波斯湾到里海，再到俄罗斯西伯利亚和其远东地区巨大的"石油心脏地带"（也被称为"21 世纪的能源基地"），蕴藏着占世界 65% 的石油储量和 73% 的天然气储量，并在全球地缘政治中有着独特而重要的地理位置[98]。然而纵观全球，伊斯兰教地区大都动荡不安，当今世界流血冲突最严重的地区多数与伊斯兰教徒有直接或者间接联系。阿以争端、两伊战争、伊拉克与其他阿拉伯国家的矛盾、库尔德人的独立运动、塔吉克的内乱、亚美尼亚和阿塞拜疆的战争、阿富汗的内乱等，皆属此类。这一条冲突带之所以显现，简单地说，是维系冷战绳索的突然崩断，造成原有的曾被掩盖的根深蒂固的问题突然暴露出来，使不同民族、宗教和文明的冲突加剧。大国对这一地区的插手和争夺同样增加了矛盾，也是引起冲突的一个外部因素。

从 20 世纪 90 年代开始，无论是资源国还是消费国，都以"石油心脏地带"为中心展开了紧密的政治、经济甚至军事上的行动，世界油气地缘竞争，逐渐表现为油气资源陆上获取权和海上运输控制权相结合的均势发展[99]。当前世界每一个油气资源丰富与集中的地区，无论是中东、非洲、拉丁美洲，还是欧洲和亚太地区，都成了大国之间加紧拼争的战略目标。在中东，美国通过发动伊拉克战争，把这个重要的石油地带置于其势力范围的控制之下。亚太地区是石油消费增长最为迅速的地区，在俄罗斯西伯利亚的油气外输管道方面，日本、印度均加入了同我国竞争的行列；我国在东海地区、南海地区的任何新发现，甚至是已被我国开发的原油和天然气资源，美国、日本都不遗余力地同我国展开或明或暗的能源博弈。就中东和非洲等产油地区本身来看，该地区长期以来政治、经济不稳定，战事频发，石油生产和生产设施经常因内乱、战争等因素受到影响和破坏。若发生大的地缘政治事件，有可能导致石油供应的完全中断。虽然亚太地区石油资源并不丰富，但由于这一地区与中亚地区及海上要道相连，地缘政治博弈也相当激烈，我国周边的地缘政治冲突与我国能源进口通道安全的矛盾日益显现出来。我国周边的地缘政治冲突主要包括以下几方面。

1. 美国的地缘政治威胁

我国 50%以上的原油进口来自中东的阿曼、伊朗、沙特阿拉伯等国，中东地区在能源供应方面对于我国的意义重大。若不是美国的政治干涉，我国本会与更多的中东地区产油国具有更好的合作前景。而美国在亚太地区最首要的战略利益便是控制该地区的海上通道。对东南亚海上要道实施控制，既是美国试图控制世界"石油心脏地带"的内在要求，同时又是其控制日本、遏制我国的外在需要。美国正在实施以围堵我国为核心的重返亚太战略，在太平洋海域迅速结成由日本、菲律宾和越南为轴心的东亚联盟，致使从东海到南海的广大区域地缘政治冲突不断发生；同时加紧联合印度、缅甸等国，妄图截断我国通向印度洋和中东的能源通道，尤其是近年来，美国格外重视与印度的邦交关系，不断扩大与印度的经济来往，目的正是要从能源、军事、政治、外交等多方面影响和干涉我国。

2. 俄罗斯的地缘政治威胁

欧洲是俄罗斯燃料能源的主要销售市场，欧洲的扩大、欧洲经济的增长都有利于俄罗斯扩大能源出口。在中东问题上，俄罗斯对美国采取既联合又斗争的办法。而俄罗斯国际能源合作的重点方向一直是中亚国家或独联体国家，合作的重点则是恢复和发展独联体的统一电力系统，加强独联体国家矿产原料基础，参与独联体国家油气勘探与开采。此外，在解决里海问题上，俄罗斯的战略是"各个击破、以合作求共赢"，与哈萨克斯坦、阿塞拜疆达成协议，确立了"划分海底、水域共享"的原则，以保障其在资源归属方面处于相对有利的位置。近些年来，俄罗斯采取了更为进取、更加灵活的中亚-里海政策，甚至同政治相挂钩，不断加大其在中亚的影响力，维护在该地区的传统经济利益。为表明自己在能源上的控制力和影响力，俄罗斯会通过"断油"或"断气"手段给中亚国家施压，而大多数中亚国家对此也只有招架之功，而无还手之力。在亚太和南亚地区，俄罗斯经济合作的主要伙伴是中国、韩国、日本和印度。从中日石油管道竞争中可以看出，均势原则是俄罗斯在亚太地区的战略中始终把握的一个原则。俄罗斯以谋求与多个国家进行油气合作为目的，努力同亚太地区的多个消费大国营造出了"一个卖家、多个买家"的供求关系，以实现其利益的最大化。俄罗斯在考虑所谓国家利益时，有时会更多地强调局部和短期利益，在重要油气田上不允许外国公司控股或参与，在合作中也出现过单方面终止合作的情况，这些也成为中俄谋求合作中的难点所在。

3. 日本的地缘政治威胁

日本自身资源匮乏，但也同样是能源消费大国，能源高度依赖进口。为了保障能源供应安全，近年来日本对外合作的步伐加快，合作方向也从中东逐渐转至中亚、俄罗斯和非洲等地区。日本既是美国在亚太地区的同盟伙伴，又是格外重视自身发展的经济强国，利用美国遏制我国崛起的机会不断谋求自己在亚太地区的利益、实现在亚太地区的绝对优势。日本不断加强与东亚各国石油战略储备的合作，努力联合东亚国家共同建立亚洲能源共同市场，极力呼吁我国与韩国一起参加到保障马六甲海峡通航安全的机制中去。同时，日本在非洲的石油开发速度越来越快，日本利用欧美在非洲争夺空间留下的空隙，不断争取战略地位，在埃及、阿尔及利亚、安哥拉、加蓬、刚果等国家都有石油项目，并通过政府的外交加大与非洲毛里塔尼亚、乍得等国的石油合作力度。此外，日本积极开辟俄罗斯作为其新的油气进口渠道，与我国争夺俄罗斯外输油气资源的同时，极为重视对俄东西伯利亚地区"萨哈林-1号"和"萨哈林-2号"项目的开发。同时，日本在不断争取与油气资源开发相配套的石油管道项目，如其最为看重的横跨西伯利亚的石油管道项目，如果该项目能够得以实现，俄罗斯的石油可以直接被输送到日本海沿岸，如此一来，不但可以提高日本石油运输的安全性，降低日本对中东的依存度，还可以大幅缩短运输距离，降低运输成本。我国、日本同处东北亚的地理位置决定了两国对俄能源存在着共同的需求，因此，与俄能源合作的竞争也将一直存在。

4. 印度的地缘政治威胁

印度绝大部分的原油进口来自中东和非洲，而近年来中东和非洲地区局势不稳，印度的中东政策同时还受到美国的牵制，因此能源供应局势比较紧张。印度一方面与美国扩大贸易往来，甚至是通过为其开放军事基地等各种方式谋求自身的发展；而另一方面，由于在地缘上与伊朗直接接壤，与伊朗的油气资源合作较为广泛，不顾美国压力与伊朗展开多层面的能源合作，继续巩固与中东地区国家的能源外交。印度政府利用与中亚-里海地区各国的传统友谊和俄罗斯的支持，于2003年在塔吉克斯坦建立了艾尼海外军事基地，为了保障能源安全，印度已正式派驻军队。印度在中亚合作的重点是哈萨克斯坦、阿塞拜疆及乌兹别克斯坦。在亚太地区，印度积极改善与邻国的关系，扩大能源合作，将常规能源领域合作与新能源开发相结合。在能源供应、天然气开发方面，印度与缅甸、孟加拉国开展了合作，与巴基斯坦开展煤炭合作，与尼泊尔和不丹联合开发水电。加强能源

147

合作与对话、保障自身的能源供应安全被印度作为外交工作中的重中之重。在非洲和拉丁美洲地区，印度也加大了能源外交的力度。近年来，印度开始和我国竞争西方大国所不愿开采的油气资源，如印度大举进入苏丹地区，同我国争夺苏丹油气资源。为了不触动美国的敏感神经，印度对发展与拉美的关系的态度一向谨慎，但随着国际关系格局走向多极化，印度在与拉美的外交政策上做出了调整。除从哥伦比亚、委内瑞拉等拉美国家直接进口原油外，印度的能源公司还在能源领域进行了大量的投资。而由于我国已在拉美深耕多年，印度在着力避免与我国发生一些不必要的竞争，以防两败俱伤。有鉴于此，印度拟与我国成立合资公司或者组建其他形式的联合组织，共同进军拉丁美洲国家能源市场，开发当地的油气资源。

5. 东盟的地缘政治威胁

近年来，东盟的力量迅速壮大，在亚太地区地缘政治格局中扮演的角色越来越重要。东盟少数国家之所以允许美国海军舰队驻扎或在其境内建设军事基地，一是为了维系好和世界头号强国的关系，二是出于自身安全考虑，在一定程度上遏制我国在东亚地区的势力。而我国和东盟之间，最主要的地缘政治博弈在于南沙群岛的领土争端及相应的南中国海油气资源的争夺。我国提出的"主权属我，搁置争议，共同开发"并没有得到东盟国家的认同，南海争端的国际化将使这场博弈变得更加复杂。

第五节　我国需要能源生产消费革命

一、能源生产消费革命的内涵

简单来说，能源生产消费革命就是要通过在生产和消费过程中采用一些新的技术手段或改变生产消费行为等途径，使能源生产消费状况和人类社会发展形态发生重大改变，乃至质的飞跃过程。回顾人类社会发展的历史，1980 年的工业革命，推动了蒸汽机的大规模应用，开始启动了煤炭作为工业主要燃料和动力的历史。到19 世纪末，煤炭取代柴薪成为全球主要能源，世界经济和人类社会发生了飞跃性的发展，这是第一次能源革命。第二次世界大战以后，随着内燃机技术的逐步成熟（最早内燃机发明在 1860 年），石油作为主要工业燃料被广泛应用。

1968 年石油在一次能源消费结构中的比重达到 40%，超过煤炭成为全球第一大能源，世界经济发展方式和社会生活方式发生重大转变。石油取代煤炭，被视为第二次能源革命。目前正在兴起的是第三次能源革命，是低碳和无碳能源逐步取代高碳能源的革命，是非化石能源逐步取代化石能源的革命，是继前两次能源大变革之后又一次更大规模的能源革命。第三次能源革命将为应对气候变化，推动制造业的低碳发展，解决人类可持续发展问题做出巨大贡献。纵观三次能源革命，其对人类社会的影响主要通过能源消费侧大量的终端用能设备来实现。在这三次能源革命发生之前，煤炭、石油在自然界已经长期存在，但由于缺乏合适的终端利用设备，并没有发挥出大规模改变人类社会形态的作用。那么，未来具有划时代意义的能源革命，很可能也是来自消费侧的重大技术突破。目前很多人把未来能源革命的希望寄托在能源生产侧（如可再生能源或者氢能），但仍然延续集中发电、远距离传输的传统思路，这对实现能源革命、改变人类社会形态是远远不够的。因此，在研究未来能源革命方向时，不能把眼光仅局限于能源供应侧，应该充分考虑能源消费侧的新技术，把能源消费侧的新技术与新的能源形式结合，最终才能产生撼动人类发展全局的革命性效果。与此同时，能源生产消费革命也必然是出于人类迫切的需要。如今全球气候变化已经成为人类生存和发展的最大现实威胁，为解决这一难题，各国在努力开发和研制新一代低碳技术产品，其中既包括高效节能型终端用能产品，也包括可再生能源和碳封存设备等。可再生能源虽然没有碳排放，但在生产生活中难以普及利用，最主要原因是其能量密度太低；而过去终端用能产品的功率消耗太高、自动控制水平太低。时至今日，高效节能家电已经日新月异，能源利用效率比过去有明显的提高，信息化手段使得终端用能设备的程序控制能力也有了前所未有的提高，这为未来实现能源生产消费革命指明了新的方向。此外，21世纪人类能否有效推进可持续发展还在于是否能够转变传统的能源观念。传统能源给人类带来了无穷的灾难，只有承认化石能源带来气候恶化的现实，认识化石能源不能永续支撑人类发展的事实，看清新能源和可再生能源才具有未来广阔的发展前景，及早洞察能源未来发展的方向，并适时推动能源生产和消费革命，才能实现人类的可持续发展和经济社会的繁荣进步。

近十年来，我国能源生产快速增长，保障了国民经济持续快速发展，另外，能源消费也增长迅速，能源对外依存度不断攀升，环境压力不断增大，传统能源发展方式难以为继。面对日趋紧迫的能源与环境问题，"十二五"规划中提出了能源生产和消费革命，并首次提出了绿色发展。绿色发展就是要发展环境友好型产业，降低能耗和物耗，修复和保护生态环境，发展循环经济的低碳技术，使经济发展与自然相协调。2012年，党的十八大报告再次强调要推动能源生产和消费革命[100]。此后，以习近平为总书记的党中央明确提出了今后"三步走"的战略目标，开启了中华民族百年复兴的伟大征程。要积极探索走出一条适合我国国情的低碳发展之路，关键问题是能否突破制约我国经济可持续发展的两大瓶颈——资源约束和环境约束，而这两个瓶颈的实质都是能源问题。

要实现 2020 年二氧化碳排放量比 2005 年降低 40%～45%的宏伟目标，能源使用必须实现两个控制，即控制效率强度和控制效率总量[101]。过去能源供应是保障供应、保证用能，现在是必须合理科学用能。全国人民代表大会常务委员会在 2009 年有一个决议，要抓住当今世界开始重视发展低碳经济的机遇，加快发展高碳能源低碳化利用和低碳产业，建设低碳型工业、建筑和交通体系，大力发展清洁能源汽车、轨道交通，创造以低碳排放为特征的新的经济增长点。这是一个非常明智、及时的决议，因为我国当前正处于经济转型的战略机遇期，传统的高投入、高消耗、高排放的经济增长模式将难以为继，更无法为经济持续增长提供持久动力，未来只有转变发展思路，推动能源生产消费革命，大力实施低碳发展战略，才能寻找到新的经济增长点，为经济的持续增长注入新的活力，企业也将因此而获得长期收益，并带动其核心竞争力的大幅提升。第三次能源生产消费革命已经开始，这场新的能源革命将逐步改变以煤和石油为主的能源结构，构建以天然气、核能和可再生能源为主的高效、清洁、可持续的能源体系，并催生一场大规模的经济和社会革命，我国不能再错过这次重要的发展机会。只有抓住机遇，才能赢得发展先机；抓不住机遇，未来我国将会面临发展中更大的难题。

二、能源生产消费革命的必然性

推动能源生产消费革命是顺应世界潮流的战略选择。当前，以气候变化为代表的全球生态安全问题日益凸显，自工业革命以来发达国家无节制地消耗化石能源不仅使全球面临矿产资源日趋枯竭、生态环境日趋恶化的严重局面，而且上百年来积累的二氧化碳排放导致全球气候变暖，极端气候事件增多、增强，给自然生态和人类社会带来越来越显著的负面影响，危及人类的生存和发展。2012 年 6 月，里约联合国可持续发展大会强调"为了地球和今世后代，促进创造经济、社会、环境可持续未来"，并呼吁各国加强碳减排力度。2012 年年底，多哈气候大会通过《京都议定书》第二承诺期，并开启"德班平台"的谈判，旨在确立 2020 年后全球加强减排力度的国际制度框架，并促进 2020 年前各国的减排行动。当前全球的碳排放仍呈持续增加趋势，世界各国都面临改变生产方式和消费方式，大幅度减缓化石能源消费和相应二氧化碳排放的严峻形势，以及碳排放空间不足的挑战。

　　面对世界范围内的资源和环境制约，很多国家都把节能和提高能效提到首要战略地位。例如，欧盟制定了到 2020 年节能 20%的目标。另外，各国都致力于能源结构的低碳化，确立未来大比例的可再生能源的战略目标，努力构建以可再生能源为主体的可持续能源体系。例如，欧盟 2020 年可再生能源比例将要达到 20%，德国 2050 年所有电力都将来自可再生能源。通过高强度节能和大比例发展可再生能源，以有效减少化石能源消费和二氧化碳的排放，从而实现经济社会发展的低碳转型，进而实现人与自然的和谐、经济社会与资源环境的协调和可持续发展[102]。

　　全球低碳发展的潮流和新的能源体系革命将引发世界范围内经济社会发展方式的根本变革，先进能源技术和节能技术则成为世界科技发展的前沿和技术竞争的热点领域，先进技术创新能力和低碳发展方式将成为一个国家的核心竞争力，甚至决定其在新的国际经济社会变革潮流中的兴衰和沉浮[103]。发达国家在向发展中国家转移减排责任的同时，也存在利用其在新能源和能效领域的技术优势扩充其新的经济增长点和国际市场，打压新兴发展中大国日益上升竞争力的战略企图。我国必须走出以低碳为特征的新型工业化和城市化道路，才能从根本上在全球低碳发展竞争中占据优势，在国际谈判中占据主动和引导地位[104]。

　　推动新能源体系建设，实现低碳发展，我国比发达国家面临更紧迫和更为艰巨的任务。处于后工业化阶段的发达国家，其经济处于内涵式增长，能源消费基本趋于稳定[105]。其增加可再生能源供应主要是替代和减少原有的煤炭、石油等化石能源供应量，不断加快化石能源消费和二氧化碳排放量的下降速度和幅度。而我国处于工业化、城市化快速发展阶段，能源消费总量仍呈较快增长趋势，尽管可再生能源发展迅速，但由于基数小，其新增供应量仍不能满足新增能源需求，更谈不上替代原有的化石能源供应量。因此，煤炭、石油等化石能源的消费仍会呈增长趋势，这是由不同发展阶段的规律和特征所决定的。

　　推动能源生产和消费革命是建设生态文明的着力点。我国当前经济社会发展面临资源约束趋紧、环境污染严重、生态系统退化的严峻形势，快速增长的能源生产和消费则是造成当前局面的主要原因[106]。近年来，我国强化节能降耗，并取得显著成效。"十一五"期间单位 GDP 能耗下降 19.1%，而同期世界平均水平基本没有变化。我国大力推广节能技术，淘汰落后产能，能源转换和利用效率也大幅提高，主要高耗能产品能源单耗持续下降[107]。"十一五"期间，燃煤发电供电煤耗从 370 克/千瓦时下降到 335 克/千瓦时，下降 9.5%，供电效率已超过美国达到世界先进水平。吨钢综合能耗下降 12.8%，水泥综合能耗下降 24.6%，其他炼铝、有色金属、平板玻璃、合成氨等高耗能产业的能源效率也都有较大改进，我国能源转换和利用技术与发达国家先进水平的差距不断缩小。

与此同时，由于我国经济快速增长，能源消费总量大、增长快的趋势仍难以扭转。"十一五"期间，GDP 总量增长 70.0%，年均增长率为 11.2%，尽管单位 GDP 能耗有较大下降，但能源消费总量也从 23.6 亿吨增长到 32.5 亿吨，增长 37.3%。由于非化石能源比例的增长，同期二氧化碳排放量增长低于能源消费量的增幅，但也增加了 33.6%[108]。2005～2010 年，世界二氧化碳排放增长了 30.89 亿吨，我国同期增长 18.37 亿吨，占世界同期增长量的约 60%，在减排二氧化碳的国际合作行动中，面临越来越大的压力。

我国当前能源消费的快速增长，使资源和环境的承受力几近极限。2012 年，我国煤炭产量达 36.5 亿吨，超出科学产能的能力接近一倍，造成严重的水资源破坏和污染，采空区塌陷严重，全国已达 100 万公顷，造成严重的生态环境破坏。2012 年进口石油 2.7 亿吨，对外依存度已达到 56%，天然气进口的比例也超过 20%。我国也成为煤炭净进口国。到 2020 年，石油进口比例将达 70%，天然气也将超过 50%，能源安全保障面临严峻挑战。特别是 2013 年 1 月，京津冀地区大面积长时间严重雾霾天气，PM 2.5 浓度超标数倍，燃煤排放和汽车尾气排放是其首要成因。如果该地区燃煤总量和燃油标准得不到有效控制，这种环境灾难事件还会持续发生，将严重影响人民健康和社会安定。推动能源生产消费革命，当前的首要目标是缓解国内资源制约、环境污染严峻形势的内在需求，其次才是减缓二氧化碳排放、应对全球气候变化的挑战。

推动能源生产和消费的革命，可以起到促进节能和能源替代的双重功效，在减缓二氧化碳排放的同时，将有效降低二氧化硫、NO_x、PM2.5 等常规污染物的排放。特别是实施能源消费总量的控制，将有效控制煤炭消费总量，从根本上减少环境污染的来源。因此，推动能源生产和利用方式的变革，可成为节约能源、改善能源结构、保护生态环境和应对气候变化的综合措施与关键着力点，具有显著的协同效应。将有效地促进经济发展方式由资源依赖型、粗放扩张的高碳发展方式向技术创新型、内涵提高的低碳发展方式转变，推进生态文明建设。

三、能源生产消费革命的紧迫性

改革开放以来，我国能源工业着力推进节能减排，提高能源效率，促进结构优化升级，提升节能环保水平[109]。1981～2011 年，能源消费年均增长 5.8%，支撑了国民经济年均增长 9.9%。"十一五"期间，全国电力行业累计淘汰小火电机组 7653 万千瓦，煤炭行业淘汰落后产能 5.4 亿吨。我国能源资源综合利用效果明显，清洁能源比重不断增加，但与发达国家相比，我国仍面临着经济结构和能源结构不合理、能源密集型产业比重大、能源开发利用效率低等诸多挑战。我国煤炭、石油、天然气的人均占有量仅为世界平均水平的 67.5%、5.4%、7.7%，单位 GDP 能耗不仅远高于发达国家，也高于一些新兴工业化国家[110]。以煤为主的能源结构和低碳发展的矛盾将长期存在，保护生态环境、应对气候变化的压力日益增大，迫切需要推动能源生产消费革命。

我国的能源转型、能源生产和消费方式的革命，在全世界具有特别重要的地位和作用。我国能源的低碳化、清洁化和二氧化碳减排，不仅是我国经济和社会可持续发展的需要，而且和整个世界紧密联系在一起，我国必须发挥作为一个经济大国应尽的义务和责任。我国的能源生产消费革命具有必然性和紧迫性，然而，推动能源生产和消费革命，实施新的能源发展路线，我国将面临诸多矛盾与严峻挑战，具有空前的艰巨性和复杂性，不可能一蹴而就，而是任重道远。实施我国新的能源发展路线的矛盾和问题主要体现在以下三个方面。

一是我国现在的能源消费结构是以煤炭为主，煤炭所占比重约为 70%。世界上所有发达国家和大多数发展中国家早已完成了从煤炭为主要能源向石油的转型，正在进行从石油为主要能源向低碳和无碳能源转换。我国的能源转型远远落后于世界水平，必须两步并作一步走，加快实现能源结构的转型。

二是我国现在的经济结构是以重化工产业为主，大量消耗能源并造成环境污染的钢铁、水泥、建材等加工制造业占比很高，素有"世界工厂"之称。能源转型依赖于产业转型，我国产业转型的任务十分繁重而艰巨。改革开放 30 多年来，我国经济获得了高速增长，特别是 2001～2010 年的 10 年时间里，GDP 从 109655 亿元增至 401202 亿元，翻了两番。但这种增长是在粗放型经济增长方式下实现的，是建立在能源消费从 15 亿吨标准煤增至 32.5 亿吨标准煤的基础上的。而美国在这 10 年间 GDP 从 102339 亿美元增至 144471 亿美元，增长了 40%以上，其能源消费却保持在 23 亿吨标准油左右，甚至有下降的趋势。可以看到，与美国等发达国家相比，我国长期的粗放型经济增长方式付出了巨大的能源消耗代价。所以，从根本上改变我国经济增长方式，调整产业结构，刻不容缓。

三是我国现在正处于工业化和城市化初中期阶段，距离实现工业化和城市化还有很长的路要走。世界各国在经济和社会发展中有一个共同的规律，就是一般在工业化、城市化发展的初中期阶段，能源消费和环境污染都比较严重，尤其是治理环境污染需要做长期大量艰苦的工作。众所周知，我国工业能源消费主导能源消费总量，高能耗产业发展又是能源消费增长的主因。一方面，全面建成小康社会要求 2020 年实现 GDP 和城乡居民人均收入比 2010 年翻一番，基本实现工业化并提高城镇化的质量，势必导致能源消费的增长；另一方面，要建设生态文明就要控制能源消费总量，这一矛盾的解决显得尤为困难。两者兼顾，那么平衡点会是多少？完全解决这一矛盾并不现实，在能源生产消费革命中也只能通过转变经济发展方式、加快科技进步与创新来缓解这一矛盾。

此外，现有的能源体制并不充分适应新的能源发展路线。能源市场机制不够完善，即市场的准入、市场的运行和退出机制，价格的形成机制、监督机制等都缺乏规范。行业管理不统一、不完善、不规范，甚至缺乏大局观，不管是在传统能源行业，还是在可再生能源、新能源行业的管理上，都是如此。因此，能源体制改革必须由中央高层下大决心进行顶层设计，真正建立有效的能源体制以适应新的能源发展路线。

在经济发展和资源、环境可承受条件的双重制约下，我国必须以科学发展观为指导，进一步调整能源发展思路，加快制定和实施我国经济可持续发展的能源保障战略。预计在 21 世纪前半叶，我国要实现"三步走"的战略目标，还要经历三个明显的发展阶段：2020 年前，我国仍处于工业化和城市化"双快速"发展阶段，"钢铁土木"经济结构比较明显，高能耗的重化工产业比重仍然较高；2020～2030 年，我国将处于工业化进程相对稳定和城市化继续较快推进阶段，"钢铁土木"经济结构特征逐步弱化，高能耗的重化工产业比重明显下降；2030～2050 年，我国将处于工业化和城市化"双稳定"发展阶段，经济逐步进入成熟发展时期，后工业化特征逐渐显现。因此，至少在今后 20 年内，我国仍处于工业化、城市化进程加快阶段，居民消费结构也处于升级换代之中，这一阶段恰恰是能源需求快速增长阶段，也是碳排放持续增长时期。对此，一定要有一个清醒的认识和长期作战的思想准备。

第七章 我国能源管理体制

能源是国民经济的命脉，是经济发展和提高生活水平的物质基础，是驱动社会正常运行的原动力。目前，我国能源管理体制尚不完善，能源法律法规与监管体系仍不健全，改革和发展的深化与能源供应安全的矛盾日益突出。从我国目前的能源发展现状及保障我国经济可持续发展的战略目标出发，我国需要改革能源管理体制，健全能源管理法规，完善监管体系建设，以更好地适应我国未来能源发展的要求。

第一节 能源管理体制演变

一、管理体系演变

新中国成立以来，我国能源规模由小到大，生产力水平由低到高，能源管理体制为了适应形势发展的需要也经历了多次变革，我国能源管理体制变动简述如下。

1949 年成立燃料工业部，下设煤炭管理总局。

1950 年设立石油管理总局和电力管理总局，归属燃料工业部。

1954 年撤销燃料工业部，成立煤炭工业部、石油工业部、电力工业部。

1958 年电力工业部与水利部合并为水利电力部。

1970 年撤销煤炭工业部、石油工业部、化学工业部，成立燃料化学工业部。

1975 年撤销燃料化学工业部，恢复煤炭工业部，成立石油化学工业部。

1978 年撤销石油化学工业部，成立石油工业部和化学工业部。

1979 年撤销水利电力部，成立电力工业部和水利部。

1982 年撤销电力工业部和水利部，合并为水利电力部。

1988 年撤销煤炭工业部、石油工业部、水利电力部、核工业部，成立能源部。

1993 年撤销能源部，恢复煤炭工业部、电力工业部。

1998 年撤销煤炭工业部和电力工业部,成立煤炭工业局、石油和化学工业局,归口国家经济贸易委员会管理,并在国家经济贸易委员会内设立电力司部,将水利电力部的电力部分、核工业部的职能集中在一起,成立能源工业部。

2001 年撤销煤炭工业局、石油和化学工业局,归口国家经济贸易委员会管理。

2003 年能源宏观管理职能归口国家发展改革委员会能源局。

2005 年成立国家能源领导小组办公室。

2008 年,国务院政府机构改革建立了新的能源管理体制,设立了能源局,两年后又成立了国家能源委员会。

计划经济时期我国能源管理体制的变动主要是煤炭、石油、电力、水利、化学、核工业等部门之间的集中管理与分散管理方式的反复变化。能源产业根据不同行业成立了多个部门,如电力部、水利部、石油部、煤炭部,每个产业都是政企合一的形态。政企合一的垄断体制带来效率低下、供给不足、负担沉重等问题[111]。

随着市场经济改革的深入,具有自然垄断性质的能源产业也实行了变革。但改革开放以来,我国能源管理体制的变动日益趋向分散管理的方式,尤其是能源局和国家能源委员会这两个机构的成立,标志着我国能源管理体制改革迈出了重要的一步,也显示出我国政府加强能源管理、保障能源安全的决心。这种能源管理机构的设置有其合理性,但是从整体上来看我国能源管理体制改革的步伐仍相对滞后,我国能源管理体制与保障能源安全的要求仍不相适应。

二、法律体系演变

我国电力方面的法律法规主要有:1983 年 9 月水利电力部发布《全国供用电规则》。1987 年 9 月国务院发布《电力设施保护条例》。1993 年 2 月国务院颁布《电网调度管理条例》。1995 年 12 月通过的《电力法》是我国第一部能源法律。该法规定了电力建设、电力生产与电网管理、电力供应与使用、电价与电费、农村电力建设和农业用电、电力设施保护、监督检查等方面的内容。国务院 2004年 12 月颁布《电力供应与使用条例》,2005 年 2 月颁布《电力监管条例》。《电力监管条例》对电力监管机构、监管职责、监管措施、法律责任等方面的内容做出规定。

煤炭方面的法律法规主要有:1996 年 8 月通过《中华人民共和国煤炭法》,规定涉及煤炭生产开发规划与煤矿建设、煤炭生产与煤矿安全、煤炭经营、煤矿矿区保护、监督检查等内容。1999 年 6 月国家经济贸易委员会发布《煤炭经营管理办法》，2004 年 12 月由国家发展和改革委员会修订。1994 年国务院颁布《矿产资源法实施细则》、《煤炭生产许可证管理办法》、《乡镇煤矿管理条例》、《矿产资源补偿费征收管理暂行办法》（1997 年 7 月修订）。1986 年 3 月全国人民代表大会常务委员会颁布《矿产资源法》，1996 年 8 月修正，规定了矿产资源勘查的登记和开采的审批、矿产资源的勘查、矿产资源的开采、集体矿山企业和个体采矿等。2013 年 6 月第十二届全国人民代表大会常务委员会第三次会议对《煤炭法》进行修改。《煤炭法》修改后取消了煤炭生产许可证和煤炭经营许可证，对企业有利。国家结束煤炭生产许可证和煤炭经营许可证制度，煤炭主管部门对煤炭生产企业和煤炭经营企业的生产经营干预减少，煤炭生产企业不会因为没有煤炭生产许可证而无法生产，煤炭生产、经营企业也不会因为没有煤炭经营许可证而无法从事煤炭经营。生产企业只要通过验收达标，不需要办理煤炭生产许可证就可以生产。另外，《煤炭法》修改后煤炭经营许可证不复存在，标志着煤炭交易的市场化程度进一步提高。煤炭经营许可证取消后，国家对煤炭交易的控制和干预减少，愿意进行煤炭贸易的企业可以不受约束地参与煤炭市场交易，公开、公平、公正的市场竞争环境建立后，煤炭交易市场化程度提高[112]。

石油、天然气方面的法律法规制度有：1982 年 1 月，国务院颁布《对外合作开采海洋石油资源条例》（2001 年 9 月修订）；1987 年 12 月，原石油工业部发布《石油及天然气勘察、开采登记管理暂行办法》；1993 年 10 月，国务院颁布《对外合作开采陆上石油资源条例》（2001 年 9 月修订）；1989 年 3 月，国务院发布《石油、天然气管道保护条例》；2000 年 4 月，国家经济贸易委员会发布《石油天然气管道安全监督与管理暂行规定》；2001 年 8 月，国务院公布施行《石油天然气管道保护条例》；2004 年 12 月，商务部公布《成品油市场管理暂行办法》；2006 年 12 月，商务部公布《原油市场管理办法》和《成品油市场管理办法》；2010 年 6 月，第十一届全国人民代表大会常务委员会第十五次会议通过《中华人民共和国石油天然气管道保护法》。

核能方面的法律法规制度有：1986 年 10 月，国务院发布《民用核设施安全监督管理条例》；1987 年 6 月，国务院发布《核材料管制条例》；1988 年，国家核安全局制定了《核电厂安全监督实施细则》；1989 年，国务院颁布《放射性同位素与放射装置放射防护条例》（2005 年 9 月修订）；1993 年 9 月，国务院发布《核电厂核事故应急管理条例》等。

节能和可再生能源方面的法律法规制度有：1986 年 1 月，国务院发布《节约能源管理暂行条例》；全国人民代表大会常务委员会于 1997 年 11 月通过了《节约能源法》；2004 年 8 月，国家发展和改革委员会、国家质量监督检验检疫总局颁布《能源效率标识管理办法》，原国家计划委员会、国家环保总局等部门颁布《关于发展热电联产的规定》；1987年，国家经济贸易委员会、国家计划委员会颁布《关于进一步加强节约用电的若干规定》；2000年12月，国家经济贸易委员会和国家发展计划委员会颁布《节约用电管理办法》，国家建设部颁布《民用建筑节能管理规定》；全国人民代表大会常务委员会于2005年2月通过的《可再生能源法》于2006年开始实施，该法明确了在可再生能源的产业指导与技术支持、推广与应用、价格管理与费用分摊、经济激励与监督措施、法律责任等方面的规定。《可再生能源法》对于促进可再生能源的开发利用、增加能源供应、改善能源结构、保护环境、实现经济社会的可持续发展，具有重大意义。

其他有关能源的法律法规有：1987年4月，国务院发布《全民所有制矿山企业采矿登记管理暂行办法》（1990年11月修订）；1998年2月，国务院发布《矿产资源开采登记管理办法》；1994年国务院先后颁布《矿产资源法实施细则》和《矿产资源补偿费征收管理暂行办法》；1989年9月，通过《大气污染防治法》（1995年8月修正，2000年4月再次修订颁布）；1995年10月，发布《固体废物污染环境防治法》（2004年12月修订）；2002年6月，通过《清洁生产促进法》；2003年6月，颁布《放射性污染防治法》；1989年12月，颁布《环境保护法》；1993年9月，颁布《反不正当竞争法》等。

各部委、地方政府和行业也制定了一系列法规以与国家的法律法规配套便于实施和执行。

三、监管体系演变

计划经济时期，我国的能源行业企业都是垄断的国有企业，能源资源归国家所有，能源开发、销售、价格等方面都由政府来定。一系列的管理环节也是由多个政府部门负责。以行政审批和部门规章为基本内容和手段，以行政隶属关系实现上级对下级人、财、物的支配地位。政府制定政策法规并监管行业，政府的监管主要依靠政策性文件和行政性审批。其特点是政企不分、政监不分，政府代替市场包揽一切，直接干预企业的经营行为，政府既是政策的制定者，也是政策的监督者。独立的监管机构没有必要存在[113]。

电力领域历经如下演变：国务院1985年颁发了《关于鼓励集资办电和实行多种电价的暂行规定》，提出了"政企分开，省为实体，联合电网，统一调度，集资办电"和"因地因网制宜"的方针，实行了"新电新价"政策。在监管政策上放松发电侧的市场准入及改革上网电价制度，创造发电市场的投资激励机制。

政策的调整促进了电力工业的快速发展，电力短缺问题得到缓解，结束了 30 多年的计划经济体制下发电市场政企合一、国家垄断经营的局面，逐步形成了多元投资主体的市场结构。1997 年我国政府在原电力工业部的基础上成立了国家电力公司，其原有的政府职能移交给国家经济贸易委员会，解决长期存在的政企不分的问题。但政企合一的管理体制、政府管理方式及垂直一体化经营的方式并未改变。随着竞争程度的加强，管理体制上的问题日益严重。1998 年撤销电力工业部，将原电力工业部行使的行政管理职能移交给国家经济贸易委员会，国家电力公司等电力企业实行自主经营，中国电力企业联合会等行业协会进行自律服务。随着电力行业的市场化改革，2002 年国家将国家电力公司拆分为中央直管的 2 个电网公司、5 个发电公司等 11 家电力企业，成立国家电力监管委员会，为国务院直属事业单位。2013 年，国家电力监管委员会撤销，相关职能并入国家能源局。

到目前为止，除了煤炭由煤矿安全监察局负责安全监管外，石油、天然气等能源领域没有专业的监管机构，监管职能分散在多个政府部门之中。

第二节　能源管理体制现状

一、管理体系现状

当前我国能源行业的政府管理职能过度分散，涉及的部门比较多。能源的勘探、生产、运输、销售等环节分散在国家发展和改革委员会、国土资源部、商务部、国家安全生产监督管理局等部门。同时，国家电网公司、中国核能电力股份有限公司、中国神华集团有限责任公司、中国石油天然气集团公司、中国石油化工集团公司等国家级能源公司执行着部分行业管理任务，在一定程度上具有政府管理职能。

能源管理的有关部门和机构如下。

国家能源领导小组：2005 年，国务院成立温家宝同志为组长的国家能源领导小组作为国家能源工作的高层次议事协调机构。主要任务是：研究国家能源发展战略和规划；研究能源开发与节约、能源安全与应急、能源对外合作等重大政策，向国务院提出建议。领导小组办公室设在国家发展改革委员会，为副部级执行机构，具体承担日常工作。

国家能源委员会：负责研究拟订国家能源发展战略，审议能源安全和能源发展中的重大问题，主要包括跟踪了解能源安全状况，预测预警能源宏观和重大问题，提出对策建议；组织有关单位研究能源战略和规划；研究能源开发与节约、能源安全与应急等重大政策，统筹协调国内能源开发和能源国际合作的重大事项[114]。

国家发展和改革委员会内与能源管理有关的机构有能源局、经济运行局、价格司、工业司、投资司、经济贸易司、交通司等，负责能源生产项目立项、经济运行、价格等。

国家能源局：2008年设立的能源局是国家发展和改革委员会的26个职能部门之一，负责全国能源行业的综合管理和协调工作，主要通过工业项目检验和能源相关活动的监管来控制能源产业。

国家能源局的具体职责是：研究提出能源发展战略、能源发展政策和产业政策，制订能源发展规划，起草相关的法律法规，指导能源行业技术法规和技术标准的拟订；审核能源重大项目；负责衔接平衡能源重点企业的发展规划和生产建设计划，协调解决企业生产建设的重大问题；了解国外能源信息和政策，履行政府能源对外合作和管理的职能；指导地方能源发展规划；负责国家石油储备工作；研究提出能源体制改革的建议；推进能源可持续发展战略的实施，组织可再生能源和新能源的开发利用，组织指导能源行业的能源节约、综合利用和环境保护工作。

国家能源局设有石油天然气处、煤炭处、电力处、可再生能源处、石油储备办、国际合作处、信息政策处、综合处等部门。2006年，国家发展和改革委员会关于煤炭管理的五项职能划归国家安全生产管理监督总局。

科学技术部：负责能源科技的规划、研究、发展、组织实施及管理。

水利部：负责全国水能资源开发利用管理工作和水电站的管理，组织协调农村水电电气化工作。

农业部：负责农村可再生能源的开发利用和管理。

国土资源部：负责矿产资源、海洋资源等自然资源的规划、管理、保护与合理利用。拟订矿产资源的有关法律法规和技术规范；依法管理资源探矿权、采矿权的审批发证和转让审批登记；实施地质勘查行业管理，审查确定地质勘查单位资格；按规定管理矿产资源补偿费的征收和使用；承担储量管理工作；批准和评估矿业权；依法审批对外合作区块；管理地质资料汇交等。

商务部：主管国内外能源贸易和国际经济合作。负责能源产品的进出口许可、配额管理；拟订能源产品市场运行、流通秩序政策，监控分析市场运行；审批外商投资企业等。

交通运输部：负责煤炭、石油等能源的铁路运输。

交通运输部：调控能源物资运输。

国家质量监督检验检疫总局：主管能源重大工程设备质量。管理和组织制定国家标准，协调和指导行业标准，并监督标准的贯彻执行；管理工业产品生产许可证工作，管理计量工作。

国家环境保护总局：制定环保政策法规，监督对生态环境有影响的自然资源开发利用活动；按照国家规定审定开发建设活动环境影响报告书；负责对核能设施安全、放射性废物、伴有放射性矿产资源开发利用中的污染防治工作实行统一监督管理。

国家税务总局：征管能源资源的资源税、矿区使用费和对外合作开发油气资源的实物税；征收进出口能源商品的税收及其他一般税种。

住房和城乡建设部：负责能源有关工程建设及工程质量和安全的监督与指导。

国家安全生产管理监督总局：负责能源的安全生产管理工作。拟订安全生产方针、政策、标准和规程，并组织实施、监督检查安全生产情况。

二、法律体系现状

从总体上看，我国的能源立法还处于发展阶段的初期，尚未形成有效统一的能源法律体系。从 20 世纪 80 年代以来，我国不断推进能源法制化的进程，国家已经出台的行政法规和地方性法规有《矿产资源法》、《电力法》、《煤炭法》、《节约资源法》、《可再生能源法》等，相关配套法规有《煤炭生产许可证管理办法》、《节约用电管理办法》等。在相关法律中，部分法规涉及能源方面的内容，如《环境保护法》和《矿产资源法》等，形成了以单行能源法规为主、配套法规为辅的现状。这些行政法规和部门规章的颁布实施对于我国能源具体某一领域的开发和利用有着重要的指导意义，使单个部门能源领域步入了有法可依的法制轨道。但我国能源法律法规体系仍不健全，制度建设不规范，没有跟上能源快速发展的脚步，发展改革的深化与能源供应安全的矛盾日益突出[115]。

中国特色的能源法律法规体系是以能源法为统领，以煤炭法、电力法、石油法、天然气法、可再生能源法、节约能源法等单行法为主干，以国务院和地方政府制定的相关配套法规和能源标准规范为补充的一个完整的法律法规框架体系（表 7-1）。

表 7-1　我国现行主要能源法律和行政法规

领域	现行主要法律、法规
煤炭	《煤炭法》、《乡镇煤矿管理条例》、《煤炭生产许可证管理办法》、《煤矿安全监察条例(2000)》《矿山安全法》、《煤炭行政处罚办法》、《煤炭行政执法证管理办法》、《开办煤矿企业审批办法》《中华人民共和国煤矿安全监察条例》
电力	《电力法》、《电网调度管理条例》、《电力供应与使用条例》、《电力设施保护条例》、《大中型水利水电建设征地补偿和移民安置条例》、《长江三峡工程建设移民条例》、《电力监管条例》《铺设海底电缆管道管理规定》、《水库大坝安全管理条例》
石油天然气	《对外合作开采海洋石油资源条例》、《对外合作开采陆上石油资源条例》、《中外合作开采陆上石油资源缴纳矿区使用费暂行规定》、《对外合作开采陆上石油资源条例》、《石油天然气管道保护法》
核能	《民用核设施安全监督管理条例》、《核材料管制条例》、《核出口管制条例》、《核两用品及相关技术出口管制条例》、《核电厂核事故应急管理条例》
可再生能源与节能	《可再生能源法》、《节约能源法》

能源单行法作为能源法律法规体系的重要组成部分，是能源法的重要支撑。目前，石油法、天然气法、原子能法还尚未立法，其他能源安全、能源替代、能源监管等领域的立法基本处于空白。完善能源法律体系，需要结合能源各行业、各领域的发展形势和任务，及时修订完善现行各单行法，抓紧制定缺位法律和重点领域法律，尤其是对能源行业健康发展有重大影响的能源法律制度[116]。

三、监管体系现状

我国能源监管尚处于起步阶段，目前监管职能多集中在能源局，煤炭、电力、石油、天然气均没有专门的监管机构。

与能源监管相关的政府职责主要体现在以下几方面。

国家能源委员会：跟踪了解能源安全状况，预测预警能源宏观和重大问题，研究能源安全与应急等。

国家发展和改革委员会内与能源监管有关的机构有能源局、经济运行局、价格司、工业司等，负责能源生产项目立项、经济运行、价格等。能源局负责全国能源行业的综合管理和协调工作，主要通过工业项目检验和能源相关活动的监管来控制能源产业[117]。

国土资源部：对各级国土资源主管部门进行矿产资源管理方面的执法监督。

商务部：监控分析市场运行；核准大型外商投资项目，监督执行情况等。

国家质量监督检验检疫总局：主管能源重大工程设备质量。管理和组织制定国家标准，协调和指导行业标准，并监督标准的贯彻执行；组织协调行业和专业的质量技术监督工作等。

国家环境保护总局：制定环保政策法规，监督对生态环境有影响的自然资源开发利用活动；负责对核能设施安全、放射性废物、伴有放射性矿产资源开发利用中的污染防治工作实行统一监督管理。

住房和城乡建设部：负责能源有关工程建设及工程质量和安全的监督与指导。

国家安全生产管理监督总局：负责能源的安全生产管理工作。拟订安全生产方针、政策、标准和规程，并组织实施、监督检查安全生产情况。

单设国家煤矿安全监察局（副部级）加强对地方煤矿安全监督管理工作的监督检查，保证国家有关煤矿安全生产法律法规的贯彻实施。

第三节　能源管理体制问题

一、管理体系问题

我国能源管理机构的频繁变动使得政策的制定和执行受到影响，也影响了能源产业的发展。在历次机构改革中，缺少专门的、统一的、权威的且长期稳定的政府部门负责能源管理，多部门分散管理的局面没有改变。能源管理机构逐渐弱化，人员也大幅度减少[118]。目前能源管理体制上存在许多问题，这些问题主要包括以下几方面。

1. 能源管理职能弱化

长期以来，我国的能源管理体制处于频繁的变革之中，平均3～5年就会面临撤销、重组，难以形成长期稳定的组织运作体系，管理职能趋于弱化。1980年和1988年分别成立国家能源委员会和能源部，但很快因为各部门的关系难以协调撤销了。由于能源管理归属多个部门，职能分散，能源管理仍然是低层次的、分散化的管理，没有一个综合的、权威的能源管理部门对能源进行总体统一协调管理。能源管理力量薄弱，跨行业、跨部门的综合协调能力很弱，存在强势企业弱势政府的局面。

我国的能源企业中以国有企业为主，有的形成了国有特大型企业寡头垄断的格局，有的企业就是由原政府主管部门改造而成，很多都是部级的企业，在市场中处于垄断地位，对决策的影响力很强并且具有很强的市场控制力。

能源局负责对石油、天然气、煤炭、电力等能源的管理。但能源局的职权非常有限，现有人员编制112人，难以承担我国复杂的能源管理工作。能源局虽然是政府能源管理机构，然而级别较低，面对处于垄断性质的、复杂的能源产业，缺乏足够的管理人员和专业力量，不能全面掌握国内能源生产、消费的情况，不可能真正起到管理作用。政府对能源管理仍然以项目审批和行政性文件来实施管理，能源产业政企不分的问题从形式上得到了解决，但能源管理中缺位、越位的问题依然存在，市场对资源配套的基础作用还没有得到充分发挥。能源管理缺乏统一领导和协调，难以把握能源全局，能源工业的改革也只能限于在各个行业内部改革，无法从根本上理顺我国的能源管理体制问题，也错过了参与国际合作的机会，在国际能源竞争中处于被动位置。能源管理机构与能源的战略地位、当前的能源形势极不相称[119]。

2. 能源领域的市场化改革滞后，竞争机制不健全

我国能源领域竞争主体、市场秩序、定价机制等改革与经济社会发展的要求还不相适应。在煤炭行业，价格尚未完全市场化，面对垄断的铁路行业和相对集中的电力行业，煤炭行业处于弱势地位。煤炭销售中间环节过多，终端用户煤价虚高，生产的环境、安全、技术改造欠账太多，行业集中度过低，市场竞争过度；在电力行业，电力市场化尚处于起步阶段，市场竞争主体改革相对滞后，电价形成机制不尽合理，电力资产利润率较低，燃烧技术落后造成环境污染；在石油行业，法律法规还不完善，各方利益关系没有理顺，海外石油开发项目的审批过程较慢，还难以满足当前国际市场激烈竞争的要求；在核电行业，技术标准不统一，发展速度缓慢。

能源企业之间的市场化竞争尚处在形成阶段。煤炭行业已形成竞争性的市场，分散度很高，存在过度竞争的现象；石油、天然气、电力部正处于从垄断到竞争的过渡期。石油、天然气市场主要由三大石油公司控制，业务范围主要按地域划分，不是纯粹的市场竞争关系；厂网分开，竞价上网的电力体制改革尚未形成，各发电公司和电网公司离公司化运作、商业化运营、法制化管理的目标还有较大距离。在能源市场中价格机制也没能有效地发挥市场信号的作用，目前我国只有煤炭价格已实现市场化[120]。

3. 能源产业的发展缺乏沟通和协调，阻碍了整体产业的发展

一次能源与二次能源有密切的内在联系，行业间有很强的关联性和互动性。世界上从事能源生产的大公司和企业集团，绝大多数是煤、电、油、气多元化生产经营，特别是煤、电联营。我国能源管理体制由于计划经济体制的影响，人为地割裂了能源产业的内部联系，在一定程度上缺乏统一性，各种能源的发展都是各自为政，能源内部缺乏基本的沟通和协调。煤炭、石油、天然气、水电等能源行业分体运行且垄断经营，能源产业分散、融合能力差，布局不合理，造成严重

的资源浪费。各种能源之间、一次能源与二次能源之间体制分割的问题一直没有得到解决，产业内部的壁垒、能源利益分配的不公平使正常的能源产业结构调整和跨行业兼并重组困难重重，难以形成具有国际影响的能源公司，最终使我国的能源产业缺乏国际竞争力。同时使许多完全可以在企业内部处理的问题外在化、社会化，增加了不必要的交易费用[121]。

由于能源的发展满足不了经济发展的需求，不断显现电力紧张、煤炭紧张、天然气发展困难等瓶颈问题或生产过剩问题。针对出现的各种问题，各行业出台各自为政的政策，设法保证供应或扩大各自的生产能力，以行业的规模化甚至垄断来争夺市场。

能源产业是上游产业，其供给结构及变化趋势对下游产业有重要影响。20世纪60年代，随着大庆油田的开发，我国能源下游产业掀起了煤改油的热潮。70年代产生世界石油危机，为减少石油消费，又提出煤代油。随着国际市场油价剧烈波动，近几年，国内煤炭市场供求关系变化很大等，这样的变化对于下游产业，特别是对于化工产业来讲，其生产工艺是用油、用气还是用煤作为原料就很难确定，使得下游企业的发展变得无所适从[122]。

4. 能源统计数据失真，影响能源安全和能源产业的发展

我国在20世纪80年代曾建立了中央、地方、企业三位一体的能源管理、能源统计体系，依行政管理方式严格进行统计工作。

随着我国从计划经济向市场经济转变及政府机构改革等因素，原来的一套能源管理体系不能发挥作用，国家能源管理趋于弱化和分散，缺乏适应市场经济的宏观管理能力，新的统计体系自然也无法建立起来。能源信息和技术的支持只有依赖国有能源公司来提供，数据的指标体系也不完善，以致于难以进行完整、准确的能源生产和消费等环节的数据统计工作。与20世纪80年代和90年代相比，我国现在的能源信息、数据的可获得性大大减小，质量下降[123]。

近年来，我国能源统计系统不健全、统计口径多变、数据失真。我国统计年鉴中能源平衡表的数据不平衡，表明统计数据质量下降，已经不能作为规划研究和政策分析参考的可靠依据，影响了能源产业的宏观调整，给能源研究和科学决策带来极大的困难,进一步影响国家政策的改进与制定的有效性。例如,近年来的我国煤炭产量统计数据失真给煤炭工业的发展决策带来了严重的问题。

二、法律体系问题

我国的能源领域缺乏完善的法律体系支持，虽然国家颁布并实施了一系列的能源法律法规，但由于缺乏能源综合管理部门的协调，导致法律法规缺乏可操作性，执行收不到预期效果。

1. 法律体系不完备

长期以来，我国能源领域基本上依靠政府的行政协调而不是法律进行规范和约束，没有完整的能源法律体系，表现在缺乏规范能源开发、利用、保护和管理等活动的综合性能源基本法；石油、天然气没有专门的能源单行法，能源安全、石油储备没有法律制度保障；现行能源单行法《电力法》、《矿产资源法》、《煤炭法》、《节能法》等不适应现在的情况；法律法规以部门规章和地方性法规为主，层次不高，约束力不强；与能源相关的其他法律，特别是规范自然垄断领域经营行为的法律严重缺位[124]。

《电力法》是于1996年4月1日开始实施的，已经与当前电力工业生产力要求和生产关系特征严重不相适。经济与社会的发展、气候与环境变化对电力工业的要求已从当初的"有电用"发展到要建立一个安全、稳定、清洁、经济、高效的电力能源工业体系，能源安全和节能减排的重任需更多地由电力工业承担，电力行业管理模式亟须从生产型向服务型，从计划型向市场型转变。因此，我国应该将《电力法》修订列入近年国家立法计划，尽快启动修订工作，对与当前行业形势明显不符的条文予以修正，对可再生能源发电上网、分布式电源和智能微电网等新兴事物，及其带来的系列涉法问题尽快专题研究，纳入法律条文的补充修订中[125]。

2. 法律中基于市场的经济手段尚不完善

发达国家普遍采取财政拨款、税收、补助等系列优惠政策，促进节能和新能源的快速发展。我国缺乏多元化、系列化的经济激励政策。例如，2006年《可再生能源法》中的规定都只是一些原则性规定，如何给发展可再生能源的主体以政策支持、奖励和保障等都没有规定。可再生能源建设项目还没有纳入各级正常财政拨款或贷款渠道，各种税收优惠、补助等扶持措施不健全。

3. 法律责任不明确，约束力不强

从立法的规范性来说，没有明确责任追究的法律只会是纸上谈兵，没有任何约束力和权威性。我国部分能源立法中所确立的法律义务与法律责任并不配套，

有些法律规定对调整的主体设定了义务，而对其不履行义务时如何追究法律责任，对违法的行为如何制裁没有明确规定，缺乏强制性的惩罚措施和执法手段，缺少具体规定，有的甚至没有涉及或者惩罚力度不够大。这在一定程度上致使许多法律义务形同虚设，也导致了有法难依、违法难究的不良后果，使得能源法规的权威性大打折扣[126]。

4. 法律规定缺乏可操作性

目前，我国能源法律法规存在原则性规定比较多、具体性条款比较少、量化指标更少、操作性不强的缺点。法律相配套的具体实施细则、办法严重缺乏，配套的实施细则不能与法律同步实施，因而导致可操作性不强，法律法规有关规定的实施难以真正落到实处；一些条款带有明显的计划管理特征，不能适应市场经济条件下的新变化但未能得到及时修订；各种能源方面的法律法规缺乏针对普通消费者的具体激励条款[127]。

5. 执法监督体系的缺陷

我国能源法律法规的执法监督体系还尚未建立起来，在一定程度上存在有法不依、违法不究、执法不严的状况，大大削弱了能源立法的法律效应。由于能源管理机构的缺位，执法力量的薄弱，真正的执法和监督得不到有效的保证。在能源的开发利用过程中，由于地方本位主义的原因，国家能源资源被大量浪费和损毁，甚至事故频发，责任者和相关企业却未得到应有的惩罚。

6. 与相关的其他法律法规的规定衔接不够

能源法律法规法的某些规定与行政法、环境保护法、矿产资源法、森林法等的规定衔接不够，甚至产生冲突，不利于提高法律法规的实施效果。

三、监管体系问题

我国能源监管体制还没有完全建立起来，监管明显落后于市场开放的发展步伐，在实践中出现很多问题，如价格上涨过快、投资回报率承诺刚性化、不计风险的政绩工程频出、服务质量下降、腐败严重等[128]。

1. 缺乏监管的法律基础，监管无法可依

由于没有能源基本法，以及石油、天然气没有专门的能源单行法，石油、天然气监管机构的设立就更无从谈起；虽然颁布了《电力监管条例》，但现行《电力法》需要修订和完善，电力监管的法律基础不完善；与能源相关的其他法律，

特别是规范自然垄断领域经营行为的法律如《反垄断法》严重缺位，1993 年的《反不正当竞争法》已落后于形势，需要修订。监管方面的法律法规缺失使能源监管无法可依、能源管理无章可循，企业的主体地位难以完全确立，消费者权益得不到保障。现有法律缺乏准确性和完善性，缺乏一致性或自相矛盾，且对违法行为惩罚过轻。

2. 政监不分，专业监管机构缺失

政府部门承担制定政策法规和监管职能，以政代管，易削弱行业监管职能。由于政府的监管主要依靠政策性文件和行政性审批，稳定性和透明度不足，易引发暗箱操作。目前，在煤炭、石油、天然气领域还仍然没有规范的专业化的监管机构，更缺乏明确的监管规则和实施机制。煤炭、石油、天然气行业监管仍然沿用计划经济时期的做法，以行政审批和部门规章为基本内容和手段替代对监管对象经营行为的监管，并且试图通过行政审批的强化来弥补监管能力的不足，存在监管者权力膨胀和出现决策失误较多的危险[129]。

行业监管部门没有树立起依法监管的理念，习惯运用传统的行政手段管理。部门权力缺乏制衡、决策过程透明度低，人为干扰因素大、决策的随意性较强。现行的监管机构还存在监管技术手段落后、纠正违规行为过多依赖行政手段等问题。

3. 政出多门

我国能源行业的监管中存在政出多门、多头监管的现象，导致监管主体责任缺失，职能划分不明确。负责监管的政府部门很多，出台的政策法规有时难以协调，甚至相互抵触，最终使行业无所适从，各监管部门都不能有效地发挥职能。

现行的职能过度分散的监管制度仍是计划经济条件下生产式管理的继承。现行制度下监管制度系统性的机构设置和职能分工不合理。能源监管存在环节多、部门多、低效率的问题，各部门之间协调难度大、协调成本高、决策时效差，一旦出现问题和矛盾，又会出现部门之间推诿责任，无人负责，责任主体缺位，相关的监管机构都负有一定的责任，但这些责任的追究却很难落实到具体的监管部门。多部门监管造就了如果要负责，大家都有责任，结果无人负责的监管体系，监管实际上处于混乱状态。

4. 价格监管难以适应市场化的要求

我国的能源价格监管，由于缺乏对企业成本构成的严格标准，实际上没有形成对企业经营成本的有效约束，导致成本失控、价格过高、影响下游产业发展和

人民生活质量。在有些情况下，又故意压低某个产业环节的价格人为制造下游产业的虚假利润，从而抑制了这些环节的发展。由于缺乏有效的价格形成机制，价格调整十分混乱，价格不能真实反映市场的供求关系[130]。

5. 对监管者缺乏监督

在我国电力监管中，除被处罚者可依法提请行政复议和行政诉讼外，其他各项审批是否合理，基本上是由监管机构自身及其行政上级做出判断，并无消费者、被监管企业等利益相关者实施民主监督的正常渠道。制约监管机构滥用权力和减少决策失误的监督机制尚未形成。

第八章　我国能源战略

　　能源是人类生存和发展极其重要的物质基础，攸关国计民生和国家安全。只有在能源得到有效保障的前提下，国家安全、社会稳定和人民生活才能得到保障。在新的历史时期，国内外背景都发生了巨大的变化，能源问题越来越成为各国关注的焦点，同时，世界政治经济形势更加复杂，能源发展呈现出新的阶段性特征，我国在迎来从能源大国向能源强国转变的难得历史机遇的同时，也面临国际和国内的诸多问题与挑战，因此，一个清晰、有效的能源战略对于我国经济的可持续发展和国家安全稳定至关重要。

第一节　能源战略总体思路与目标

一、总体思路

　　能源是现代化的基础和动力，能源供应和安全事关我国现代化建设全局。21世纪以来，我国能源发展成就显著，供应能力稳步增长，能源结构不断优化，节能减排取得成效，科技进步迈出新步伐，国际合作取得新突破，建成世界最大的能源供应体系，有效保障了经济社会持续发展。世界政治、经济格局深刻调整，能源供求关系深刻变化。我国能源资源约束日益加剧，生态环境问题突出，调整结构、提高能效和保障能源安全的压力进一步加大，能源发展面临一系列新问题、新挑战。同时，我国可再生能源、非常规油气和深海油气资源开发潜力很大，能源科技创新取得新突破，能源国际合作不断深化，能源发展面临难得的机遇。但与此同时，也必须注意到我国经济的飞速发展倚仗的是传统的高投入、高消耗和高污染的较为粗放的发展方式，这种方式不仅会引发一系列的社会问题，造成严重的环境污染，还会对我国经济持续增长造成威胁。所以，在今后的发展过程中，政策制定时必须要充分考虑能源资源的有限性和环境的承载力，积极推动能源生产消费革命。

1. 立足国内

坚持立足国内，将国内供应作为保障能源安全的主渠道，牢牢掌握能源安全主动权。发挥国内资源、技术、装备和人才优势，加强国内能源资源勘探开发，完善能源替代和储备应急体系，着力增强能源供应能力。加强国际合作，提高优质能源保障水平，加快推进油气战略进口通道建设，在开放格局中维护能源安全。

立足国内，首先要从能源利用入手，贯彻"节能优先"战略。把节约优先贯穿于经济社会及能源发展的全过程，集约高效开发能源，科学合理使用能源，大力提高能源效率，加快调整和优化经济结构，推进重点领域和关键环节节能，合理控制能源消费总量，以较少的能源消费支撑经济社会较快发展。各项统计数据显示，目前我国能源利用效率还处在一个比较低的水平，有限的能源并没有得到高效的利用。近些年，随着国家在能源利用效率方面重视程度提高，我国在这个方面取得了一定的进步，但就能源利用整体情况来说浪费现象仍然严重，还可以在很多方面做出努力，节能方面还有很大的进步空间。因此，想要从根本上解决我国能源紧张问题，资源节约、利用高效是必然的选择；另外，构建多元的能源结构也是十分重要的一个方面。

2. 量入为出

我国正处在能源短缺、供不应求的困难时期，而能源问题又是关系到国计民生的大问题，同时也是难以在短时间内解决的"顽症"，解决能源紧张问题必定是一个长期而复杂的过程，需要能源相关各个环节的共同努力，所以在未来的一定时期内我国都将遭受能源供给不足的困扰，但为了能够保持我国经济的持续稳定发展，能否量入为出，对能源进行有效配置就显得至关重要。

因为能源供给不足已是客观现实且难以改变，如何配置有限的能源，如何使用现有能源就将成为缓解我国能源紧张局势的关键环节。量入为出，就是根据流入的能源或者说可以使用的能源的情况，综合各方面因素，以期尽可能合理地分配，使最根本的能源需求得到满足。"入"和"出"都要很好地进行把握，最终达到"出"与"入"相协调的状态，这对宏观把握提出了很高的要求，所以必须高度重视政府主管部门和政策的作用。一方面，在能源流入时，要有精确的掌控，为能源配置提供参照；另一方面，在能源配置期间，要统筹能源来源、能源转换及节能环保等因素，结合更加灵活的政策和措施进行引导，从国家的最高利益出发，把有限的能源分配到最需要的地方。此外，还要做到精打细算，杜绝能源浪费，让能源的使用效益最大化。在当前能源供需形势下只有将"入"与"出"充分协调使其相互匹配，我国经济的发展才会得到更好的保障。

3. 优化结构

着力优化能源结构，把发展清洁低碳能源作为调整能源结构的主攻方向。坚持发展非化石能源与化石能源高效清洁利用并举，逐步降低煤炭消费比重，提高天然气消费比重，大幅增加风电、太阳能、地热能等可再生能源和核电消费比重，形成与我国国情相适应、科学合理的能源消费结构，大幅减少能源消费排放，促进生态文明建设。

优化能源结构要着重从生产和消费两个环节入手：一是要优化我国的能源生产结构，我国目前能源整体状况是"富煤、贫油、少气"，不同能源占总能源的比重差别很大，那么生产环节的结构调整就至关重要，需要在生产前进行详细的规划，结合不同能源的实际情况将各种能源的产出结构进行优化；二是要优化我国的能源消费结构，我国目前的能源消费结构存在很多不合理的地方，最突出的问题就是对煤炭资源的过度依赖。从生产和消费两个方面综合优化我国能源结构，对缓解我国能源紧张局势意义重大，不仅会对我国解决能源问题做出贡献，还将有助于改善我国日益恶化的生态环境。

4. 创新驱动

深化能源体制改革，加快重点领域和关键环节改革步伐，完善能源科学发展体制机制，充分发挥市场在能源资源配置中的决定性作用。树立科技决定能源未来、科技创造未来能源的理念，坚持追赶与跨越并重，加强能源科技创新体系建设，依托重大工程推进科技自主创新，建设能源科技强国，能源科技总体接近世界先进水平。

二、总体目标

第一步，2020 年前，主要是着眼于优化常规化石能源的供应结构，进一步降低煤炭的终端消费比重，进一步扩大油气，特别是天然气的供应，大幅提高天然气的消费比重。2020 年前后，在全国能源消费结构中，使清洁能源的比重达到 23%，其中天然气占 8%，新能源和可再生能源占 15% 左右。一次能源消费总量控制在 43 亿吨标准煤。

传统能源消费模式正面临严峻挑战。回顾 200 多年来人类工业文明的历史进程，经济发展和社会进步的动力大都基于煤炭的大量消耗，现在由于两方面的制约，这种经济发展模式和能源利用方式面临前所未有的挑战。一是碳基能源的有限性，煤炭与石油同属于化石能源，不可再生，石油经过 100 多年，尤其是近几十年的大量开采和使用，已消耗近半，这就意味着在不远的未来石油资源将出现短缺，围绕石油资源的争夺将愈演愈烈，没有了石油如何继续维持发展是世界各国不得不思考的问题，同样的问题煤炭资源也难以避免。二是碳基能源燃烧会产生大量的二氧化碳，对大气结构会产生相当大的影响。现在地球表面二氧化碳浓度已达到 400～450ppm[①]，接近临界值 500～550ppm。温室效应愈演愈烈，气候变暖，冰川融化，海平面上升，恶劣气候越来越频繁。长此以往，不仅会影响经济和社会发展，人类文明都有可能遭受灭顶之灾。另外，碳基能源多含硫等杂质，燃烧时会产二氧化硫，燃烧不完全还可能产生一氧化碳，这些副产物都将对人们的生活产生危害。因此，要进一步降低终端消费中煤炭的比重。

　　天然气是比较清洁的能源，近年来使用越来越广泛。天然气具有资源丰富、利用广泛、使用方便、排放清洁等特点。在全球能源需求持续增长、石油产量增长缓慢、二氧化碳排放加剧的大背景下，世界天然气产业近些年来呈现快速发展的态势。从资源储备情况看，据国际能源署评价，世界常规天然气最终可采资源量约为 436 万亿立方米，现有探明剩余可采储量 185 万亿立方米，按目前年产量 3 万亿立方米计算，可供开采 60 年以上。另据有关专家估计，全球非常规天然气资源量（包括煤层气、致密砂岩气、页岩气等）的规模大体与常规资源量相当。另外，全球天然气水合物（可燃冰）资源蕴藏量更为丰富，总量约为全球煤炭、石油、天然气等传统化石能源总和的 2 倍以上。天然气应用领域很广，深入化工、发电、工业、交通运输和民用等方面。贸易方面，世界天然气贸易量也呈现快速增长态势。

　　第二步，2020～2030 年，主要是大力开发利用天然气资源，积极开发利用可再生能源和新能源，逐步降低对化石能源的依赖，促进能源供应体系的升级和转型。2030 年前后在全国能源消费结构中，清洁能源的比重有可能达到 35%以上，其中天然气占 12%左右，新能源和可再生能源占 23%以上。一次能源消费总量控制在 52 亿吨标准煤。

　　2030 年以前，继续深化能源改革，在原有基础上再更进一步降低煤炭消费所占比重，尤其是在终端的消费比重，同时扩大油气尤其是天然气的供应，利用国内、国际两个市场，提高天然气在能源消费中的比重，还要对油气能源的应用进行合理规划，实现资源的有效利用。与此同时，逐步降低能源消费中对化石能源的依赖，加大力度开发利用包括水能、风能、太阳能、核能、氢能及其他替代燃料在内的可再生能源和新能源，推进能源供应体系的升级和转型，实现经济发展与资源环境相协调，逐步提高可再生能源和新型能源占总能源的比重。同时加强

---

① 1ppm=10^{-6}。

相关领域的技术研究，力求突破新型煤炭高效清洁利用技术，初步形成煤基能源与化工的工业体系；突破轨道交通技术、纯电动汽车技术，初步实现地面交通电动化的商业应用；在充分开发水力能源和远距离超高压交/直流输电网技术的同时，突破太阳能发电和光伏发电技术、风力发电技术，初步形成可再生能源作为主要能源的技术体系。

第三步，2030～2050 年，主要是大规模开发利用新能源和可再生能源，大力提高非化石能源的消费比重，大幅度降低煤炭、石油等高碳能源的消费比重，大幅度降低二氧化碳排放总量，建立和完善以清洁能源为主的能源供应和消费体系，形成能源与社会、经济、环境相互协调发展的局面。2050 年前后清洁能源的比重有可能达到 50%，其中天然气占 15%以上，新能源和可再生能源占 35%左右。一次能源消费总量控制在 63 亿吨标准煤。

2050 年以前，以煤炭为主的能源消费结构难以根本转变，但降低煤炭消费比重仍将是一项重要任务；21 世纪下半叶，随着低碳和无碳能源的进一步发展，以煤为主的能源结构才有望得到根本改变。要把工作重心放在新能源、新技术的研发上，力求在 2035 年前后，突破生物质液体燃料技术并形成规模化商业应用，突破大容量、低损失电力输送技术和分散、不稳定的可再生能源发电并网及分布式电网技术，使电力装备安全技术和电网安全新技术比重达到 90%，初步形成以太阳能光伏技术、风能技术等为主的分布式、独立微网的新型电力系统；突破新一代核电技术和核废料处理技术，为形成中国特色核电工业提供科技支撑。实现核能、可再生能源和新型能源的大规模使用。2050 年前后，突破天然气水合物开发与利用技术、氢能利用技术、燃料电池汽车技术、深层地热工程化技术、海洋能发电技术等，基本形成化石能源、核能、新能源与可再生能源等并重的低碳型多元化能源结构，以及以自主创新技术为支撑的中国特色新型能源工业体系。

第二节　能源总体战略

一、节能优先战略

随着我国能源短缺加剧，能源节约成为我国当前能源保障战略的重要环节，倡导"节能优先战略"不仅是在强调其在能源开发和节约之间的调节具有十分重要的意义，更是在谋求开辟出一条全新的、更适合我国当前能源状况的能源发展道路，使之能够为我国经济社会持续、快速发展提供良好的保障。要明确节约能源，并不意味着抑制社会活力，降低生产和生活水平，而是要想方设法利用同样数量的能源，获得尽可能多的可供消费的产品，最终达到发展生产和提高人民生活水平的目的，另外一个角度上讲，我们能源使用的目标就是生产同样数量的产品，使能源消耗量尽可能降到最低，同时获得最大的经济效益。目前世界各国都在纷纷制定节能法规政策鼓励或强制产业节能，并通过倡导改变生活方式等手段实现全社会节能。

对于我国来说，节能优先就是要求在经济社会发展中始终坚持集约高效的能源利用方式力求提高能源利用效益，以资源的可持续利用、人与自然的协调发展及经济增长对能源投入的更低依赖作为选择发展方式和评判经济发展质量的重要准则，旨在寻求一种全新的能源和经济发展道路，引导我国进入更加科学、更加合理的能源运用模式，通过能源使用领域的拓展和革新，缓解我国日趋严峻的能源紧缺问题。节能优先主要包括以下几个原则。

1. 建立节能型生产和消费体系

按照建设资源节约型、环境友好型社会的总体要求，全面推进经济发展方式转变，构建节能型生产体系和消费体系，大力推进工业节能、建筑节能和交通运输节能，提高能源综合利用效率。在能源应用方面，要努力构建起一套能够有效配置能源的科学配置体系，通过这套体系的调节和分配，实现我国的"能源平衡"，这里的平衡包含两个层面的意思：第一，我国的能源要努力实现供给与需求的平衡，即要使我国各方面对能源的需求尽可能与有限的能源供给相匹配；第二，要在能源需求得到满足的前提下，使能源使用产生的效益尽可能大。可以看出，要实现能源平衡，能源节约是重中之重，只有真正解决好能源浪费问题，能源平衡才有可能更好、更快实现。同时，在能源保障方面，虽然一直在强调对于一些关键行业要保障能源供应，但这里的"保障"也并不意味着无条件地完全满足，而是有一定前提的，还需要注重能源使用方面的节约。节能优先这一原则符合我国发展现状，有助于缓和我国的能源紧张状况，但实施起来有一定难度。例如，那些典型的资源富集区域，拥有理想的资源条件，这些地方就会选择通过加大能源开采简单、快速发展本地经济，短时间内实现大量经济效益，同时为了拉长本地价值链，会要求开采出来的能源尽可能在本地转换。这样这些地方就会大力推动能源开采和转换产业。这种方式一方面因为缺少规划，开采量得不到控制，若遭遇行业萧条或外部因素的影响，会使整个地区经济遭受重创；另一方面，粗放的开采模式及可能的产能过剩会造成很大一部分的能源浪费，不利于节能优先战略的实施。

另外，从地方和具体行业的角度出发，想要通过扩大自己的生产能力，占据更多的市场份额是很正常的。但是从全国经济发展的全局看，这种做法就可能欠妥。世界通用的衡量经济发展的指标多是以国家整体作为主体的，涵盖国家经济发展相关的各个领域，是对总体发展情况的反映。因此，如果不能很好地处理局部与整体的关系，看待问题不够全面，只片面关注一个地区、某个局部的经济发展情况，没有做到统筹兼顾，很可能会出现局部经济繁荣而整体表现欠佳的局面。在能源方面就表现为由于能源分布的原因，富集地区依靠能源开采而发展迅速，贫瘠地区则因缺乏能源而举步维艰，这对于整体经济的发展是很不利的。所以，任何地区、行业在选择发展方式的时候都要站在全局角度进行分析，对地区和行业之间的产业结构、数量、比例进行优化，贯彻节能优先战略的同时实现整体利益最大化。所以，要针对能源及经济发展问题进行综合考量，整体规划，推动我国经济发展方式的转变，不但要确保某个地区、某个行业有良好的发展，更要争取整体利益最大化。把省份与省份、地区与地区、行业与行业有效地联系起来，统筹安排，快速协调，确保能源的有效利用，同时还要努力促成我国能源消费体系的转变，以工业、建筑和交通领域为重点，创新发展方式，形成节能型生产和消费模式。

实施煤电升级改造行动计划。实施老旧煤电机组节能减排升级改造工程，现役 60 万千瓦（风冷机组除外）及以上机组力争 5 年内供电煤耗降至每千瓦时 300 克标准煤左右。

实施工业节能行动计划。工业部门在我国国民经济体系中居于主导地位，是能源消耗大户，一直以来也是政府节能管理的重点领域。严格限制高耗能产业和过剩产业扩张，加快淘汰落后产能，实施十大重点节能工程，深入开展万家企业节能低碳行动。实施电机、内燃机、锅炉等重点用能设备能效提升计划，推进工业企业余热余压利用。深入推进工业领域需求侧管理，积极发展高效锅炉和高效电机，推进终端用能产品能效提升和重点用能行业能效水平对标达标。认真开展新建项目环境影响评价和节能评估审查。尽管如此，我国工业模式的整体转变还需要一个很长的过程，现有工业体系从整体上看仍相对落后，工业装备、内部产业结构、能源利用效率水平等方面与工业发达国家相比还有明显差距。目前我国主要高耗能工业产品单耗指标比国外同类产品单耗指标的先进水平平均要高出约 40%；单位工业增加值能耗也较高，是日本等节能先进国家的数倍。无论从现状还是未来发展的角度看，工业部门都具有巨大的节能潜力，将是我国节能战略目标得以实现的关键。

实施绿色建筑行动计划。建筑节能就是要在保证和提高建筑舒适性的前提下，合理使用能源，不断提高能源利用效率。建筑用能包括建造能耗和使用能耗两个方面。建造能耗属于生产能耗，系一次性消耗，它又分为建筑材料能耗和设备生产能耗，以及建筑施工和安装能耗。其中，建筑使用能耗是指生活中的能源消耗，系多年长期消耗，包括建筑采暖、照明、热水供应等能耗。加强建筑用能规划，实施建筑能效提升工程，尽快推行 75% 的居住建筑节能设计标准，加快绿色建筑建设和既有建筑改造，推行公共建筑能耗限额和绿色建筑评级与标识制度，大力推广节能电器和绿色照明，积极推进新能源城市建设。大力发展低碳生态城市和绿色生态城区，到 2020 年，城镇绿色建筑占新建建筑的比重达到 50%。加快推进供热计量改革，新建建筑和经供热计量改造的既有建筑实行供热计量收费；建筑能耗减少 3.35 亿吨标准煤，空调高峰负荷可减少约 8000 万千瓦（约相当于 4.5 个三峡电站的满负荷出力），建筑方面造成的能源紧张状况必将大为缓解。因此，建筑节能是我国节能优先战略的一个努力方向。

实行绿色交通行动计划。交通运输也是能源消耗量非常巨大的行业，这方面的能源消耗包括两部分：一是各种交通工具或设施在完成运输活动的过程中，需要使用能源，这部分作为交通工具直接消耗掉的能源构成了交通运输行业能源消耗的主要部分；二是在运输活动进行过程中，为了确保运输更加有序高效需要包括人力在内的一些资源的投入，对运输活动各个方面进行组织、管理，为了应对一些紧急情况还要提前进行各方面的准备，这些服务于运输业的周边活动也会在一定程度上造成能源的消耗。一般情况下所提到的交通运输行业的能源消耗指的就是交通工具直接消耗的能源，第二部分为了服务于运输活动而产生的能源消耗则可划入其他部门进行计算。显然，交通运输业是与我们生活密切相关且对我国各方面发展起到举足轻重作用的一个行业，生产各个环节对交通运输的需求量也在与日俱增，所以，处理好交通运输方面的能源问题对我国节能战略目标的实现意义深远。交通运输包含着多种不同的方式：公路、水路、铁路、航空等。近些年，随着我国国民收入越来越高，我们对运输业的需求也在飞速增长，私家车越来越普及、旅游需求日趋旺盛、快递服务等方面都在加大着我国运输方面的能源需求，而我国在运输能效方面的努力还有所欠缺，所以我国交通运输方面能源的节约还是有巨大潜力的，如果能在运输能源节约方面做得更好，定会对我国能源紧张状况起到有效的缓解作用。因此，要完善综合交通运输体系规划，加快推进综合交通运输体系建设。积极推进清洁能源汽车和船舶产业化步伐，提高车用燃油经济性标准和环保标准。加快发展轨道交通和水运等资源节约型、环境友好型运输方式，推进主要城市群内城际铁路建设。大力发展城市公共交通，加强城市步行和自行车交通系统建设，提高公共出行和非机动出行比例。

2. 提高能源利用效率

要实行以提高能效为导向的有限保证供应型能源战略。一直以来，我国的快速发展都是通过高能源消耗的模式实现，显然，这种模式会对发展产生很好的推动效果，但值得注意的是这些效果只是短期效应，后续还将产生包括环境污染、产能过剩等在内的多方面问题。从这方面考虑，无论地方还是国家都应站在更高的角度，立足长远，坚持环境友好和可持续发展原则，实现科学发展。因此，我国要加快转变依赖能源高消耗实现经济高增长的发展方式，坚持以优化配置能源资源为核心，调控和引导能源资源更多地流向能源投入产出比较高的经济领域。同时，限制和约束能源投入产出比低的经济门类，切实把推动发展的立足点转到提高质量和效益上来。据预测，到 2020 年，我国通过提高能源效率可减少的能源消耗量相当于当年全球能源需求的 5%。从现在到 2020 年，仅仅是我国的电力方面需求的增长就将占到全球能源需求增长的 16%。另外，我国建筑行业得益于劳动力成本相对较低，这个方面的节能机会可能会获得高于世界其他地方观察到的 10%左右的回报率。同时，我国在技术方面的投入很可能让我国成为一个重要的技术创新源头，为全世界的节能市场开发和试验新型节能装置。

推进煤炭清洁高效开发利用是重中之重，按照安全、绿色、集约、高效的原则，加快发展煤炭清洁开发利用技术，不断提高煤炭清洁高效开发利用水平。

清洁高效发展煤电。转变煤炭使用方式，着力提高煤炭集中高效发电比例。提高煤电机组准入标准，新建燃煤发电机组供电煤耗低于每千瓦时 300 克标准煤，污染物排放接近燃气机组排放水平。

推进煤电大基地大通道建设。依据区域水资源分布特点和生态环境承载能力，严格煤矿环保和安全准入标准，推广充填、保水等绿色开采技术，重点建设晋北、晋中、晋东、神东、陕北、黄陇、宁东、鲁西、两淮、云贵、冀中、河南、内蒙古东部、新疆 14 个亿吨级大型煤炭基地。到 2020 年，基地产量占全国的 95%。采用最先进节能节水环保发电技术，重点建设锡林郭勒、鄂尔多斯、晋北、晋中、晋东、陕北、哈密、准东、宁东 9 个千万千瓦级大型煤电基地。发展远距离大容量输电技术，扩大西电东送规模，实施北电南送工程。加强煤炭铁路运输通道建设，重点建设内蒙古西部至华中地区的铁路煤运通道，完善西煤东运通道。到 2020 年，全国煤炭铁路运输能力达到 30 亿吨。

提高煤炭清洁利用水平。制订和实施煤炭清洁高效利用规划，积极推进煤炭分级分质梯级利用，加大煤炭洗选比重，鼓励煤矸石等低热值煤和劣质煤就地清洁转化利用。建立健全煤炭质量管理体系，加强对煤炭开发、加工转化和使用过程的监督管理。加强进口煤炭质量监管，大幅减少煤炭分散直接燃烧，鼓励农村地区使用洁净煤和型煤。

3. 强化能源需求侧管理

大力强化能源需求侧管理，完善法律法规和配套政策，改变传统能源生产模式和消费模式，推行节能型生产方式、消费方式和生活方式，把节约能源资源贯穿于生产、流通和消费的各个环节，落实到经济社会发展的各个领域和各项工作中去。能源需求侧管理的含义就是能源部门（主要是电力部门）作为供应侧（supply-side，即供给方），采取行政和财政激励政策，鼓励需求侧（demand-side，即用户方）利用各种有效的节能技术，改变能源需求方式，在保证能源服务水平的前提下，有效降低能源消费量和负荷水平，从而减少一次能源消耗，增加社会经济和环境效益。换句话说，需求侧管理的目的，就是通过对能源需求方行为加以影响促使其自发降低对能源的消耗，从而增加能源使用的效益，降低能源需求的增长。

我国飞速的经济发展使我国的能源供应保障体系脆弱成为难以避免的问题，可以看到在过去的几年，我国经历了各种能源的短缺局面，"电荒""煤荒""油荒""气荒"等现象层出不穷，其原因归根结底都在于我国对能源需求的快速增长超过了能源供给的增长，由此产生的缺口导致了能源紧张的局面，一般情况下，这些能源短缺情况产生都具有一定特殊原因，如季节因素、时间因素或者一些偶发因素，普遍是一种国内性质的短缺，而不是世界性的，所以可以通过进口、动用库存扩大供给来缓解，但这种做法毕竟是暂时性的，长远来看，应该更加注重加强需求侧的管理，改变传统能源生产模式和消费模式。

能源节约只依靠政府、企业的努力和政策、法律的约束是远不可能实现的，想要真正降低能源的消耗，实现能源高效利用，需要每个人的参与，在全社会形成一种能源节约的氛围。必须要从日常生活入手，因为消耗能源最大的部分就是居民生活中的能源消费，所以通过生活方式的改变达到能源节约蕴涵巨大的潜力。试想如果每个人的生活方式都比之前更加节能，那么全球的能源消耗量一定能够有很大程度的降低，从而能源节约会有更加丰硕的成果。因此，加强推进生活中的能源节约应该成为社会各界的一项重要工作。

一是转变生产方式。近些年我国经历了快速的发展，各方面都取得了举世瞩目的成就，但现在看来，这些成就的取得是建立在大量能源消耗和严重的环境污染的巨大代价之上的。究其原因是我国生产方式的不合理。我国一直以来的生产方式都比较粗放，一味追求产量，追求结果，对生产过程和生产方式的关注度十分欠缺，这与现在的形势和发展要求是不相符的，因此，无论是考虑到我国的经济发展还是要改善我国的环境污染现状，转变生产方式都是非常重要的一个方面。

二是转变生活方式。现在人们的生活方式普遍是高耗能的，对资源、环境的冲击相当大。特别是随着全球工业越来越发达，消费品的数量不断增加，人们消费变得更加便利，使人们日常生活对环境产生了更大的压力和威胁，且范围更大，影响更长远、更深刻。生活方式的转变已迫在眉睫，转变生活方式是建设生态文明的内在需要。节约资源、人与自然和谐相处的新兴生活方式，是我国经济社会科学发展、转变经济发展方式、经济结构战略性调整在消费生活领域的必然反映。转变生活方式有利于降低对资源的过度开发和消费，需要正视的是，生活方式是长久以来形成的，要想在全社会倡导合理的生活和消费方式，强制性的措施是很难得到认同的，需要采取综合措施，借助全社会的力量，力求取得广泛的社会认同，使之成为多数人的自觉选择。首先，要加大各方面的宣传力度，通过引导让民众了解并接受新的生活方式，进行理性消费；其次，必须切实改善人们的生活，让更多的人享受到实实在在的福利，激发出他们做出进一步转变的积极性；最后，要有模范带头，政府官员、知识阶层、公众人物率先践行，让人们有参照地进行生活方式的转变。

三是转变消费方式。消费方式表现为在一定消费理念指导下社会大众消费的整体状态。想要促进日常生活节能化，转变消费方式意义重大。消费的主要原则就是"理性消费"，反对奢侈消费、劣质消费，在倡导生活节能的背景下最需要反对的是浪费型消费。没有消费方式的根本转变，我国节能战略的成果就将大打折扣。因此，必须转变消费观念，优化消费结构，合理引导消费方式，鼓励消费低碳商品，最终形成节能型消费方式。第一，要反对奢侈消费。一般而言，奢侈消费占用了更多的社会资源，奢侈消费的兴起导致社会中产生追求稀奇、珍贵物品的不良风气，这种风气与节约型消费方式的理念大相径庭。资料显示，我国正逐渐成为世界第一大奢侈品消费国，这个现象在反映我国消费能力提高的同时，也反映出我国不合理的消费方式影响在越来越大，这与我国所倡导的理性、科学消费观念不相适应，所以要反对奢侈浪费，实现消费水平提高与资源成本降低的有机统一。第二，要反对劣质消费。劣质消费品不仅质量低劣，在消耗资源的同时还会对环境造成威胁，污染严重，应坚决反对。第三，也是最重要的一点，要反对浪费型消费。摆阔气、讲排场的影响已遍及各个阶层，造成大量的浪费。可以看到，日常生活中饭店、餐厅里食物浪费现象特别严重，人们为了气派争相购买耗油量较大的豪华车等多个方面都造成了极大的资源浪费。这些日常生活中的习惯也与我国资源集约型的战略思路相左，不利于我国的可持续发展，对我国日益严峻的能源短缺更是雪上加霜，所以，转变消费方式，一定要杜绝浪费。

综上所述，能源节约是所有人的责任与义务，只有所有人都行动起来，倡导能源节约型生产方式、生活方式和消费方式，使节能的意识深入人心，社会才有可能转变为能源节约型社会，能源危机才有可能得到根本性缓解。

二、结构优化战略

结构优化是保障我国能源安全和促进生态文明建设的重要前提，是顺应国际能源形势和应对全球气候变化的必然选择。立足国情，从长期可持续发展着眼，逐步调整优化能源生产和消费结构，从以下方面做出努力：大力削减能源生产和消费过程的污染排放和生态破坏，实现能源与经济、社会与环境的协调发展。进一步调整优化能源生产和消费结构，逐步减少煤炭、石油在能源消费中的比重，大力推广煤炭清洁高效利用技术，推进煤电一体化、集约化开发和绿色发展模式，加快发展优质、高效、清洁的天然气产业，大力发展非水可再生能源，大幅提高低碳无碳能源在生产和消费中的比重。

1. 优化能源生产结构

我国以煤炭等化石能源为主体的能源结构战略已经不能很好地适应当前低碳经济和世界发展趋势，推动能源多元化发展、降低化石能源在能源结构中的比重、加大可再生能源和新能源的替代比率已经成为我国能源结构战略的主导思路。但今后几十年中，以煤炭等化石能源为主体的能源结构格局不会根本改变，而是能源结构中这部分的比例会逐渐降低，到 21 世纪下半叶，随着风能、太阳能、新型核能、氢能和水能等可再生能源和新能源的开发利用及消费比例的提高，以化石能源为主的能源消费结构有望发生根本转变，所以从现在起要促进能源供应体系的升级和转型，实现资源高效利用，使经济发展与能源节约相协调。我国在煤炭利用方面做得还不够好，利用效率较低，环境污染问题严重，因此，在目前的形势下要在煤炭资源使用方面加大投入，提高利用率和清洁程度，这是非常可能的。从近几年发达国家的煤炭利用就可看出，美国对于煤炭的消费量有所回升，德国对煤炭的清洁化处理也取得了很大的成就，由此说明，煤炭也会随着技术进步成为一种比较清洁的能源。发展环保洁净煤技术，一方面可以在不加剧环境污染的情况下缓解石油、天然气供给的紧张局面；另一方面对于提高地区、行业的经济效益也具有很重要的意义。

首先，根据我国能源产业结构实际情况，要逐渐降低以煤炭、石油为主的常规化石能源在能源消耗中所占的比例，这是未来能源发展趋势所决定的。其次，依靠科技进步，大力开发以风能、水能、太阳能、生物能、地热、新型核能为代表的替代能源，同时研发现有矿物能源洁净化技术，降低其污染水平，还要更大力度开发可再生能源和新能源，最终建成稳定、洁净、经济、安全的能源产业结构体系。最后，在开源同时要加强节流，在能源生产领域表现在对能源生产企业员工的节能意识的培养。我国是能源消耗大国，但我国能源生产、加工企业的员工节能意识仍比较薄弱，这对优化我国能源生产结构是不利的，所以在生产活动中，要加大节能方面的宣传，培养员工的节能意识，从基层做起，推动能源生产过程中的能源节约。

2. 优化能源消费结构

从 1992 年我国能源消费总量首次超过能源生产总量之后，我国能源"产"小于"消"的状态就一直持续至今，因此，生产和消费间的缺口越来越大，我国能源局势的紧张状况就自然不可避免了。如今，我国已是世界上仅次于美国的第二大经济体，也是世界第二大能源生产国和能源消费国，我国的能源消费结构也在悄然发生着变化：我国煤炭消费总体呈下降趋势；石油消费总体呈缓慢上升的趋势，但上升幅度不大；天然气所占比重有了一定程度的升高；水电、核电及其他能源消费所占比重有所增加，但这些能源消费量上升的速度依然缓慢。不难看出，我国能源消费对煤炭的依赖仍然较高，其他可再生及新能源的利用增长速度较为缓慢。据权威估计，在今后的30～50 年的时间内，我国现有一次能源消费以煤炭为主的能源结构不会发生根本改变。与发达国家的能源消费结构相比，我国过度依赖煤炭的一次能源消费结构很不合理，能源消费结构优化迫在眉睫。

1）确立煤炭在能源消费中的基础地位

从世界能源发展格局看，在未来 50 年或更长时间内，世界能源结构仍以化石燃料为主，而且煤炭资源依旧处于相当重要的地位。这主要是因为世界煤炭资源储量远远超过油气，对煤炭的使用具有更大的资源空间；煤炭方面的技术突破也增强了人们对煤炭资源的信心。在新技术的推动下，煤炭生产成本进一步降低，同时煤炭利用新技术也将取得突破，进而使煤炭成为更加经济、更加洁净的能源，并可作为油气替代品进行大规模生产。另一个原因是最近几十年对油气的大规模集中开发导致现有区块油气储量已不多，今后油气开发将转向较为偏远、条件恶劣的区域，开采难度增大的同时成本大大增加。另外，用于替代的可再生能源和新能源开发、利用进程，现在看来仍然较为缓慢，真正发挥支撑作用尚需时日。总之，现阶段保障发展必须要坚持煤炭的主体地位。

在我国，煤炭一直以来是能源消费主体，煤炭以其巨大的储量和良好的分配状况及我国本身在煤炭方面技术设备优势，早早确立了它在我国基础能源的地位。我国优化能源消费结构要有一个逐步转变的过程，首先要结合现实情况，从实际出发切实保障我国各方面发展需要，在这个基础上再逐步推进我国能源消费结构的转变，确保国家能源安全。在对能源消费结构进行调整的过程中，不仅要努力构建合理的能源消费结构，改变我国现在一次能源消费对煤炭资源过度依赖的现实，还要在终端能源消费方面做出努力，减少煤炭的使用，两部分相互促进，加速我国能源消费结构向更加合理的方向转变。大力推广洁净煤技术的同时不断降低终端能源消费中直接消费煤炭的比重，是实现我国以煤为主能源结构的关键。目前洁净煤技术已比较成熟，下一步的主要任务就是进行洁净煤技术的推广并加速对原有产业设备的更新使其与洁净煤技术相适应。

2）大力发展油气产业

坚持陆上和海上并重，巩固老油田，开发新油田，突破海上油田，大力支持低品位资源开发，建设大庆、辽河、新疆、塔里木、胜利、长庆、渤海、南海、延长9个千万吨级大油田。①稳定东部老油田产量。以松辽盆地、渤海湾盆地为重点，深化精细勘探开发，积极发展先进采油技术，努力增储挖潜，提高原油采收率，保持产量基本稳定。②实现西部增储上产。以塔里木盆地、鄂尔多斯盆地、准噶尔盆地、柴达木盆地为重点，加大油气资源勘探开发力度，推广应用先进技术，努力探明更多优质储量，提高石油产量。加大羌塘盆地等新区油气地质调查研究和勘探开发技术攻关力度，拓展新的储量和产量增长区域。③加快海洋石油开发。按照以近养远、远近结合，自主开发与对外合作并举的方针，加强渤海、东海和南海等海域近海油气勘探开发，加强南海深水油气勘探开发形势跟踪分析，积极推进深海对外招标和合作，尽快突破深海采油技术和装备自主制造能力，大力提升海洋油气产量。

按照陆地与海域并举、常规与非常规并重的原则，加快常规天然气增储上产，尽快突破非常规天然气发展瓶颈，促进天然气储量产量快速增长。①加快常规天然气勘探开发。以四川盆地、鄂尔多斯盆地、塔里木盆地和南海为重点，加强西部低品位、东部深层、海域深水三大领域科技攻关，加大勘探开发力度，力争获得大突破、大发现，努力建设8个年产量百亿立方米级以上的大型天然气生产基地。到2020年，累计新增常规天然气探明地质储量5.5万亿立方米，年产常规天然气1850亿立方米。②重点突破页岩气和煤层气开发。加强页岩气地质调查研究，加快"工厂化""成套化"技术研发和应用，探索形成先进适用的页岩气勘探开发技术模式和商业模式，培育自主创新和装备制造能力。着力提高四川长宁-威远、重庆涪陵、云南昭通、陕西延安等国家级示范区的储量和产量规模，同时争取在湘鄂、云贵和苏皖等地区实现突破。到 2020 年，页岩气产量力争超过 300 亿立方米。以沁水盆地、鄂尔多斯盆地东缘为重点，加大支持力度，加快煤层气勘探开采步伐。到 2020 年，煤层气产量力争达到 300 亿立方米。③积极推进天然气水合物资源勘查与评价。加大天然气水合物勘探开发技术攻关力度，培育具有自主知识产权的核心技术，积极推进试采工程。

要树立油气产业先行的发展理念以优化我国能源消费结构。这将是一项长期而艰巨的任务，需要准确把握我国能源产业发展状况从而分层次、分阶段稳步推进。当前目标就是要"增产"，加快我国油气产业发展，加大对我国油气产业的投资，促进产量增加，同时加大产业技术创新力度，提高油气领域勘探水平，为我国油气领域"走出去"战略的实施提供坚实保障。为促进国内油气勘探开发，一方面要加大投入，把外部投资吸引进来用以降低油气企业进行基础性勘探的难度和成本，鼓励石油公司加大勘探力度，从而使油气资源更有保障。与此同时，充分发挥"两种资源、两个市场"的作用，充分利用国外的油气资源，继续践行"走出去"战略，促进国内油气企业登上国际舞台与国外油气企业展开合作，也吸引国外公司、投资参与到我国海上油气资源的开发，优势互补，互利共赢，加速我国油气产业前进步伐。

3）重视可再生能源的开发和利用

一直以来，人类发展都依赖于对化石能源的大量消耗，这种发展模式是存在很大弊端的，一方面，化石能源的不可再生使人们不可能以这种发展方式长期进行下去；另一方面，化石能源的使用会造成巨大的污染，引发严重的环境问题，如果不加以节制，人类将面临灭亡的危机。在这种情况下，发展清洁的、对环境无害的、可再生的新能源成为人类的不二之选。可再生能源是指包括太阳能、水能、风能、潮汐能、生物质能、地热能等在内的非化石能源。这些非化石能源有两个共同的特点：一是这些能源可以再生；二是在使用过程中没有或几乎不会排放出污染性的物质，使用起来十分清洁，属于环境友好型的清洁能源。由此看出，从可持续发展战略和能源安全方面考虑，开发可再生能源具有极其重要的意义和广阔的前景。

开发利用可再生能源的意义在于：一是能有效缓解我国能源紧张状况，保障能源安全；二是减少环境污染，响应我国可持续发展战略；三是有利于改善我国农村和偏远地区人们的生产生活条件；四是可促进我国循环经济发展，加速建立资源节约型与环境友好型社会；五是有助于提高我国的国际能源地位和综合竞争能力。另外，在对能源消费结构进行调整的过程中，还要进一步调整优化终端能源消费结构，也就是对于那些大规模使用能源的单位的能源消费结构进行深层次的优化，要统筹规划大机组、大电网与分布式能源的发展，并且适当控制煤电，更大力度发展水电，积极安全发展核电，大规模发展太阳能、风能、生物质能等可再生能源发电，提高电力供给能力、替代程度和利用水平，不断提升电力在能源终端消费中的地位和作用。

3. 优化能源配置输送结构

目前，我国处于工业化、城镇化高速发展时期，在接下来的这段时间我国对各方面的能源需求还将经历快速的增长，煤炭、石油这类化石能源的供给将面临更大的压力，然而我国现有能源生产区域与能源消费区域分布并不协调，故能源输送也将面临巨大的挑战。因而要从多方面入手，通过途径多元化、运行高效化不断提升我国资源配置输送水平。

1）提高能源输送安全性

我国是世界第二大能源消费国、全球第一大煤炭消费大国和第二大电力消费国，原油对外依存度较高，已达60%。这样的一种能源结构导致我国在能源运输中相当多的资源都投入到煤炭的输送当中。据统计，我国每年有一半以上的铁路运力用于煤炭输送，通过铁路输送的煤炭要占到全年产量的60%以上，可见我国煤炭输送对于铁路这种方式的依赖也是很强的，这会引发潜在的能源安全问题。目前，我国对于煤炭的输送方式主要有铁路、公路两种，铁路运输以其成本低、运输量大的优势居主要地位，随着我国能源需求不断增长，我国铁路、公路运力已几近饱和，这种局面在接下来的时期会更加紧张，这无疑加大了我国能源安全的不确定性；另外，类似铁路、公路这种陆路运输受天气影响较大，一旦遭遇恶劣天气、自然灾害、交通堵塞，能源运输就会受到非常大的影响，严重威胁我国的能源安全。因此，为了进一步保障我国的能源安全，为我国的发展提供坚实后盾，能源输送安全问题一定要充分重视。解决这个问题的主要方面还是要加速转变我国的能源消费结构，过度对煤炭资源的依赖是不利于我国经济、环境的全面协调可持续的。能源结构转变了，对这类能源运输的依赖也就会降低，这方面的威胁自然就会变小；短时间内能源结构是难以发生根本性转变的，所以要推动运输方式的转变，使其更加多元化，多方面保障能源输送安全。

2）提高能源输送经济性

我国能源输送网络发展得很快，短短几十年的发展已经可以满足大部分能源输送要求，但我国的发展对这方面提出了更高的要求。受多种因素影响，我国各种能源的输送网络建设是不均衡的，与煤炭运输网相比电网建设相对滞后，输煤输电比例严重失衡。据 2012 年数据，"三西"地区——内蒙古西、山西和陕西输煤输电比例高达 20：1，这种现象普遍存在，可见我国电网建设还有很大的空间。能源配置输送，成本是非常大的影响因素，铁路输煤中间环节多增加了很多成本，公路输煤能耗是铁路的 17.7 倍，并且比铁路运力要低得多。总之，现有的能源输送成本普遍较高，在一定程度上也造成了资源的消耗。所以要着手解决能源输送过程中的成本问题，使能源输送更加经济。加大能源输送网络建设，扩大覆盖面，优化运输路线，降低运输途中的成本；还要通过政策方面的鼓励，简化能源输送的中间环节，节约成本；更要加大能源输送方面的技术研究，从技术领域寻求降低成本的途径。

3）降低能源输送的环境污染

我国二氧化硫和二氧化碳排放量均居世界首位。这主要由于我国电力发展长期以就地平衡为主，即电力多由地方电厂供应，所需电煤由外部输入，这项政策是在我国电网发展程度低、输煤成本低、铁路运力充足的情况下被提出并沿用到现在的。其实，这项政策已无法适应现在的能源状况：如我国人口较密集的东中部地区火电装机已达 4.8 亿千瓦，污染排放十分严重。目前我国东中部已经没有新增燃煤电厂的环境空间，并且近几年来全国范围内都产生了严重的雾霾，对人民的身体健康造成了严重的威胁。因此，一定要重视能源输送的环境污染问题，优化电厂布局，合理配置，控制东部装机规模，结合新技术的创新减少污染物排放量。

三、立足国内战略

立足国内是保障我国能源安全的一项基本国策。从我国能源消费增长趋势及国际能源的政治、经济和市场环境分析，为了有效保障经济可持续发展、避免受制于人，我国能源供应必须坚持立足国内，努力加强国内能源开发和综合利用，增强国内能源在整个能源供应体系中的主导地位和基础性作用，提升国家能源保障的本质安全。

1. 稳步提高国内能源供应能力

要立足国内的资源勘探，政府和能源企业一定要加大国内能源资源的勘探力度，发现资源是保障我国能源安全最关键、最有效的方式。在煤炭、石油、天然气等方面，国家一直在投入开发，一些区域已开发得比较充分，但还有不少偏远、环境较为恶劣的地区涉足还相对较少，这些地区也具有很大的资源开发潜力。在加强能源勘探的过程中，根本前提是要保持现有能源开采的稳定进行，虽然我国能源对外依存度越来越高，但总体上说，我国能源的自给程度依然很高，想要解决能源短缺问题维持现有水平十分必要，因此，在维持现有生产水平方面不可松懈，还应有相应的投入，然后再对之前涉猎较少的地方进行勘探，如西部、海上，这些地区很可能含有丰富的能源，但由于之前技术水平或其他方面的原因，这些地区并没有被作为勘探活动的重点区域。随着现在技术的进步，我国具备了在这些区域进行勘探、作业的能力，如果有收获，对我国能源紧张局势的缓解会起非常大的作用。同时，对西部能源的发掘也会推动整个西部经济的发展，也是我国西部大开发战略的一种体现。

2. 能源有序开发搞好战略接替

按照"统筹规划、多元发展"的原则，在加强常规能源勘探开发的同时，大力推进非常规能源资源的开发利用；在加强化石能源勘探开发的同时，更要大力推进可再生能源资源的开发利用，统筹搞好各类能源资源的有序开发和战略接替，尽力达到能源多元化和能源优质化。比如，坚持煤基替代、生物质替代和交通替代并举的方针，科学发展石油替代；稳妥实施煤制油、煤制气示范工程；按照清洁高效、量力而行、科学布局、突出示范、自主创新的原则，以新疆、内蒙古、陕西、山西等地为重点，稳妥推进煤制油、煤制气技术研发和产业化升级示范工程，掌握核心技术，严格控制能耗、水耗和污染物排放，形成适度规模的煤基燃料替代能力。积极发展交通燃油替代。加强先进生物质能技术攻关和示范，重点发展新一代非粮燃料乙醇和生物柴油，超前部署微藻制油技术研发和示范。加快发展纯电动汽车、混合动力汽车和船舶、天然气汽车和船舶，扩大交通燃油替代规模。

能源结构多元化，主要任务是积极构建低碳清洁多元化能源体系。21 世纪，全球能源发展的趋势是以低碳领域科技创新为动力，逐步降低一直以来处于主导地位的传统能源在能源消费中的比重，使太阳能、风能、生物质能、核能等清洁能源发挥更加重要的作用。我国也应顺应这一发展潮流，从能源保障和可持续发展两方面考量，积极建立低碳清洁多元化能源体系，通过政策、法规方面的引导与支持大力发展绿色能源经济。目前，我国在太阳能和风能方面的技术已经比较成熟，发展也比较快，取得了举世瞩目的成绩，今后潜力巨大。构建多元化的能源结构必须高度重视开发利用可再生资源，要把可再生能源开发利用作为推动经济社会更好发展的重大举措，大力发展新能源与可再生能源。进一步提高对水能的利用效率，以安全高效为前提把核能作为重要的补充，更加有效地利用风能，加快太阳能的多元化利用，把生物质能、地热能等可以加以利用的能源都纳入进来，推动我国能源发展进入更高的层次；还要积极发展非常规能源，大力发展页岩气，加大煤层气勘探开发力度，构建更加全面、稳固的能源体系。

3. 加强储备应急能力建设

完善能源储备制度，建立国家储备与企业储备相结合、战略储备与生产运行储备并举的储备体系，建立健全国家能源应急保障体系，提高能源安全保障能力。

扩大石油储备规模。建成国家石油储备二期工程，启动三期工程，鼓励民间资本参与储备建设，建立企业义务储备，鼓励发展商业储备。

提高天然气储备能力。加快天然气储气库建设，鼓励发展企业商业储备，支持天然气生产企业参与调峰，提高储气规模和应急调峰能力。

建立煤炭稀缺品种资源储备。鼓励优质、稀缺煤炭资源进口，支持企业在缺煤地区和煤炭集散地建设中转储运设施，完善煤炭应急储备体系。

完善能源应急体系。加强能源安全信息化保障和决策支持能力建设，逐步建立重点能源品种与能源通道应急指挥和综合管理系统，提升预测预警和防范应对水平。

四、国际合作战略

充分利用国际、国内两种资源、两个市场是保障我国能源安全的一项基本方针。要以保障国家能源安全、优化能源结构、提高能源企业国际竞争力为目标，以企业为主体、以市场为导向，以能源开发合作、能源贸易合作和能源科技合作为重点，进一步拓展国际能源合作领域，创新合作模式，提高合作水平，确保经济、稳定地获取和利用海外能源资源，提升国家能源安全保障能力。国际合作主要包括以下方面。

1. 完善资源供应体系

我国开展能源合作要以现有国际能源合作成就为基础，以国有大型能源公司为主体，以石油天然气勘探开发合作为重点，突出重点地区，优选合作对象，大力推进国际能源合作基地和战略通道建设，不断提高海外能源资源权益产量，增强我国能源产业的国际竞争力。

1）优选合作对象

要加强与重要邻国、能源大国俄罗斯的能源合作。俄罗斯作为与我国接壤的油气资源大国和长期稳定的油气净出口国，无疑应成为我国寻求能源运输陆路安全的最佳合作伙伴。俄罗斯是世界主要的油气生产与出口大国，拥有世界34%的已探明天然气储量和 13% 的石油储量，我国可通过与俄罗斯的能源合作更好地满足我国日益增长的能源需求。

要发展好与中亚地区的能源合作。发展与中亚地区的能源合作主要在于与中亚五国的能源合作，中亚五国位于亚洲心脏地带，拥有丰富的能源储备。在当今世界形势和我国的能源背景下，发展与中亚地区的能源合作具有举足轻重的意义，中亚地区石油储量丰富，加强与中亚地区的能源合作可有效弥补我国的能源缺口，有利于保障我国的能源安全，满足我国发展需要。

要加强与发达国家的合作，强化中欧能源合作。我国已在清洁能源、再生能源、节能环保等领域与欧洲各国开展了良好合作，政府之间也已建立起了通畅的沟通机制，同时，在各种政策的鼓励下，中欧企业间能源合作也日趋活跃，这种企业间的合作不仅限于合作双方，还将业务渗透到了第三方国家。我国与欧洲的这种能源合作将有效推动全球能源改革，促进清洁能源的开发与利用，对世界经济发展也将起到一定的推动作用，不仅有利于我国能源安全，对全球能源市场健康发展也具有重要意义。

我国与日本、美国等发达国家也要加大能源方面的合作，如与日本的节能环保合作，与美国在建筑节能、新能源汽车等领域展开共同研究，与德国在电动汽车领域加深合作等。

2）推进国际能源合作基地和战略通道建设

国际能源合作是保障我国能源安全的重要途径，在国际能源合作中，推进国际能源合作基地和战略通道建设又是其非常重要的组成部分，对我国能源安全意义重大。我国要着手推进国际能源合作基地建设，通过这个手段为我国构建一个同其他各国进行有效能源合作的稳定的平台，使我国对外可展开切实有效的合作，保障我国的能源安全。

从全球能源格局和未来发展趋势来看，中亚将是我国进行国际能源合作的重点区域，一方面在于其丰富的油气资源储量；另一方面在于其地缘政治局势较中东、北非这些区域要稳定得多，且与我国由陆路相连，可为我国提供有效的能源保障。自古以来，"丝绸之路"就是连接我国与中亚的重要通道，这个通道对于相关国家的政治、经济、文化等方面的交流都可谓意义深远。现如今，国际能源合作的大背景下，"丝绸之路"对我国来说又有了更重要的意义，它将是我国与中亚地区进行能源合作的战略通道，这条战略通道能否建设得好决定了我国的能源安全是否得到了保障。如果"丝绸之路"作为我国能源战略通道得到很好的建设，我国就可确保长期、稳定的陆路能源供应，当然对于中亚国家来说，也可增强其能源出口能力，带动其经济发展，确保地区能源安全。

3）提高我国海外能源资源权益产量

随着我国各方面的迅速发展、国力的不断增强，我国的能源企业也在与国外大能源公司的竞争中不断壮大、不断成熟，在目前的经济形势和能源形势下，"走出去"也应当已成为我国能源企业的一个战略选择，通过"走出去"，并购海外的矿产、油气资源或能源公司等，使我国的能源缺口得到有效弥补的同时还可以扩大我国现有能源公司的规模，从而增强整个行业在国际上的竞争力。当然，提高我国海外能源资源权益产量是我国的一个重要目标，但在向着这个目标行进的过程中，还要统筹考量，要全面分析并购活动的可行性，把一切风险考虑在内，避免由武断的并购导致不可控的损失，使并购活动真正地产生效果——能源资源权益产量增加。

2. 构建多元化供应保障体系

大力发展国际石油贸易，加紧构建以贸易渠道为主利用国外油气资源的多元化供应保障体系。努力做到如下几点：①进口来源多元化，进一步增加中东以外地区和陆路进口油气的比重；②进口方式多元化，实行长期合同和现货相结合，增加长约供应量；③进口品种多元化，涵盖原油、成品油、石油化工产品、天然气和 LNG 等多个品种；④进口渠道多元化，加快形成南北并立、陆海并存、共进互补的多元化进口运输通道。

1）进口来源多元化

我国是一个石油短缺的国家，石油对外依存度较高，将近 60% 的石油都靠进口，而中东是我国石油进口的主要来源，这给我国石油贸易埋下了很大隐患，一方面由于中东局势的不稳定；另一方面源自来源地过于集中。因此，我国要寻求更加分散的石油进口来源，构建多元化的石油贸易格局。例如，我国可以增加从非洲和拉丁美洲还有中亚的原油进口量，这些区域的政局较为稳定，对我国也较为了解，合作起来更容易。同时，我国还应谋求与其他石油输出国建立良好联系，开展贸易合作，构建多元化贸易格局。

2）进口方式多元化

我国的能源形势决定了我国必须进行大量的进口，但鉴于世界不同地区、不同国家间贸易方式会有差别，我国在石油进口过程中，一定要进行进口方式的选择，使之符合双方利益，可以通过签订长期合同、建立贸易伙伴关系，进行转口贸易、易货贸易、技术产品换油气、海外联合加工产品返回国内，以及来料加工等多种合作方式，来获得油气资源，这些多元化的方式可以有效保障我国能源的长期供给，大大缓解我国能源困局。同时为了适应大批量油气进口的需要，国家要有计划地投资建设港口、码头、油库和大型油轮船队等各项配套设施，为我国石油贸易的顺利开展提供良好的硬件基础。

3）进口品种多元化

石油及其化工产品都是与国计民生息息相关的重要资源，想要保障我国能源安全，仅仅依靠进口石油是远远不够的，还需要大量相关产品的补充，如石油化工产品、LNG、天然气等，多方入手、统筹保障才能真正缓解我国能源的紧张局势。

4）进口渠道多元化

就国际石油贸易而言，石油输送方式主要有海上运输和管道运输两种，铁路运输作为补充。石油跨国输送中超过3/5的通过海运，不到2/5的经由管道运输，铁路输送相对占比较小。对我国来说，要保证石油运输的安全必须构建多元化的能源输送体系，不能过分依赖海上通道，更要注重发展陆路方面的管道与铁路运输，以免由于渠道原因陷入被动。

3. 积极推进国际能源贸易

在世界能源市场中，我国应充分利用我国的综合优势，积极参与制定国际贸易规则，灵活运用多种贸易方式和贸易渠道，优化贸易布局，同时稳步发展能源期货市场，增加能源战略储备和商业储备，不断提高国际能源市场的参与能力、影响能力和控制能力。

1）参与构建新的国际能源体系

目前我国正面临越来越严峻的能源问题，而能源短缺也是全球共同面临的挑战，因此，我国在尝试解决国内能源短缺问题的过程中应与世界联系起来，共同寻求应对方法，在全球化背景下制订出适合我国发展的方案。需要注意是随着包括我国在内的新兴经济体的崛起，区域能源需求情况正在发生着改变，原本的能源消费中心正逐渐被新的需求增长区所取代，我国正逐渐成为亚洲乃至世界的能源消费中心，而对应于这些变化的新的机制并没有很好地建立起来，因此我国的能源贸易运行并没有处在最佳状态，无论是出于自身需要还是大国责任，我国都应推动国际范围内的对话，积极参与构建新的国际能源体系并发挥自己的作用，逐步增加我国在国际能源市场的话语权。

2）加快放开我国资本市场

目前我国资本市场发展水平较低，在新的发展阶段，应该考虑进一步放开我国资本市场特别是能源方面的期货市场，利用这个市场分散能源交易风险，稳定能源价格，更大程度保障我国能源安全。另外，期货市场具有跟踪供求、发现价格、调控市场、规避风险等方面的功能，我国可通过运用这些功能有序地安排我国能源的生产、经营和消费，提高效率，更重要的是资本市场的放开有利于我国争夺能源市场的定价权，前面也提到现在我国有巨大的能源交易量，还有继续增长的趋势，这使得我国在世界能源市场占据更加重要的地位，如果再通过资本市场的运作将更有希望获得能源市场上相关能源交易和交割规则制定权，这对于我国今后的发展是意义十分重大的。目前，我国已先后允许燃料油、焦炭等能源进入期货市场进行交易，2013 年 10 月，石油沥青也获得批准，作为一种新的期货品种登陆上海期货交易所进行交易，可见我国在能源领域资本市场的开放程度越来越高，我国也应该通过资本市场的开放，适应国际市场化的环境，提升我国企业的竞争力，并在逐步打破欧美国家或地区对国际能源价格的垄断的过程中进一步建立起我国的话语权，提升我国的国际影响力，确立我国在世界能源市场更加重要的地位。

4. 开展能源外交，推进国际合作

积极开展能源外交，把能源合作与促进经济、政治、安全合作紧密结合起来，加强与能源资源国、过境国、消费国和国际组织之间的双边及多边外交，为推进国际能源合作创造有利条件。

1）加强与能源资源国的合作

我国目前的石油进口的绝大部分来自西亚北非地区，因此，西亚北非的经济、政治和安全形势对我国能源安全意义重大，可以说我国能源安全实为西亚北非地缘政治安全，西亚北非各方面稳定才有我国能源的稳定。然而，中东地区复杂的形势给我国能源安全带来了许多潜在威胁。中东地区地缘政治矛盾由来已久，长期以来各方协调也未取得明显成效，这将影响到中东石油供给的安全和稳定，对世界能源市场的稳定也将造成不利的影响。中东复杂的地缘政治问题归根结底在于其政治、经济等各项制度不能很好地匹配，运行之间经常会产生冲突，这样的情况下，社会是很难建立起稳定的基础的，因此，国际方面的影响即使有效果也是十分短暂的，治标不治本，问题的解决还要通过中东地区各国内部进行相应改革和体制机制创新，构建起运行更加有效的系统，使国内矛盾有效化解，国际间的问题多展开磋商，对话解决，我国就要尽量通过外交方面的努力多创造这样的机会，同时在一定程度上支持这些国家的改革，提供一些建议等。

近年来，我国逐步加大了对非洲各国教育、医疗、技术等方面的援助，与非洲建立了比较融洽的外交关系，这对于保障我国能源安全很有帮助。目前我国超过 30%的石油进口来自非洲，能否进一步加深中非能源合作，将对我国今后的能源前景产生重大影响。然而对于中非而言，"石油政治"将是中非能源合作的一

个常态化问题，也是我国在开展与非洲各国能源外交的过程中不得不面临的挑战。这是一个十分棘手的问题，西方各国的屡次尝试都以失败告终，不仅针对西亚北非的政策未能奏效，还使自己深陷麻烦之中。我国在这方面比西方各国更缺乏经验，并不具备很强的应对国际能源政治及风险的能力，因此，盲目推行西亚北非政策很可能使情况变糟并使自己落入被动，所以在开展与这些地区国家间外交合作的过程中，要愈发谨慎，从大局出发，在尽可能维持好现状的情况下根据形势发展谋求新的突破，保障我国"走出去"战略的顺利进行，实现我国整体能源安全的利益。

我国与非洲的能源外交是十分成功的，各方面的交往变得越来越密切。2013年3月，习近平主席出访非洲三国，有效推动中非务实合作。21世纪以来，中非文化的交流愈发频繁使得双方了解加深，更加互信，这样的情况有效推动了中非的能源合作。能源合作发展体现在两个方面，首先就是中非在政治领域更加互信，各项国际性会议上，中非双方总会有愉快的交流并且对于对方的合理主张总会给予最大限度的支持，这种良性外交关系，也拓宽了我国石油进口的渠道。在2006年11月北京举办中非合作论坛北京峰会开幕式上，时任中国国家主席的胡锦涛同志还提出了"友谊、和平、合作、发展"的共同目标，这个目标也成为我国之后开展与非洲的外交活动的一项准则。其次，中非能源合作的规模得到了扩大，在中非双方共同的努力和推动下，双方能源贸易额有了很大的增长，为油气合作打下了坚实的经济基础。同时，我国对非洲其他方面的无偿援助更是把中非关系推到一个更高的层次，非洲允许我国参与它们的石油开发，这是一个里程碑式的进步。在开发过程中，我国还无偿提供了大量物资和技术方面的援助，协助培训了大量技术人员，这些不附带任何条件的帮助也使我国赢得了非洲人民的信赖和尊敬。可以说，我国对非洲的能源外交虽然有挫折和挑战，但总体上是相当成功的，这与我国真诚的对外政策是分不开的，最终双赢的局面也是双方所乐意看到的，因此，中非石油合作的经验值得借鉴，用以开展更广泛的能源外交，推进更有效的能源合作，使我国能源安全得到充分的保障。

2）加强与能源过境国的合作

随着我国能源需求的增加，为满足我国巨大的能源需求，我国进口能源的区域越来越多，范围越来越广，无法避免的是在能源运输过程中，由于线路越来越长，牵涉进来的国家也越来越多，为了保障我国能源运输渠道的安全，进而确保我国能源安全，处理好同这些能源过境国的外交关系就必然成为了非常重要的工作。为了尽可能降低海上运输线路带来的不确定性，我国应在陆路方面寻求更多选择，当然这些选择之所以能成为选择也必须要在运输线路有良好安全保障的前提下。

　　我国目前主要的能源运输方式是海上运输，这方面面临巨大的挑战，特别是是在马六甲海峡区域。我国目前近半能源运输都要通过马六甲海峡，但马六甲海峡的地区形势比较复杂，海盗、恐怖分子活动猖獗，就我国海军目前的发展状况来说，还不足以对这些威胁起到真正的震慑作用，因此，应协同马六甲地区相关国家共同行动，通过外交途径推动各国合作，确保马六甲海峡有一个安全稳定的运输环境；与海上形势的严峻相比，陆上运输也存隐忧，我国现有中土输气管道，这条线路经过乌兹别克斯坦和哈萨克斯坦到达土库曼斯坦；有中缅油气管道，经过缅甸；还在规划中的有巴基斯坦石油管线，主要是中东—巴基斯坦—中国，这条线路比之前的要长得多，情况也将复杂得多。这些陆路的渠道都存在着一些潜在的问题，一方面来自这些过境国国内的问题，主要是政局动荡；另一方面就是过境国之间的问题，相互摩擦不断。因此，搞好与这些过境国之间的外交活动对我国能源安全意义重大。我国应尽可能发挥我国的影响力，开展好与这些过境国各领域的合作，加深互信，增强相互之间的联系，同时，还应构建起一个区域间合作的框架，让过境国之间也有更多的联系，互利共赢，减少摩擦，真正意义上保证我国能源运输线的安全和畅通。

　　3）加强与能源消费国的合作

　　现在正值世界能源趋紧的时期，前些年能源的大量消耗致使石油这类化石能源被过度开采，存量大大减少，加之中东、北非这些主要产油区域局势动荡，导致石油产量大大降低，现在全球都在面临能源危机，尤其是本身储量很低的国家，可想这些国家之间的能源竞争之激烈。

　　我国正处在高速发展时期，对各种能源的需求量都在持续攀升，已是仅次于美国的世界第二大能源进口国，因此，一直以来我国能源竞争最大的对手是美国，一方面因为美国本身对能源的巨大需求量；另一方面是美国试图通过其影响力依靠能源控制的手段对我国发展加以限制，两方面的原因导致我国在能源进口过程中不得不面对并处理"美国因素"。近些年，中美有了良好的交流、磋商，很好地展开了各方面的合作，美国对我国能源限制的影响也越来越小。与此同时，美国能源战略也有了"自主化"的转变，这也给我国提供了更加广阔的能源进口空间。与我国产生能源竞争的另一部分国家是日本和韩国等东亚国家，这些国家都是本身能源储量较低，几乎全部依赖进口，因此，能源进口对于这些国家的重要性非同一般，这种情况下，最好的方式不是展开竞争而应该彼此合作，通过外交手段，促成彼此间能源领域的合作，一方面可以在国际能源市场更有发言权；另一方面在能源运输过程中线路设计可以更加经济高效。因此，开展同能源消费国之间的外交活动也十分必要。

4）加强与国际组织的合作

我国为了保障能源安全，还必须加强与国际能源组织的合作，因为与单个国家相比，国际组织更具有稳定性，合作风险较低。通过与国际组织的合作，可以使我国获得一个更好地与世界主要能源出口国和进口国进行沟通和协调的平台，国际组织通过制定相关制度也可对各参与国行为进行一定程度上的规范，在产生冲突的时候，国际组织也可以起到很好的调节作用，化解矛盾，维护国际能源市场的稳定。

我国目前与国际组织间的合作发展良好，几乎与全球和区域的国际组织间都有合作关系，我国是世界能源理事会、独立石油输出国集团等全球层面国际能源组织成员，是能源宪章、欧盟、东盟等区域性国际组织中的观察员或重要成员。但是我国与这些国际组织的合作水平并不高，主要还是一般性和对话性合作，实质性合作很少，并且与全球性国际组织相比，我国与区域性国际组织的合作程度要更高，实质性合作超过一般性和对话性合作。总体来说，我国虽与国际组织合作范围较广，但合作程度较低，在国际组织中话语权也不够充分，还要从自身发展着眼，在现有机制下谋求更好的发展，逐步提高国际组织中的参与程度。

第三节　煤　炭　战　略

煤炭是我国重要的基础能源，在能源生产和消费中占有十分重要的地位。要按照"科学布局、优化结构、保护环境、和谐发展"的方针，不断优化煤炭生产开发布局，大力推进煤炭现代化建设，加强煤炭清洁利用，实现煤炭工业与经济、社会、资源、环境协调发展，提高煤炭能源安全供应水平，推动我国由煤炭大国向煤炭强国转变。

一、"科学布局、优化结构、保护环境、和谐发展"战略思路

（1）科学布局。综合考虑区域煤炭资源赋存状况、经济发展水平、地区煤炭需求、资源环境约束、配套设施建设等多种因素，全国煤炭开发总体布局应是控制东部、稳定中部、发展西部。东部（含东北）开采历史长，可供建设新井的资源少，应控制开发强度，维持现有供应能力。中部资源相对丰富，开发强度偏大，应放缓开发增速，保障稳定供应。西部资源丰富，开发潜力大，应提高供应能力，增加调出量。

（2）优化结构。加快大型煤炭基地、新型煤化工基地和安全高效现代化煤矿建设步伐，加强基础理论研究、关键技术攻关、新技术推广应用、重大成套装备研制，提高煤炭科技自主创新能力和煤矿技术装备水平。积极推进先进信息化技术，不断推进产业升级、产品结构和组织机构优化升级，加快推进煤炭工业现代化建设，提高煤炭产业国际竞争力。

（3）保护环境。按照减量化、资源化、再利用的原则，发展煤炭循环经济，扩大资源综合利用规模，努力提高资源回收率和资源利用率，加快重点领域和地区环境治理，加强生态环境影响评估，不断完善煤矿生态环境治理模式，建设资源节约型、环境友好型矿区。切实加大矿区生态环境保护与治理力度，推进由被动治理向主动防治转变。

（4）和谐发展。开展煤矿安全质量标准化建设，夯实安全基础工作。强化现代煤炭安全生产保障体系建设，健全安全生产长效机制，完善煤矿井下劳动保障体系，完善职业健康法规标准，加强执法检查，保障煤矿职工健康。探索实行全员安全生产风险抵押，积极稳妥推行安全生产责任保险制度，加大事故责任追究处罚力度。

二、短、中、长阶段发展战略目标

1. 2020 年目标

通过努力，争取到 2020 年初步建立现代煤炭工业体系，产业布局进一步优化，煤炭及相关产品供应能力显著增强。我国煤炭产量达到 33.7 亿吨，煤炭在一次能源消费结构中的比重下降到 56%，新型煤化工完成产业示范并形成一定规模，煤层气实现规模化开发，进口煤达到 6000 万吨；煤炭工业初步实现现代化，采煤机械化程度达到 75%，其中综采机械化程度 60%，煤炭生产死亡率控制在 0.5 人/百万吨以下，杜绝重特大事故，资源回收率提高到 55%，原煤入洗率达到 80%；矿区环境大幅度改善，洗煤及工业废水全部达标排放，矿区塌陷土地复垦率达到 80%，采空区治理率达到 40%，矿井水利用率达到 85%，煤矸石综合利用率达到 85%，矿区绿化率达到 30%，基本形成可持续发展的局面。

2. 2030 年目标

2030 年基本建成现代煤炭工业体系，与经济社会协调发展的煤炭产业布局基本完成，我国煤炭产量达到 37.2 亿吨左右，煤炭在一次能源消费结构中的比重下降到 50%，新型煤化和煤层气产业规模进一步提高；煤炭工业整体实现现代化，采煤机械化程度达到 100%，煤矿安全生产达到世界先进水平，煤炭生产死亡率控制在 0.1 人/百万吨以下，资源回收率达到 60%，原煤全部实现入洗；矿区生态环境基本实现和谐，塌陷区复垦率和煤矸石综合利用率达到 100%，矿井水利用率达到 95%，矿区绿化率达到 35%。

3. 2050 年目标

2050 年我国煤炭产量达到 37.3 亿吨，煤炭在一次能源消费结构中的比重下降到 40%。煤炭行业形成完善的循环经济体系和安全生产保障体系、煤炭市场体系，煤炭产业保障能力全面增强，煤炭工业现代化达到国际领先水平，矿区生态环境全面和谐，全面实现可持续发展局面。

三、"协调开发、区域统配、科技创新、循环利用"战略措施

1. 优化煤炭产业布局，实现区域协调发展

按照"控制东部、稳定中部、发展西部"的科学布局，2020 年前重点抓好内蒙古、陕西、山西、宁夏等省份煤炭开发，并尽快启动新疆煤炭基地开发建设。2021～2030 年，大规模开发新疆煤炭资源，适度扩大内蒙古、陕西、贵州等省份开发规模，以应对国内煤炭需求增长和东部煤炭产量下降的需要。

1）控制东部

根据未来煤炭生产潜力及地区位置，东部地区包括北京、天津、黑龙江、辽宁、吉林、河北、浙江、江苏、山东、福建、广东、上海、广西和海南等 14 个省份，是我国经济发达地区和煤炭消费重心。该区煤炭资源开采历史长、强度大，现有大中型矿井面临枯竭，尚未查明的预测资源量多为零星区块，规模小且埋藏较深，大多数难以单独建井或难以利用。该区应适当控制煤炭生产能力，延长煤炭开采服务年限，加快改善生态环境。

2）稳定中部

中部地区包括山西、河南、安徽、湖南、湖北、江西等 6 个省份，其中山西煤炭资源丰富，赋存条件好，构造较简单，适合建设大型、特大型安全高效现代化矿井，是我国煤炭主产区和调出区，对满足全国煤炭供应、调节市场起着主导作用。山西未来煤炭产能增长潜力很大，开发规模可达到 11 亿吨，但由于生态环境脆弱和水资源匮乏，煤炭开发规模受到很大制约，理想开发规模为 7 亿吨，可行开发规模为 8.7 亿吨，2020 年后按 7 亿吨规模进行开发。安徽煤炭资源较为丰富，煤炭赋存条件好，主要集中在淮南、淮北矿区，2020 年前开发规模可适当提高到 1.4 亿吨，2030 年后控制在 1.2 亿吨左右。河南煤炭资源赋存较深，地质构造复杂，煤层稳定性差，以小型煤矿开发为主，建设大中型煤矿的资源较少，

2020 年前可基本稳定现有生产规模，2021～2030 年控制在 1.4 亿吨左右，2030 年后控制在 1.2 亿吨左右。

3) 发展西部

西部区包括陕西、内蒙古、宁夏、重庆、四川、贵州、云南、新疆、甘肃、青海、西藏等 11 个省份。其中，陕蒙宁区资源储量丰富，具备大规模开发的潜力，但生态环境和水资源对开发规模约束较大，是制约该地区煤炭规模的硬约束因素。西南区煤炭资源较丰富，但开发规模受到煤层地质条件和开发技术限制，增幅有限。为满足全国煤炭需求，必须扩大开发规模，重点做好神东、陕北、黄陇、宁东和云贵等大型煤炭基地内已规划矿区勘探。蒙东褐煤资源区域和新疆大型煤炭基地围绕重点开发矿区及近期建设项目开展勘探。青海加强木里和鱼卡矿区勘探。力争在新疆等西北地区低阶煤煤层气勘探取得突破。新疆煤炭基地实行综合开发，建成我国重要的大型煤炭生产基地、大型煤电生产及外输基地、大型煤化工基地、商品煤外输基地。

2. 增强区域统配能力，深化煤炭利用方式

加强西煤东调、北煤南运建设，优化区域统配利用能力。充分考虑经济性和环境性，有序发展煤炭气化和液化，进一步优化煤炭生产、运输和消费利用结构。

1) 完善煤炭运输网络

加快煤炭铁路运输大通道建设。继续实施"铁路为主，公路补充，优先建设公、铁、水联运网络"的建设方针，重点加强主要煤炭调出区、大型煤炭基地的外运通道建设，提高铁路运输保障能力，确保煤炭安全稳定供应。煤炭铁路运输以晋陕蒙（西）宁甘地区煤炭外运为主，由大秦线、朔黄线、石太线、蒙冀线、侯月线、陇海线、宁西线和山西中南部通道等组成横向通道，由京沪线、京九线、京广线、焦柳线，以及规划建设的蒙西、陕北至湖北、湖南和江西的煤运铁路等组成纵向通道，构成西煤东调、北煤南运的铁路运输格局。加快中西部煤炭运输通道建设，新建煤炭运输通道（鄂尔多斯—张家口—曹妃甸），实施大秦线、朔黄线扩能改建工程，改扩建晋东南—日照煤炭专用通道。对兰新铁路扩能改造，新建哈密—敦煌—西宁—成都铁路，作为新疆煤炭外运通道。新建锡林郭勒盟至辽西港口铁路，作为蒙东煤炭外运主要通道。

为适应未来港口煤炭运输发展要求，必须进一步加大港口煤炭运输设施建设，大幅度提高港口煤炭运输能力。重点进行秦皇岛、天津、黄骅、唐山港京津唐港区、日照、连云港等现有港口的扩能改造，同时在长江三角洲、珠江三角洲，及福建、广西沿海建设相应的煤炭中转存储基地。

2）推进煤炭气化和液化利用

发展煤炭气化和液化是保证我国煤炭工业可持续发展、优化能源结构、缓解环境恶化、解决石油短缺、保证能源供应安全的有效途径之一。要注重技术的创新，应进一步探索煤炭液化反应机理，探索和采用先进的煤炭液化工艺，不断研究开发高效催化剂和关键设备（如直接液化的加氢反应器、间接液化的合成反应器等），开发国内自主气化技术；加大煤炭气化技术的基础性研究，在煤炭气化工艺研究方面，要重点研究提高气化炉容量、提高煤炭气化压力、降低污染物排放、环境友好、提高碳转化率、提高气化效率及改善液态排渣的气化工艺。煤炭气化和液化技术虽已趋于成熟，但与国外相比还有较大差距，应当引进国外气化技术，进行消化、吸收、再创新。

在技术发展的同时，也要注重煤炭气化液化的经济性、环保性评价等方面的研究工作。在低污染和低消耗的条件下，使煤尽可能多地转化为洁净、高热值的液体燃料和化工原料；全面评估各种煤炭液化技术工艺路线，实施清洁生产方案；发展煤炭液化技术，应贯彻循环经济理念，考虑煤炭、电力、化工一体化、园区化布局和建设；做好人员培训和技术力量的储备，降低技术和管理风险。

3. 提高自主创新能力，促进技术更新换代

现阶段煤炭企业技术创新的投入还有很大的投入空间，应该加大技术创新投入的份额，增加在企业销售额中提取的技术创新投入额度。另外，还应该加强产、学、研的合作，增加创新成果的转化率，并进一步促进产学研之间的人才交流，进一步提升人才在企业技术创新中的作用。

围绕制约煤炭工业发展的行业共性技术、关键技术和未来引领产业发展的核心技术，组织行业内外科技力量进行攻关，力争在煤矿建设、煤炭生产、资源利用、安全环保和重大装备等方面达到世界先进水平。建设新技术示范工程，引导煤炭企业技术进步，完善有利于自主创新和成果转化的激励约束机制，加快科研成果向现实生产力的转化步伐。高度重视新技术、新装备、新工艺的研发和集成使用，促进煤炭工业生产力水平的不断提高。

4. 发展煤炭循环经济，推进绿色矿区建设

加强煤炭资源丰富地区坑口电站建设，因地制宜发展低热值煤、煤矸石等综合利用发电，结合区域供热条件统筹推进热电联产和集中供热；高度重视生态环境对煤炭生产和消费的约束，加强生态环境保护，加强重点领域和地区的环境治理，不断完善煤矿生态环境治理模式，建立生态环境恢复补偿机制，推进资源节约型和环境友好型矿区建设。

1）大力发展循环经济，提高资源利用水平

加快煤电一体化步伐，在煤炭产能集中区，积极建设大型坑口电厂。按照减量化、再利用、循环化的原则，立足变废为宝、变害为利，大力延伸循环经济链条，积极开展煤矸石、煤泥、矿井水及煤伴生矿物综合开发与利用，建设矸石热电厂和水煤浆热电厂等。煤矿工业用水要优先使用矿井水，并力争全部做到闭路循环利用。在大中型矿区内，以煤矸石发电为龙头，利用矿井水等资源，发展电力、建材、化工等资源综合利用产业，建设煤—焦—电—建材、煤—电—化—建材等多种模式的循环经济园区。要全面推进煤矿小循环、矿区中循环和区域大循环经济模式，不断提升开采回收率，实现煤与煤伴生资源的综合开发、深度加工、高效利用，提高煤炭综合利用的效率。对不具备单独利用煤矸石等低热值条件的中小煤矿，实现区域集中治理和集中利用。对废弃物进行资源化利用、无害化处理。

2）建设环保型矿区，保护矿区生态环境

按照建设环境友好型矿区的要求，切实加大矿区生态环境保护与治理力度，推进由被动治理向主动防治转变。煤炭资源的开发利用必须依法开展环境影响评价，依据生态环境基础条件，进一步规划煤炭资源禁止开采区、限制开采区、优先开采区范围。

煤炭企业要编制矿区生态环境保护与综合治理方案，加快煤矸石、矿井废水、矿区地质沉陷和水土流失的治理。应采取种植植物和覆盖等复垦措施，对煤矸石山等永久性坡面进行稳定化处理，防止水土流失和滑坡；使用巷道矸石充填等技术，做到矸石不出井，在煤炭开采的同时，完成环境保护工作；利用疏排降法复垦、充填复垦等技术将景观生态学、恢复生态学等应用到煤矿区环境治理中，促进煤矿区污染治理工作，进一步提高环境保护能力。

建设生态环境补偿机制，加大生态环境治理投入，将采煤造成的外部成本逐步内部化。环境污染者应承担以下五类环境成本：土地、植被、景观及建筑物破坏造成的经济损失；水质污染、水系破坏引起的经济损失；大气污染引起的经济损失；生态退化引起的经济损失；损害人体健康造成的经济损失。煤炭企业应依据矿井设计服务年限或剩余服务年限，按煤炭销售收入的一定比例，分年预提矿山环境治理恢复保证金，并列入成本，在"企业所有、专款专用、专户储存、政府监督"的原则下，积极推进建立煤炭可持续发展基金，按照开发（消耗）资源储量、不同煤种等要素对各类煤矿区征收发展基金。煤炭可持续发展基金主要用于解决区域生态环境问题治理、重点接替产业发展、由采煤引起的其他社会性问题。

第四节　石　油　战　略

石油是保障国家经济和国防安全的重要战略物资。要按照"加强勘探、合理开发、优化布局、完善设施"的方针，加强国内常规石油资源勘探开发力度，合理控制原油高峰产量，尽可能延长稳产时间；加强海上石油资源和非常规石油资源勘探开发，搞好全国原油储量和产量的战略接替；积极推进国内炼化产业集群化、基地化和一体化发展，配套建设原油和成品油储运系统，保障国家石油安全供应。

一、"加强勘探、合理开发、优化布局、完善设施"战略思路

（1）加强勘探。持续加大勘探投入，提高勘探技术水平，加强东部地区成熟盆地精细化勘探，开展西部地区复杂盆地的勘探理论和技术攻关，加快海洋石油勘探技术和装备的引进与自主创新，推进争议海域的勘探步伐，深化油砂、油页岩勘探，努力寻找新领域、新层系、新区块，稳定增加探明储量。

（2）合理开发。兼顾近期石油需求和长期发展需求，均衡开发国内常规石油资源，加快非常规石油资源的开发和综合利用，合理控制国内原油高峰产量，努力延长原油稳产时间，长期发挥国内石油资源的基础性作用，保障国内石油的持续稳定供给。

（3）优化布局。综合考虑资源和运输条件、炼化企业集中程度、发展基础、环境容量等因素，应在东南沿海区域建设三个炼化集群，突出规模效益和资源利用效率。同时，统筹考虑东北、西北、华北、华中、西南炼化布局，在现有炼化设施的基础上，建设一批高水平基地，优化原油加工能力布局，促进上下游一体化发展。

（4）完善设施。配套建设国内油田原油外输能力，加快陆路和海上进口原油战略通道建设步伐，提高深水码头接卸能力，建设从大型炼化产业集群、基地输往成品油消费市场的成品油干线管道和区域性成品油短途支线管道，扩大石油储备规模，提高远洋运输能力。

二、短、中、长阶段发展战略目标

1. 2020 年的战略目标

通过努力，争取 2020 年前我国原油产量持续稳定在 2 亿吨以上，石油在一次能源消费结构中的比重为 20%。

2. 2030 年的战略目标

2030 年前，国内常规原油产量稳定在 1.9 亿吨左右，页岩油、油砂油等非常规石油产量达到 850 万吨左右，石油在一次能源消费结构中的比重为 19%；建成环渤海、长三角和珠三角三大炼化集群和一批 3000 万～4000 万吨规模的炼化基地，国内炼油能力达到 7.5 亿吨/年，乙烯年生产能力控制在 3000 万吨左右，形成面向东南亚的炼油中心，积极开拓国际炼化市场，发展面向世界的炼油产业。

3. 2050 年的战略目标

2050 年，国内常规石油产量力争稳定在 1.8 亿吨以上，非常规石油产量力争达到 2500 万吨左右，石油在一次能源消费结构中的比重为 17%；炼油中心地位进一步巩固，炼油产业整体达到世界领先水平，国内炼油能力在 2030 年基础上略有增加，乙烯生产能力控制在 4000 万吨以内。

三、"国内保障、非常规油、炼化提升、储运体系"战略措施

1. 加强国内石油勘探

按照"稳定东部、发展西部、拓展海上"的战略方针，继续坚持把资源勘探放在首位，加大勘探投资力度，坚持规模效益，突出预探和风险勘探，致力于发现更大规模储量和优质储量。在加强东部地区成熟盆地精细勘探的同时，进一步加强西部新区勘探突破的部署研究与论证，加大近海勘探开发力度，努力寻找含油新领域、新层系和新油田，增加石油储量。在进一步巩固现有油田生产的同时，加快鄂尔多斯、新疆和海上等三大石油生产基地建设，力争到 2030 年和 2050 年，连同非常规石油在内，我国原油产量继续保持在 2 亿吨以上。

1）稳定东部

稳定东部产量具有必要性和可能性。我国西部、近海实现对东部地区的石油战略接替尚需 5～10 年时间，石油工业要可持续发展需要"稳定东部"。东部隐蔽油气藏和天然气资源有勘探开发潜力，东部的油气产量还能稳定 5～10 年，稳定东部油气生产是现实的。"稳定东部"不是稳定老油田的石油产量，而是稳定整个东部地区的油气产量，通过大幅度提高天然气产量，把东部地区的油气产量稳定在 1 亿吨以上。从可持续发展考虑，东部大庆等少数老油田可以微调减产量，但近期不可幅度过大，影响大局。

稳定东部，需要老区挖潜，需要开拓深部海相油气领域。"老区"勘探应采取"精雕细刻，积小成大"的策略，实现储量挖潜。提高"老区"储量动用程度

和采收率，充分利用好尾矿储量，实现产量挖潜。我国石油盆地"浅部以陆相石油为主，深部以海相天然气为主"决定了我国油气勘探开发必然要走由浅入深、由陆相石油到海相天然气为主的发展道路。开拓了松辽盆地深部 J_3—K_1（上侏罗统一下白垩统）油气领域、渤海湾盆地深部前古近系和新近系海相残留盆地油气领域的勘探开发，尤其是天然气，应该成为未来我国东部区油气勘探开发的方向。

2）发展西部

"发展西部"的战略方针是为了尽快实现我国油气资源战略接替。加大西部（尤其是新疆、鄂尔多斯）油气资源勘探开发力度，在 2015～2020 年实现我国石油生产战略接替，是可行的。西部石油资源量 465 亿吨，累计探明储量 51 亿吨，年产石油 3350 万吨以上，而且目前石油探明率低，资源潜力很大，今后应该加大新区和新领域普查与勘探步伐，寻找更多的油气后备基地和新的特大型油气区，建立起一批非常规油气资源勘探开发基地，保障我国石油战略接替的可持续性。在未来 10 年左右把新疆建成为年产石油 4000 万吨左右的大型石油接替基地，把鄂尔多斯建设成为大型综合能源（煤炭、石油、天然气、煤层气）接替基地。

3）扩展海上

开发海上油气资源，是石油战略接替可持续的保障。依靠科技进步，积极开展黄海、东海、南海深水区等海域的战略勘查。同时，要进一步扩大海洋油气资源勘探开发的对外合作，利用一切有利机会，寻找更为广泛的合作伙伴（如有投资能力和信誉的国内外非石油企业）参加油气资源的勘探开发，以及通过扩展合作领域（技术输出、合作勘探、合作研究等）等渠道，积极吸引国外公司投入国内的油气勘探开发，同时按照国际上流行的产量分成和合资经营模式，明确政府与外国投资者的利益。通过吸引大量国外资金、引进国外先进技术来勘探开发和利用国内油气资源，以保证油气日益增长的需求。

2. 加强深海油气勘探开发

目前，我国的海洋油气勘探主要在浅水区，其可动用的后备石油资源已明显不足。我国拥有丰富的深水油气资源，主要分布在东海冲绳海槽及南海南部。南海的油气储量超过 400 亿吨标准油，被称为"第二个波斯湾"。我国深水勘探开始较晚，但是发展非常迅速，一是在珠江口盆地先后发现了多处深水油气资源；二是中国海上浅海油气产量已经超过 5000 万吨标准油，为进军深水奠定良好的基础；三是独立自主地建成第六代半潜式海上钻井平台，掌握了深水核心技术，极大地推动了中国深水作业技术的发展。但与发达国家相比，我国海洋资源开发利用程度不高，特别是深海油气资源勘探的关键技术和设备都比较落后，总体看，我国的海洋油气资源勘探开发处于初级阶段。

未来,我国深水油气勘探开发需注意以下几个方面:第一,继续对外保持合作,吸引拥有先进技术的国外石油公司,共同勘探开发深水油气资源,并在合作的过程中不断学习外国公司的深水技术及管理理念等。第二,继续加强地震、钻井、平台建设、运输等方面的技术创新,研发具有世界先进水平的深水作业装备,形成自身核心竞争力。第三,应给予深水油气勘探开发项目以财政补贴、税收减免等金融优惠,也可以成立专项基金扶持深水油气项目。第四,面对部分深水区域的复杂局面,应尽快通过各种外交手段开创新局面,为深水油气作业提供新战场。

3. 推进非常规石油勘探开发

要积极鼓励和支持非常规石油资源的勘探开发,加强关键技术与装备的科研攻关,尽快实现致密油、页岩油的突破,力争到2030年和2050年,非常规石油产量分别达到850万吨和2500万吨,成为常规石油的重要接替资源。

(1)创新地质理论,加快油气资源勘探开发。针对不同非常规油气藏的成藏(矿)特点及储层特征,研究不同的富集成藏(矿)的主要影响因素,通过科学合理的储量评价手段和技术,优选出富集高产的有利矿区。认真做好典型刻度区的解剖研究与区域评价,开展非常规油气成藏机理研究与区域评价工作,优选有利目标与层系,尤其是不同地质条件下渗透区域评价理论及技术、优质储层评价技术和高产富集主控因素等方面需要进行深入研究。我国陆相地层发育完善,致密砂岩气分布广、储量大、前景好,应给予高度关注。不难看出,无论采用何种方式方法,都需要不断创新理论和技术,这是加快我国非常规油气资源开发和利用的基础,也是亟须解决的关键问题。

(2)改进开发技术,提高经济效益。国内目前的页岩气、煤层气、致密气等非常规油气勘探开发技术多数是借鉴国外常规油气勘探开发技术或直接引进的国外技术,成本相对较高、适用性较差,没有形成适合我国非常规油气勘探开发的独特技术。不断优化改进现有开发工艺技术,研发成本低、污染少,适用于不同储层地质结构条件的技术成为当前的重要任务。应该进一步加强低污染和低成本的钻完井技术,复杂构造条件下的钻完井、水平井和多分支井钻完井技术,低渗储层高效压裂技术和多储层复合完井技术等技术的研究开发。大力发展我国水平井技术与压裂技术,应当将其作为未来工程装备战略重点工作,包括装备制造、专业施工队伍建设等。

(3)转变理念,加速非常规油气资源开发。对现有的地质资料进行进一步研究分析，积极寻找非常规油气资源高产富集区或优质资源区，进行先导性开发试验。在开发过程中，不断吸取经验教训，总结规律，改进现有工艺技术，创新开发技术理论，解决在非常规油气勘探开发方面所遇到的各种问题。需要认真学习国外先进的经验，科学有序地推进非常规油气勘探开发。

（4）实施低成本战略，促进新技术与精细管理的有机结合，推进建立小公司和灵活管理模式，实施批量化、标准化、工厂化运作模式以实现高速度和大数量生产，降低平均成本。

4. 增强国内原油炼化能力

坚持立足国内保障成品油供应的战略思想，进一步调整优化炼化产业布局和结构，着力发展环渤海、长三角和珠三角三大炼化集群，并在东北、西北、华北、华中、西南等地区建设一批高水平炼化基地，提高石油的综合加工利用水平。

1）持续扩大国内炼油规模，建设面向东南亚的炼化中心

2020 年之前，我国成品油市场将进一步对外开放，依托日本、韩国、新加坡的过剩生产能力，预计我国成品油进口量将有所上升。2020 年后，随着我国石油需求的快速增长，日本、韩国、新加坡等国家的剩余加工能力对我国成品油市场的补充作用将显著下降，新增成品油需求将主要依靠我国国内炼油能力来满足。2020 年前，应逐步扩大我国炼油能力，2020 年炼油规模增长到 6 亿吨左右，国内成品油自给率保持在 90% 以上。2020～2030 年，应进一步扩大炼化规模，2030年炼油规模达到 7.5 亿吨左右，基本立足国内能满足成品油需求，建成面向东南亚的炼油中心。2030 年后，根据东南亚成品油市场情况，适当增加炼油规模，进一步巩固我国面向东南亚的炼油中心地位。

2）加强国内炼化产业的集群化、基地化和一体化建设

炼化集群化、基地化和一体化发展是我国炼化产业发展的重要方向。统筹考虑资源条件、运输条件、已有的发展基础、环境容量等因素，我国建设炼化集群的有利地区是环渤海区域、长三角区域和珠三角区域，这三个区域均有大型的原油码头，且均有成熟的炼化一体化企业作为基础，能够在较短的时间内进行集群化改造。2020 年我国应初步建设环渤海、长三角和珠三角三大炼化集群，力争炼油规模达到 2.6 亿吨，占全国总炼油能力的 43% 左右，乙烯生产能力达到 1300万吨，占全国乙烯生产能力的 45% 左右。2030 年，全面建成三大炼化集群，力争炼油规模达到 3.9 亿吨，占全国总炼油能力的 52% 左右，乙烯生产能力达到 2000万吨，占全国乙烯生产能力的 55% 左右。

除三大集群区外，我国还应具备一定规模的炼化一体化企业基础，完善大庆、

抚顺、吉林、独山子、兰州、齐鲁、福建、海南、武汉、青岛等炼化基地，部分基地炼油规模达到 3000 万吨以上。炼化基地的建设和发展应充分考虑原油资源获取途径、地区经济发展及下游产业配套情况，重点是提高东北、西北地区的炼化产业千万吨级规模和炼油化工一体化的水平，增加乙烯生产能力；结合中缅原油管道，在西南地区建设 1~2 个炼油基地；在沿江上游地区，根据区域成品油和石化原料需求，适度扩大炼油和化工规模；沿海不能纳入炼化集群的地区，根据原油资源和地区需求，完善炼油化工配套，实现差别化经营。

5. 配套建设原油和成品油储运系统

1）加快原油储运系统建设

扩大陆地进口石油获取规模，加强陆地石油战略通道的建设，使我国逐步形成东北、西北、西南三个方位的陆上战略石油进口通道，实现原油进口渠道的多元化；为满足未来我国炼化产业集群化发展的需要，继续加大海上进口通道的建设力度，提高深水原油码头接卸能力，加强远洋运输，大力增扩我国航运企业油轮的保有量，增强我国远洋石油运输的自主性，改善海运进口原油运输环节的安全保障度；及时做好国内原油外输能力的配套建设，确保上产油田外输通畅；适当发展沿海原油配套设施，选择在渤海湾西岸、浙江沿海和华南沿海适当地点，利用深水原油码头群、国家储备基地、企业商业储备库及岸上输转管网系统，建设进口原油调配中心，进一步实现原油采购的多样化和企业加工原油品质的稳定性；发展产业集群内公用原油管网，将本区域内的所有深水码头、加工企业及原油调配中心连接为一个整体，最大限度地利用区域内运力资源。

2）推进成品油储运系统建设

继续增加从大型炼化产业集群、基地至腹地主要市场地区的成品油管道干线，满足成品油运输至内陆腹地市场的运输需求；加快建设跨区域的成品油长距离调运干线管道，改善运输结构，提高安全性；加快建设短途支线管道，进一步提高管道运输对成品油市场的覆盖密度，改善我国成品油调配运输结构，尽快形成大型区域成品油管道网，充分发挥管道输送的经济和安全优势；在各个沿海炼化产业集群和内陆成油品管道的一些主要集输地建立区域性成品油储存、调配中心，充分利用各个炼化企业的产品特点，满足不同市场对于产品的差别化需求；配合沿海各个大型炼化产业集群建设需要，适当发展集群范围内的一些不同加工企业之间中间产品和化工物料互供管道与大宗液体化工物料的输转管道带，实现集群内各种原料资源和加工技术资源的优化利用及企业间的高度协同运作，充分释放集群的整体协同效应。

第五节 天然气战略

天然气作为清洁、优质能源，对优化我国能源消费结构、改善大气环境具有重要作用。要按照"加强勘探、优化布局、引导利用、完善设施"的方针，加大勘探开发力度，促进储量产量快速增长；同时，进一步完善配套输配管网、储气库、LNG 接收站等基础设施建设，加快天然气价格形成机制改革，合理引导市场利用，促进产业协调发展。

一、"加强勘探、优化布局、引导利用、完善设施"战略思路

（1）加强勘探。我国天然气资源较为丰富，开发潜力巨大，但勘探程度较低，目前探明储量不足以支撑天然气工业快速规模发展，必须加大国内天然气资源勘查开发投入，增加探明储量规模，不断夯实资源基础，实现国内天然气产量快速增长。

（2）优化布局。根据国内天然气生产能力、气价承受能力、市场需求情况及国际天然气市场变化趋势，稳步引进境外天然气资源，形成多元化供应格局，确保国内天然气供应安全。

（3）引导利用。统筹天然气发展的经济效益、环境效益和社会效益，尽快实现价格与国际接轨，完善相关财税政策，稳步扩大天然气消费市场，引导天然气合理消费，提高天然气利用效率，优化天然气消费结构，将城市燃气和工业染料作为我国今后天然气消费的主要方向，鼓励和引导天然气发电，适度控制化工用气。

（4）完善设施。天然气主干管网系统尚不完善，部分地区尚未覆盖，区域性输配管网不发达，天然气调配和应急机制不健全，特别是储气能力建设严重滞后，远低于世界平均水平。要构建横跨东西、贯穿南北的全国性天然气大管网，配套建设 LNG 接收站及区域性储气库群，是实现供气多元化、输配网络化、运行安全化、消费便利化的基本条件。

二、短、中、长阶段发展战略目标

1. 2020 年发展目标

通过努力，争取到 2020 年我国天然气供应量（含进口天然气在内）达到 3000 亿立方米，天然气在一次能源消费结构中的比重提高到 9%。常规天然气累计新增探明地质储量 6.5 万亿立方米，气层气产量 1990 亿立方米；非常规天然气产量

达到 300 亿立方米；引进管道天然气和 LNG700 亿立方米左右；全国天然气管道里程数超过 6 万千米。2020 年天然气工业战略布局：建设形成西北、西南、东北和海域四大天然气供应基地，国内天然气产量稳定增加；中亚、中缅管道平稳运行，LNG 引进规模稳步扩大；建成西气东输三线、西气东输四线、中俄进口天然气管道，煤层气管道进一步发展；天然气调峰能力不断加强，天然气工业进入持续稳定发展阶段。

2. 2030 年发展目标

到 2030 年，我国天然气供应量达到 6000 亿立方米，天然气在一次能源消费结构中的比重提高到 12%；国内常规天然气累计探明地质储量 13 万亿立方米，气层气产量 2400 亿立方米；非常规天然气产量达到 1000 亿立方米，成为重要战略接替资源；引进管道，LNG 进一步增加到 900 亿立方米左右。2030 年天然气工业战略布局：西北、西南、东北和海域四大天然气供应基地进一步发展；国内天然气开发进入稳定发展阶段；LNG 引进规模稳步提高；海底输气管道、煤层气管道进一步系统化；东北、华北、长江中下游、中南地下储气库群基本形成，天然气工业发展进入成熟阶段。

3. 2050 年发展目标

到 2050 年，我国天然气供应量达到 7000 亿立方米，天然气在一次能源消费结构中的比重提高到 15%。国内常规天然气累计新增探明地质储量 23.5 万亿立方米；气层气产量保持稳定，非常规天然气产量进一步增加；2050 年后国内供需缺口加大，应进一步加大海外资源引进力度；2050 年全国天然气管道里程数达到 10 万千米，形成以西气东输管线、陕京管线、川气出川管线、进口天然气管道和沿海管道为主线格局，东北、华北、长江中下游储气库群和珠江三角洲 LNG——地下储气库群为基础的调峰及储备系统。

三、"加快国内、非常规气、管网配套、科学利用"战略措施

1. 加快常规天然气勘探开发

加大勘探开发投入，加快建成鄂尔多斯、四川、塔里木、海上四个 300 亿立方米以上规模和青海、松辽两个 200 亿立方米以上规模的大气区，建设形成西北、西南、东北和海上四大天然气供应基地。

1）建立天然气供应基地

把落实资源放在首位，不断加大天然气勘探力度，实现储量稳步增长。四川、

鄂尔多斯、塔里木等九大盆地天然气成藏条件优越，是未来常规天然气勘探的主要对象，前陆盆地、克拉通内隆起、大面积地层岩性带、生物成因气、陆架海域是进口勘探的主要领域。塔里木盆地库车拗陷、塔西南拗陷、台盆区均具备大气田形成的基本地质条件，应加大勘探开发投入，加快建成鄂尔多斯、四川、塔里木、海上四个300亿立方米以上规模和青海、松辽两个200亿立方米以上规模的大气区，建设形成西北、西南、东北和海上四大天然气供应基地。

2）加大产业投资力度

要推动天然气产业的快速发展，首先妥善解决困扰天然气产业发展的一个重要问题，即资金问题。解决天然气产业的资金缺乏问题要靠四方面的努力：一是政府；二是生产企业；三是外资；四是用户。从政府角度来讲，应该制定适应天然气产业发展的价格体系、税收体系及扶持鼓励天然气产业的政策体系，为天然气产业提供政策上的帮助。从生产企业角度来讲，要坚持以寻找大中型气田为目标，提高勘探效益；以新技术为依托，提高开发效益，在生产的各个环节精心安排、厉行节约，最大限度地降低天然气生产成本。从吸引外资角度来看，国家应充分利用那些先进的外国公司所拥有的技术资源和资金资源，使它们投资我国石油天然气行业的上游和下游领域。可以让它们更多参与产品分成合同、允许它们投资于管道和其他基础设施、大型国有企业的股票继续到境外资本市场上市等多种方式吸引这些投资。从用户角度来讲，应该开拓天然气的利用领域，严格执行国家有关天然气价格的各项规定，为天然气产业的良性有序发展做出贡献。

2. 推进非常规天然气勘探开发

加大资金投入，依靠科技创新，大力开发致密气、煤层气、页岩气等非常规天然气，有序开展可燃冰开采试验，力争到2020年和2030年非常规天然气产量分别达到300亿立方米和1000亿立方米，成为重要战略接替资源。

1）加大科技投入，促进技术创新

加强非常规天然气勘探开发技术攻关，特别是实验测试、水平井、压裂增产等关键技术工艺的研发，实现环境友好的经济开发。具体来说，包括以下几方面。

（1）通过国家油气重大专项，加大投入，优先发展煤层气、页岩气开发的关键技术；以大型油气田及煤层气开发国家科技重大专项及其他科技项目为支撑，形成一系列符合我国气藏特点的先进且经济有效的核心工程技术和配套装备，完善高酸性气田安全开发技术，努力攻破页岩气勘查开发关键技术。

（2）加快研究制定非常规天然气开发技术标准，推进非常规天然气开发规范化发展；掌握煤层气富集规律及高效开发关键技术。依托大型油气田及煤层气开发重大专项，开展页岩气专项科技攻关，形成适合我国地质特征的页岩气勘探开发技术体系。

（3）鼓励企业研发并推广应用成熟新技术、新工艺，提高资源开发效率；加强技术攻关，加快研发适合我国地质特点的非常规天然气勘探开发技术。

（4）政府、生产企业、高校及科研机构要加强全面合作，进行重大技术的联合攻关，引进国外的先进技术，通过引进、消化、吸收、再创新，积极探索适合我国的非常规天然气勘探开发的核心技术体系。加大针对不同类型储层的多段压裂改造技术、水平井和多分支井钻完井技术、实验分析测试技术等的研发力度，实现非常规天然气的低成本、低污染、高效益的规模化开发。

2）加强基础工作，制定规范和标准

我国非常规天然气资源的开发刚刚进入起步阶段，需要大量的科技投入与技术创新及相关基础设施的建设。应该在全国非常规天然气资源勘探方面有所突破，进一步加强非常规天然气资源地质调查与评价工作，掌握致密砂岩气、页岩气、煤层气的资源潜力及分布，优选有利地区，降低勘探开发的早期风险。当前尤其要加强页岩气资源战略调查和地质基础研究工作，认识页岩气资源状况，促进页岩气勘探开发；积极开展致密砂岩气资源调查评价，全面掌握全国致密砂岩气资源潜力，真正摸清我国非常规天然气资源的"家底"。国家应该尽快组织非常规天然气全国性的资源调查、潜力评价，优选出勘探开发的远景区和有利目标区，正确引导企业进行商业投资开发，并为制定国家能源战略、规划和政策及资源管理提供依据。

在开展资源评价等工作的同时，要研究制定非常规天然气相关标准、规范，如页岩气储量的分级标准、评审认定规范，指导行业持续健康发展。同时，着手编制相应的页岩气技术标准和规范，并加快培育专业化技术服务公司。

3. 推进天然气基础设施建设，完善天然气管网

根据天然气工业资源、管网、市场一体化协调发展的特点，进一步加快天然气配套设施建设。争取到2030年，基本形成联通海外、覆盖全国、资源多元、运行高效的天然气管网，以及东北、华北、长江中下游和中南地区地下储气库群及调峰储备系统，使我国天然气工业进入成熟发展阶段。

1）加快天然气管网系统建设

充分利用国内外两种资源，以市场为导向，合理规划，分期分段建设，加快构建跨区域性干线管道系统。继"西气东输"之后，加快实施"海气上岸"和"俄气南下"工程，形成纵横南北、连接东西、穿越沿海主要经济发达省份和城市的

输气管网系统,为实现全国天然气发展战略打下基础;统筹天然气进口管道、LNG接收站、跨区域骨干输气网和配气管网建设,尽可能将管网延伸至各主要非常规资源开发地区,降低非常规天然气开发末端成本,提高商品化率。根据各个区域用气要求,建设支线管道和干线联络线,逐渐形成与主干线相连的区域管网,实现主要资源地和各市场区域间输气畅通,最终形成以西气东输、川气出川、陕京输气系统、忠武线、进口天然气管道和沿海天然气管道为主轴的纵横交错、横跨西南、西北、东北、长三角、环渤海、东南沿海、中西部和中南等8个目标市场区域的跨区域管网系统。届时资源多元化、供应网络化、调度灵活化的全国性供气格局将会形成。

2)有序引进LNG

遵循"资源市场落实、统筹规划,有序推进LNG资源"的原则,积极参与LNG进口资源的开发,争取更多的国外合同。LNG项目是一项系统工程,涉及环节众多,项目投资巨大,必须在国家的统一安排下规划建设;在气源供应上,要形成互保互供、相互调剂的格局,调高LNG用户的供气稳定性。

作为天然气重要补充的LNG,在形成区域管网的基础上,必须与天然气骨干管网连接起来,才能发挥多气源、资源互补的优势。预计到2050年,我国将在沿海地区建设LNG接收站21座左右,初步设想将广东、福建、广西LNG项目与西气东输二线相连;上海、浙江、江苏LNG项目与西气东输管道相连;山东LNG项目与山东管网相连;河北、天津LNG项目与陕京线相连;辽宁LNG项目与引进俄罗斯天然气管道相连。另外,考虑建设沿海天然气管道,将有关LNG接收站相连,实现天然气气源互供。通过以上管网的连接,我国将形成国产气管道、进口气管道和沿海LNG互相联通的全国性天然气管网。

3)配套建设地下储气库

天然气的地下储存是管道输送系统的重要组成部分,对城市用气季节调峰和国家战略储备起到至关重要的作用,加强天然气储气库建设要与管道建设紧密联系在一起,这是安全平稳供气、天然气行业快速健康发展的有力保障。我国储气调峰设施发展起步较晚,为确保长输管道的安全、平稳供气,优化天然气供气系统,应加快我国东北、环渤海、长三角、中南等地区地下储气库建设节奏、加大建设规模。为了有序完成地下储气库建设目标,需要提前进行以下几方面工作:①制定完善相应标准和规范、法律法规指导天然气储气库建设;②组织全国各油田开展天然气储气库的选址工作,因地制宜,充分利用自然资源优势,确定各城市的最佳建库位置、储气库类型和规模;③开展天然气储气库的设计、施工,以及各种储气库注、采工艺流程的优化工作;与国外大型的天然气储气库设计公司合作建设天然气地下储气库，学习建库经验，消化吸收新技术和新工艺；④为提高储气库的供气能力，应积极开展水平井，开发新工艺等技术的研究工作，开展天然气地下储气库的模拟、事故诊断和监测技术的研究，积极把握并积极研究天然气地下储气库的科技进步方向。

4. 积极引导天然气利用，不断优化消费结构

大力加强天然气的综合利用，特别是以气代油、以气代煤和天然气发电，本着理性、有序的原则适度发展城市燃气和天然气汽车，不断优化天然气消费结构。

天然气作为优质清洁燃料，未来将在国家能源消费中扮演重要角色。用天然气代替煤炭作为工业染料或发电在环保和效能方面均优于煤炭，可有效改善不断恶化的大气环境，提高能源利用效率；替代燃料油则可有效减轻石油供应压力，大力提倡并规模应用天然气具有明显的环境效益和长远的社会效益。但近中期，在天然气价格体制逐步理顺并与国际接轨后，天然气在经济性方面的竞争优势将不复存在。因此，在天然气工业快速发展初期应从优化能源结构、保障能源安全的角度出发，大力宣传天然气利用的社会价值和环境效益，并从价格政策上和财税补贴方面给予大力支持，逐步培育和形成一个健康成熟的天然气消费市场。

充分发挥价格的杠杆作用，不断优化消费结构。城市燃气和工业染料应成为我国今后天然气消费的主要方向。天然气应首先满足包括民用、采暖、商业及小工业、分布式供能系统在内的城市燃气需求，为居民、商业和公共建筑物提供清洁便利的燃料；其次是鼓励以气代油、以气代煤作为工业生产燃料；再次是为实现用气结构的均衡性和市场的规模化发展，考虑到我国不断增长的电力需求及电力行业以煤为主的燃料结构和由此带来的巨大环境问题，在天然气资源供应充足时，国家应鼓励和引导天然气发电产业的发展；最后是适度发展天然气化工。合成氨和甲醇是天然气化工原料的主导成品，近期全球合成氨和甲醇市场趋于饱和，在天然气供应形势紧张和国内天然气价格上调的趋势下，气头合成氨和甲醇将面临全面亏损，为避免投资的巨大浪费，国家应适度控制用气。

第六节 核 能 战 略

核电作为一种清洁、安全、经济的能源，是我国目前现实的能够大规模开发的替代能源。发展核电有助于改善我国的能源供应结构，有利于保障国家能源安全和经济安全。与火电相比，核电不排放二氧化碳、二氧化硫、烟尘和氮氧化物。以核电替代部分煤电，不但可以减少煤炭的开采、运输和消费总量，而且可以有

效促进电力工业的污染物减排。我国已具备核能规模发展的资源基础和技术条件，但核电安全极为重要，必须引起高度重视。要按照面向世界、面向未来的要求，紧紧抓住国内电力需求快速增长的宝贵机遇，加快国内核电规模化建设，建立具有国际竞争力的现代核电工业体系。

一、"安全第一、合理布局、技术创新、人才支撑"战略思路

（1）安全第一。建设和保持完善的核安全体系，加大监督管理力度，培育安全文化，确保核电站安全运营，确保放射性废物管理的安全，确保工作人员、公众和环境的安全。核电建设要以安全为前提，以形成的配套能力为基础，与设计和设备自主化能力相协调，与公众接受程度相适应，从实际出发，量力而行，稳步推进，在确保安全发展的前提下，合理确定不同时期核电建设的规模和结构，保证核电建设连续平稳。

（2）合理布局。核电布局规划主要应当考虑所建地区的经济实力、一次能源与电力短缺程度，以及环境保护状况等经济社会因素，此外，核电厂址的地质条件要求很高，地震要少且水源充足等。要保持合理的建设布局，统筹兼顾，沿海优先，做好全国优先布点，对厂址进行保护性开发，合理安排核电建设时序。有序推进沿海与内陆地区核电站建设，加强厂址保护工作，在核电竞争能力较强的东南沿海地区和中部缺煤省份，使核电逐步成为新增装机容量的主要形式。

（3）技术创新。通过引进技术的消化吸收和再创新，推进技术升级换代，实现核岛系统设计、主设备设计制造的自主化、国产化，形成核电自主品牌，逐步使我国由核进口大国向出口大国、核电大国向核电强国转变。

（4）人才支撑。发展核电，必须有一支高素质的人才队伍。我国核电要得到较快发展，必须充分利用好现有的人才，加快培育后备人才。要集中力量加大对核裂变、核裂变基础研究的人才培育，以抢占世界未来核电发展的基础领域和前沿阵地，解决核电发展中关系基础性、原则性和根本性的重大问题。同时，还要以核电企业应用人才为导向，建立健全纵向产学研一体化的核电人才协同培育和创新机制，提高核电企业的运营、管理与技术水平。

二、短、中、长阶段发展战略目标

1. 2020 年发展目标

通过努力，争取到 2020 年我国核能发电量达到 5250 亿千瓦时，核电在一次能源消费结构中的比重提高到 4%，沿海发达地区达到 10%以上，部分地区电力

发展以核电为主，江西、湖南、湖北和安徽等内陆省份核电占到一定比重；建造我国自主品牌的大型先进压水堆机型，满足 2020 年后第三代核电站的批量建设，并参与国际市场竞争，建设我国高温气冷堆示范电站和圆形快堆；探明一批铀资源储量，建成几座大型矿山基地，天然铀供应能力达到 10000 吨铀/年以上，其中海外铀资源开发占到相当比重；实现高性能燃料元件国产化，形成与核电发展需求相配套的加工生产能力；基本具备商用乏燃料后处理能力；建成高仿废物地质处置地下实验室；初步形成与我国核能发展相适应的现代工业体系、科技研发体系和监管体系。

2. 2030 年发展目标

争取到 2030 年我国核能发电量达到 12000 亿千瓦时，核电在一次能源消费结构中的比重提高到 7%；沿海发达地区和华东地区新增电力装机以核电为主，在国际上从核电技术和装备输入转为输出；天然铀供应能力达到 25000 吨铀/年以上；核燃料加工、制造能力满足国内需求，并成为地区性的加工中心；建成混合氧化物（mixed oxide，Mox）燃料制造厂，铀钚混合燃料开始补充热堆核电站核燃料供应；形成适应我国核能发展的先进工业体系、科技创新体系和监管体系。

3. 2050 年发展目标

通过努力，争取到 2050 年，我国核能发电量达到 30000 亿千瓦时，核电在一次能源消费结构中的比重提高到 12%；核电工业形成成熟堆-快堆二元核电体系，实现海水淡化、低温供热、高温制氢等核能费电应用的产业化，建立先进核燃料闭合循环体系，建成高放地质处置库，实现核能的可持续发展。

三、"铀矿开发、核电创新、完善安全、科学规划"战略措施

（一）加快铀矿资源战略性开发

我国国土大面积的铀矿勘查程度较低，探明的资源储量有限，潜在总量较大，勘探前景广阔。加强铀成矿理论的研究、深部探矿技术的研究开发和改善铀矿勘查装备，完善提高地质勘探队伍的能力和技术水平，扩大勘查范围和提高勘查效率。按照"主攻地浸砂岩型铀矿，兼顾其他经济型铀矿"的勘探方针，做好铀矿资源的调查和评价工作，重点寻找和落实大型、超大型天然铀资源区块，增加铀资源储量储备；以蒙东、新疆为重点，加快进行鄂尔多斯盆地、北方伊犁盆地等砂岩型铀矿的资源普查工作，同时围绕南方相山矿田等硬岩老矿田开展深部和外围的勘查工作，加快我国铀矿资源的战略性开发利用。争取 2020～2030 年核能

占我国新增能源供应的 1/4 以上，2030～2050 年核能占我国新增能源供应的一半以上，成为我国主要能源之一。

（二）推进核电创新体系建设

大力推进核电科技创新体系建设，加快培育和形成世界一流的核能科技自主创新体系、核燃料闭合循环体系和核安全体系；同时加紧培育尖端人才，建立完善设备研发、设计、制造一体化的工业体系，提高自主创新能力和国际竞争能力。

1）完善人才培养体系

按照统筹协调与总体布局原则，加强核专业的人才培养。核人才涉及专业广，需求层次结构不一，核人才需求主要受到核电项目建设规模与速度的影响，应该根据核电项目建设的发展趋势，提前进行培养，留有适当的人才储备。因此，政府应当加大核电专业人才培养的调控力度，依据国家核能发展的战略规划，统筹制订国家核专业人才培养的中长期规划和发展战略，处理好总量与结构、数量与质量的关系，促进核人才结构的合理化。

要促进核人才科学合理高效的培养，必须建立完善政府、企业、高校与科研院所"三位一体"的核专业人才培养体系。培养核专业人才是一个复杂的系统工程，需要政府、企业、学校和科研院所等的多方参与，充分发挥各个方面的优势，多途径、多渠道、多方式培养核专业人才。政府应加大资金投入力度，保障高校核专业人才培养基本条件的维护、建设及师资队伍的建设。尤其是对发展相对滞后、萎缩严重的核科学与核工程技术学科实行政策倾斜、加大经费等各方面的支持力度。对于核地质、核化工、核燃料、同位素分离、铀矿冶等国家急需而面临客观困难的核专业，政府应当建立相应专业的定向生培养基金，以保证在市场经济条件下稳定批量输送一流高校毕业生到地处中西部的核科研生产单位工作。核电企业和研究院所可以通过订单式培养、定向培养、设立奖学金等方式招揽核专业人才，鼓励优秀在校本科生通过暑期实践等方式提前到核电企业接触核工程实践，促进科研、教学与生产实际的紧密结合。高等院校要及时更新教材，调整内容，并加强对学生的科学普及与专业教育，使更多的学生在了解核工业的基础上选择核电事业。教育主管部门应牵头在有条件的高校设立核科学与技术类专业基础研究和人才培养基地。

2）完善技术创新体系

我国现阶段的核电技术创新主要由国家层面的创新团队完成，未来要建立以企业为主体的国家创新团队和企业创新团队相结合的技术创新体系，充分发挥企业在技术创新方面的潜力。在该体系下，要把从事基础性、战略性和前瞻性研究与军工的科研机构直接置于政府的领导之下，主要完成国家的指令性任务，进行核电基础性研究和长远性的核能研究开发工作，为核能技术的原创性研究和可持续发展作贡献。设立国家层面的核能技术预先研究计划，正确选定若干研究项目作为重点目标，为后续发展提供源源不断的技术储备。把从事技术研究、工艺开发的研究机构整合到大中型企业或企业集团，主要进行有市场前景的先进核能技术的研究开发，为核能技术的集成创新和市场化发展作贡献。

（三）完善核能发展安全体系

坚持"以人为本、安全第一"的原则，加大核能开发利用的监督管理力度，建立健全安全预警和处置机制，高度重视核燃料后处理和放射性物资处理问题，建立先进、完整、有效的核能安全体系。

1）建设和完善我国核能法律法规体系

积极开展核能立法的研究与编制，促进核能相关法律出台；密切跟踪国际核与辐射安全标准发展动态；及时修订和完善我国现有的核安全法规；引进、消化、吸收、掌握和应用国家的安全评审技术、监督管理、技术法规和技术标准，不断完善核与辐射安全的相关法律和行政法规。

2）逐步建立我国独立的核能工业技术标准体系

技术标准体系是一个国家技术自主权和标志。要在充分吸收国外经验的基础上，高度重视我国核能技术标准所必需的基础性研究，高度重视我国核工业实践中的经验积累与分析总结，结合我国工业基础和具体条件，积极开展标准的制定工作，逐步建立起与我国核与辐射安全法律、法规体系、技术发展水平相匹配的核能工业技术标准体系，使我国在世界核能发展中掌握话语权和主动性，为我国核能未来的装备和技术输出提供必要的基础。

3）加强核安全监管能力

核安全监管能力主要包括核设施、放射性物品运输与处置、辐射环境监测、核安全级设备、核技术利用安全的监管能力及共用条件（包括事故预警和应急）七个方面。努力学习国际先进的核安全监管经验和技术，开展运行核电厂安全性能指标评价体系的建设，深化核安全监管，强化核安全监管体系的建设；同时要加强监管队伍的力量，提高监管队伍的素质，以尽快适应核电规模发展的核安全监管需求。总体上讲，要按照整合资源、优化配置、科学管理、有序推进的原则，分步有序提高核安全监管能力。

4）加强核事故应急体系建设

核安全监督机构的主要任务是负责核设施正常运行情况下的全生命周期监

管。一旦发生核安全事故，其影响往往非常巨大，核安全监督机构将难以独立应对，必须组建一个更为强大的、主要负责非常态核安全事故的处理机构，便于迅速有效地调用起更多的人力、物力和财力，最大限度地缓解核安全事故带来的不良后果。国家、地方及企业必须建立相应的负责处理核事故的专门应急组织与机构，形成中央、地方与核电企业三级核事故应急体系。通过这三个层面的应急组织与应急预案，构建起一个强大的核安全事故应急系统，提高非常态核安全事故的处理能力。

（四）合理布局核电区域发展

坚持统筹兼顾、合理布局，不断加强厂址规划与开发，有序推进沿海与内陆地区核电站建设。充分考虑各地区经济实力、地质条件、环境容量和厂址资源条件，在用电负荷增长快且资源缺乏的东南沿海地区和中部省份，优先安排发展核电，使核电逐步成为这些地区新增电力容量的主要形式。需要注意的是，虽然我国在运核电厂都在沿海地区，但内陆厂址核电建设在技术、环保等方面没有特殊限制。在许多国家，核电厂的分布都以内陆为主，在全球在运核电机组中，内陆核电厂址达到50%以上，美国、法国则比例更高。我国已经拥有了一定的建设内陆反应堆和核电站的经验，如研究性反应堆、生产堆等。因此，在东部沿海地区在确保现有核电安全运行、加快沿海厂址新项目的立项与建设的同时，要加快内陆厂址的选址工作，稳步有序地推进内陆核电厂的建设。在已具备厂址条件的中部省份，如江西、安徽、湖南、湖北、河南等，要尽早安排适量的内陆核电项目开工建设，取得建设经验后批量规模化发展。

（五）提高核电产业经济性

除了安全性外，核电发展还要考虑其经济性。要提高核电产业的经济性，主要是做以下三方面努力：一是提高核电站发展规模。在影响核电站的建造成本和发电成本的众多因素中，最主要的因素是核电站规模。通常情况下，核电站的发展规模越大，其单位建造成本和单位发电成本相应地将越低。二是更新核能技术。如果核能要大规模发展，就必须提高其经济竞争力，也就是要求更加经济的核能技术、更低的造价和更低的发电成本。政府和企业要共同努力，加大核电技术投入力度，促进更加经济的核能技术的研发。同时，要积极引进国外的先进技术，进行消化、吸收、再创新。三是提高管理水平。努力学习国际先进的核电站运营管理经验，主要包括核安全监管经验、核电人才的培养、核电技术创新等，努力建立高效的管理团队，提高核电企业的运营效率。

第七节 水 电 战 略

水电是目前我国可再生能源技术中最为成熟、最具规模化开发条件的可再生能源。但水电发展受生态环境制约，过度开发会引发一系列自然生态和社会问题。要以保护生态环境、妥善安置移民和减少耕地淹没为前提，以经济性与社会性并重、社会性优先为原则，统筹流域水能开发规划，规范资源管理，强化安全监督，推动技术进步，科学部署重点流域的开发力度，推动水电基地"流域、梯级、连续、滚动、有序"开发，实现资源优化配置，充分发挥水电对应对低碳形势、改善能源结构、协调区域发展、保障人民生计的作用。

一、"保障民生、生态保护、有序开发、区域协调"战略思路

1. 坚持水电开发与保障民生相协调

正确认识水电发展面临的新问题、新形势，切实转变水电发展观念，创新水电发展模式，从生产效益型向服务型水电转变。开发水电的主要目的是服务于社会、地区和人民。在追求企业生产效益的同时，制定相关政策，发挥企业责任，有义务地为当地老百姓造福，为当地经济发展作贡献。在移民安置方面，要坚持以人为本，因地制宜，认真总结国内外水电开发经验，创新移民工作思路，积极创先和推进开发性移民工作，多渠道解决移民安置问题，加大对移民的后扶持力度，维护库区社会和谐稳定。

2. 坚持水电开发与生态保护并重

水电开发是一个复杂的生态系统工程，要以发展的眼光、科学的态度对待水电开发，应坚持生态优先，保护环境。坚持"开发中保护，保护中开发"，将水电开发对生态环境的负面影响降到最低。维护生态平衡、保障生态安全与水电开发的无缝对接，使区域经济增长与生态保护和谐共进，促进经济又好又快发展。

3. 坚持"流域、梯级、连续、滚动、有序"开发

从我国经济社会发展现实出发，正确处理好近期与愿景、整体与局部、干流与支流、上中下游、资源开发与环境保护等的关系，妥善处理好国民经济各部门对水资源开发的需求，做到全面规划、统筹兼顾、综合利用、讲求效益。积极开发水电是我国能源市场可持续发展的需要，也是全面建成小康社会的需要。水电建设周期较长，水电开发任务十分紧迫，必须坚持积极发展原则，加快水电开发。坚持水电前期工作和核准程序，做好全国电力综合平衡和水电开发规划。加大重

点流域的开发力度，保证水电基地连续滚动开发，更好地实现"西电东送"。进一步提高重点流域"流域、梯级、连续、滚动、有序"开发的能力，保持合理规模、坚持连续开发和梯级开发，加快开发金沙江、澜沧江、大渡河、雅砻江、红水河、怒江和黄河等资源富集水域，加快建设有"西电东送"战略性地位的水电基地。

4. 坚持水电开发与区域综合发展相协调

全面加强和规范资源统一管理，合理开发、利用、保护水能资源。以流域为主，整合上、中、下游，左、右岸，实现大、小水电开发的整体协调，实现国家和地方政府、企业与民生建设四位一体的开发，实现水电开发、能源结构调整、区域可持续发展、优化生态环境、提高民生福利和完成低碳责任的多重目标，推动国民经济发展、满足社会发展需要。

二、短、中、长阶段发展战略目标

1. 2020 年发展目标

至 2020 年，全国水电装机容量达 2.6 亿千瓦。水电年发电量达到 7590 亿千瓦时，水电在一次能源消费结构中的比重为 6%；东部地开发总规模达到 2500 万千瓦，占全国的 10%，水力资源基本开发完毕，包括京津唐、辽宁、山东、上海、江苏、广东等地区，水力资源开发转向深度开发；中部地区开发总规模达到 7000 万千瓦，占全国的 28%，开发程度达到 80% 以上，包括安徽、江西、河南、湖北等地区，水力资源开发转向深度开发；西部地区总规模为 16500 万千瓦，占全国的 63%，其中开发程度达到 43%。其中，广西、重庆、贵州等省份基本开发完毕，四川、云南、青海等省份还有较大开发潜力，西藏开发利用程度较低，具备大规模开发条件。

2. 2030 年发展目标

至 2020 年，13 个水电基地规划水电工程大部分已开工建设，结转 2021～2030 年投产容量约 4000 万千瓦。从 2021 年开始，水电开发重点逐渐向金沙江、澜沧江和怒江上游等转移。至 2030 年，常规水电装机容量达到 3.2 亿千瓦，约占电力总装机容量的 20%，开发程度达 59%。我国水电年发电量达到 10560 亿千瓦时，水电在一次能源消费结构中的比重为 6%。2021～2030 年，投产的水电总装机容量 6000 万千瓦，主要有西藏 600 万千瓦、四川 2000 万千瓦、云南 3000 万千瓦。

3. 2050 年发展目标

2050 年，我国水电年发电量达到 12210 亿千瓦时，水电在一次能源消费结构中的比重为 5%。全国水电开发主要集中在藏南雅鲁藏布江和西藏境内。雅鲁藏布江的开发，难度要相对大一些，要依靠水电工程和输电工程的技术创新，科学地做好规划。雅鲁藏布江下游河段的水力资源技术可开发量 6962 万千瓦，年发电量 3474 亿千瓦时，相当于三个三峡水电站的发电量，距我国中东部负荷中心 2000～3000 千米，基本具备大规模开发和外送的条件。雅鲁藏布江下游河段中截弯取直方案共五个梯级，总装机容量 6180 万千瓦，年发电量 3074 亿千瓦时。

三、"重点流域、西部开发、环境保护、综合效益"战略措施

1. 加大重点流域的开发力度

按照水电总体发展规划，并结合生态及区域实际，重点搞好金沙江、澜沧江、大渡河、雅砻江、红水河、怒江和黄河等资源富集河系的水电建设，进一步提高重点流域的连续滚动开发能力。

1）完善流域水电规划

加强河流水电规划等前期工作，继续抓好金沙江中游龙头水库建设论证、藏东南及"三江"（金沙江、怒江、澜沧江）上游水电开发战略规划和"西电东送"接续基地研究等工作；继续推进雅砻江上游和雅鲁藏布江下游水电规划工作；完成金沙江上游、澜沧江上游、怒江、雅鲁藏布江中游、黄河上游和通天河等河流水电规划。

2）加快推进大型水电基地建设

按照大力开发水电的方针，按照"流域、梯级、连续、滚动、有序"的开发方式，重点开发水能资源丰富、建设条件较好的金沙江中下游、澜沧江中下游、雅砻江、雅鲁藏布江中游、黄河上游、大渡河等水电基地，启动金沙江上游、澜沧江上游、通天河和怒江等流域水电开发工作；对中部地区和东部地区水能资源继续实施扩机增容和改造升级。尽快建设调节性能好的水电站，尤其是各流域的"龙头"水电站，充分发挥其流域水力补偿和在电网中的电力补偿效益，以改善流域水电站的调节性能。

2. 优化水电发展布局

未来我国水电开发的重要地区在西部地区，特别是西南地区。西部地经济相对落后，水力资源丰富且开发程度低。从需要与可能、全国能源资源平衡、优势

互补、促进地区共同发展的角度出发，我国水电开发的战略重点是加快西部水电开发特别是大型水电站的建设，形成西部水电能源基地，大力实施西部水电东送，促进实现东西地区区域协调发展。

西部水利资源主要分布在十三大水电基地所在流域及西藏雅鲁藏布江流域。从我国水电开发现状来看，在规划的十三大水电基地中，东北、闽浙赣和湘西水电基地开发程度相对较高，长江上游、乌江和南盘江红水河水电基地，绝大部分水电均已开工建设，这些水域不是未来我国水电开发的重点地区。而金沙江、大渡河、雅砻江、澜沧江、黄河和怒江等水电基地开发利用程度很低，在未来应重点开发。加大水电站开工规模，尤其是加快西部水电开发步伐，促进"西电东送"工程和西部大开发战略的实施。实施"西部大开发"是实现我国可持续发展的重大战略举措，加快水电开发是发挥西部资源优势的重要途径。由于我国约80%的水电资源分布在西部的12个省份，而主要的电力市场又分布在东部经济发达地区，西部水电的开发必须符合"西电东送"的总体战略，否则加快水电开发就会受到电力市场的制约。

3. 发展抽水蓄能电站

与国外相比，我国抽水蓄能电站的起步较晚，然而其进展较快，并在向高水头、大容量的趋势发展。坚持"统一规划、合理布局"的原则，以全社会电力供应总成本最低为目标，结合新能源开发及电网安全稳定运行要求，深入研究电力系统负荷特性、调峰需求和保障电网安全稳定需求，因地制宜地推进东中西部抽水储能电站的发展。

在东部地区，着力完善站点布局。在华东、广东等东部地区火电比重大和调峰能力不足，海南、福建等核电发展较快，以及吉林、河北等风电大规模开发地区，根据电网调峰要求，合理布局一批经济指标优越的抽水蓄能电站，以提高电网运行的安全性、可靠性和平稳性，以保障供电质量和安全。在中部地区，适度加快电站建设。着力解决中部地区因水火分布不均、水电基本开发完毕、三北地区风电受端带来的电网调峰和安全运行问题，加快建设一批条件成熟的抽水蓄能电站。在西部地区，有序推进蓄能开发。在西北风能和太阳能资源丰富地区，适应新能源基地大规模开发需要，按照分类指导、突出重点的原则，有序推进抽水蓄能电站建设。

4. 因地制宜开发中小河流水力资源

开发水电应大、中、小并举，尤其在东部、中部和西藏、内蒙古、新疆、海南等地区，因地制宜大力开发建设中、小型水电。我国中小河流上的中、小型水电站数量众多、分布广泛，在农村及区域社会经济发展中发挥着重要作用，要坚持因地制宜开发农村小水电和农村水电代燃料工程建设。发展农村小水电是解决农民生活燃料，促进贫困地区、边远山区、少数民族地区经济社会发展的措施之一，是解决"三农"问题的重要措施之一。加强中小水电开发及建设管理是实现中小水电健康协调和可持发展的保障。重点开发西南地区丰富的小水力资源，解决大电网未覆盖地区的电力供应问题。要加强中小流域综合治理，积极推进水电增效扩容工程，结合水电新农村电气化县建设和实施"小水电代燃料"工程需要，因地制宜、平稳有序推进小水电开发，努力提高资源丰富的贫困地区小水电开发利用水平，解决这些地区用电问题。推进中小河流水力资源开发的过程中，要重点加快江西、贵州、湖北、浙江、广西、湖南、广东、福建、云南、四川等省份的小水电的发展。

5. 加强水电开发中的生态环境保护工作

水电建设是一个涉及能源、国土、水利、环保、移民和社会发展等诸多方面的复杂的系统工程。在水电开发中，要坚持和落实好科学发展观，全面、科学、客观、公正地评价水电工程的生态环境效益和影响，高度重视生态环境保护工作，坚持"在开发中保护，保护中开发"的方针，促进水电开发与生态环境保护事业的协调发展、人与自然的和谐发展。

一是加强组织研究和协调生态平衡与环境保护问题。水电开发具有面广、影响范围大等特点，特别是生态平衡和环境保护等工作，没有组织和规范难以开展。应由政府相关主管部门共同组织，开展流域水电开发的环境承载力研究和水能资源功能区划工作，取得开发规模、开发布局和开发时序的共识，同时提出相应的保护对策措施。

二是建立切实可行的环境补偿机制。按照"谁开发谁保护、谁受益谁补偿"的原则，通过征收生态补偿费、设立生态补偿基金等方式，扩宽补偿资金渠道，因地制宜选择生态补偿模式，把水电工程建设成为生态工程。

三是加强水电开发相关生态环境保护措施的研究。加强主要江河的鱼类生态习性研究，为水电工程建设制定有效的鱼类保护措施提供科学依据；开展各种过鱼设施、增殖流放设施的试验研究，开展低温水对鱼类的影响研究等。

四是规范水电工程环境影响评价。水电工程环境影响涉及面广，涉及水生、陆生动植物及各类保护区，对这些物种的影响缺乏科学的衡量标准，是制约水电工程环境影响评价科学性的因素。加强水电开发相关生态环境保护措施的研究，进一步采取有效措施，更好地减免水电开发对生态环境的负面影响。

6. 提高水电开发的综合经济效益

统筹兼顾防洪、供水、生态环境、航运等方面的需求，实行水电综合协调开发，进一步提高水电开发的综合经济效益。

1）发挥防洪和供水作用

要精心设计，建设一流工程，建设一流电站，全面发挥枢纽的综合效益。必须以科技为先导，大力开展科技创新，有效解决制约水电开发的重大关键技术问题，充分发挥科技创新对水电工程建设的基础推动作用，建设创新型工程；必须严格管理，强化监督，注重细节，持续改进，不断提高大型水电工程的建设管理水平。依靠一流的管理和一流的工程，提高调峰、调频功能等电能质量，充分发挥水电设置防洪防涝、农业灌溉、工业补水和流域水资源优化作用。

2）带动当地经济发展

通过水电开发促进地方基础设施的建设和相关产业的发展。我国水力资源主要集中分布在西部，受自然条件和历史条件等因素的限制，这些水电开发不足地区的经济社会发展水平总体比较落后，耕地面积少、贫困人口多的矛盾制约了传统农业的发展空间。应当把推动国家和地区的经济增长、促进社会公平、改善生态环境，实现经济社会协调发展，作为开发西部水电的根本目的。为了实现这一目标，就要按照科学发展观的要求，统筹区域发展，发挥重大工程对库区经济发展的带动作用，促进基础设施的建设，促进库区产业结构调整，促进资源优势转化为经济优势。

3）做好移民安置工作

要坚持以人为本，实行开发性移民方针，以水电工程建设带动移民脱贫致富，真正实现"搬得出、稳得住、生活逐步能提高"的目标。水电开发中必须转变重工程、轻移民的做法，认真贯彻以人为本的思想，重视改进水库移民政策、保障和维护水库移民合法权益，认真抓好移民点巡查走访，及时疏导移民的思想情绪，维护社会的和谐稳定。抓好移民生活的服务工作，重点是解决好群众出行、购物、供电、供水、就医、上学等民生问题，切实解决好关系移民群众切身利益的问题，积极扶持移民发展生产，不断改善移民生存和发展条件，促进库区经济发展和社会稳定，保障水电工程建设项目的成功及水电事业的可持续发展。

第八节　非水可再生能源战略

非水可再生能源是资源潜力大、发展前景良好的清洁能源。但这类资源规模化开发尚存在若干制约因素，对其发展的不确定性应予充分考虑。要按照"统筹规划、因地制宜、技术先行、重点突破"的原则，重点发展可再生能源发电，稳妥发展生物质液体燃料，因地制宜发展可再生能源供热和燃气技术，逐步完善可再生能源科技自主创新体系、工业体系和配套政策体系，实现规模化发展。

一、"统筹规划、因地制宜、技术先行、重点突破"战略思路

（1）统筹规划。要从长远考虑，全面促进各种非水可再生能源的健康有序发展，制订详细的针对各种非水可再生能源发展规划和发展路线。对技术成熟、市场发展条件好的技术，应出台有关政策措施，予以大力推广；对接近商业化发展的，要重点抓好示范工程和产业化建设，为大规模发展奠定基础；对尚处于研发阶段的，要大力组织开展科技攻关，力争取得突破。

（2）因地制宜。要根据不同地区经济发展、自然地理、人文传统等方面的特点，综合考虑非水可再生能源资源的多方面用途，经过严格的全过程、全产业链生态环境影响分析，合理选择非水可再生能源品种，科学确定发展规模，尤其是生物质资源开发必须做到"不与民争粮、不与粮争地""不与农田争水源、不与禽畜争饲料"。

（3）技术先行。始终要把技术发展作为实现非水可再生能源发展战略目标的重点之一，将非水可再生能源的科学研究、技术开发及产业化纳入国家各类科技发展规划，整合研发队伍，不断提高国内研究机构与企业的自主创新和消化吸收能力，夯实非水可再生能源发展的技术基础。

（4）重点突破。要选择资源潜力较大、技术条件较强、产业基础较好、对国民经济贡献较大的技术和产业，加快提高这些行业的技术进步和产业集中度，着力提高非水可再生能源利用的全生命周期经济性和全生命周期能效水平，提升这些非水可再生能源产品在行业中的市场竞争力。

二、短、中、长阶段发展战略目标

1. 2020 年发展目标

2020 年以前，可再生能源发展处于起步阶段，主要通过政策激励，逐步摸清资源条件、提高技术水平，广泛开展实验示范，形成大规模利用的条件。至 2020 年，可再生能源供应达到 2.1 亿吨标准煤左右，可满足总能源需求的 5%左右。风电实现装机 8000 万千瓦，太阳光伏发电实现装机 500 万千瓦，生物质发电实现装机 1500 万千瓦，地热发电实现装机 10 万千瓦。

2. 2030 年发展目标

可再生能源开始发挥一定替代作用，比例不断加大。至 2030 年，可再生能源可以提供 3.4 亿吨标准煤的能源供应，满足总能源需求的 6%左右。风电实现装机 1.5 亿千瓦，太阳光伏发电实现装机 3000 万千瓦，生物质发电实现装机 2000 万千瓦，地热发电实现装机 30 万千瓦。

3. 2050 年发展目标

可再生能源开始发挥比较重要的作用，此时大多数可再生能源产品已具备较强的竞争优势，每年新增能源供给中的大部分由可再生能源提供。2050 年，可再生能源可提供约 6.9 亿吨标准煤的能源供应，满足总能源需求的 11%左右。风电实现装机 4 亿千瓦，太阳光伏发电实现装机 2 亿千瓦，生物质发电实现装机 4000 万千瓦，地热发电实现装机 60 万千瓦。

三、"产业完善、成本效益、技术推动、相互补充"战略措施

1. 推进风电发展

大力发展风电，实行陆地与海上、分散与集中相结合的开发模式，加快风电技术研发和设备自主化生产，扩展风电装机容量，完善入网政策，快速提高风能开发规模和利用效率。

1）陆地与海上共同发展

风电的发展以陆上为主，内陆地区的开发重点是西北、华北和东北的"三北"及东部沿海地区，包括河北、内蒙古、吉林、甘肃、新疆、江苏、浙江、山东等省份，宜于开发较大规模的风电场。对由于受地形及电网条件的限制难以成片开发的地区，也可以因地制宜地开发建设中小型分布式电厂。除了"三北"地区外，还要加强其他内陆地区的风能资源前期评价和开发建设，加快资源较丰富、电网接入条件好的宁夏、辽宁、山西、云南等地区的风电开发，鼓励因地制宜建设中小型风电项目，就近接入电网，立足本地消纳，使本地区风能资源尽快得到有效利用。

积极稳妥推进海上风电开发建设。发挥沿海风能资源丰富、电力市场广阔的优势，积极稳妥推进海上风电发展，加快示范项目建设，促进海上风电技术和装备进步，其中重点是风电机组支撑优化设计、基础施工、风电机组运输、安装、防腐技术等。加快开展海上风能资源评价、地质勘察、建设施工等准备工作，积极协调海上风电建设与海域使用、海洋环保、港口交通需要等的关系，统筹规划，

重点在江苏、上海、河北、山东、辽宁、广东、福建、浙江、广西、海南等沿海省份，因地制宜建设海上风电项目。探索在较深水域、离岸较远海域开展海上风电示范。

2）集中与分散结合发展

一方面，有序推进大型风电基地建设。结合电力市场、区域电网和电力外送条件，积极有序推进"三北"和沿海地区大型风电基地建设。到 2015 年，形成酒泉、张家口、乌兰察布、锡林郭勒、通辽、赤峰、白城等数个 500 万千瓦以上风电集中开发区域，以及承德、巴彦淖尔、包头、兴安盟、松原、唐山、民勤和大庆、齐齐哈尔等一批 200 万千瓦以上的风电集中开发区域。另一方面，鼓励分散式并网风电开发建设。利用 110 千伏及以下电压等级变电站分布广、离用电负荷近的优势，就近按变电站用电负荷水平接入适当容量的风电机组，并积极探索与其他分布式能源相结合的发展方式，实现分散的风能资源就近分散开发利用，使我国中部地区和南方地区遍布各地的风能资源都能得以利用，扩展风电发展新的消费市场空间。

3）加快技术研发

高度重视国内风电技术的基础性研究，高度重视我国风电产业发展过程中的经验积累，将自主创新与技术引进和消化吸收再创新相结合，提高风电技术研发能力，建立和形成以国内制造为主的风电装备能力。支持技术研发能力较强的风电设备制造企业引进国外先进技术，并进行消化吸收和再创新，逐步形成具有自主知识产权的风电技术和产品。在初步形成国内制造装备能力的基础上，采用自主创新、联合设计、技术引进等方式，开发大规模海上风电机组。充分利用国内和国际市场，培育技术水平较高、市场竞争力较强的风电设备配套零部件和整机制造产业。在资金方面，通过税收优惠政策、建立风电发展基金等方式，加大风电技术研发的资金投入，推动风电技术进步和产业发展，实现风电设备制造国产化，大幅度降低风电成本，尽快使风电具有市场竞争力。

4）推进风电并网

在风电产业发展方面，要完善风电技术创新体系，要建立以企业为主导、市场为导向、产学研结合的技术创新体系；着手建立风机原材料认证体系与风电场建设认证体系，完备检测认证体系，确保我国风电制造业的长远发展和大批风电场的稳定运行；在电力系统建设方面，要提高发展储能技术，能够提高电网对风电的接纳能力，确保电力系统稳定性。其中，储能技术主要包括飞轮储能技术、压缩空气储能技术、超导储能技术、超级电容器储能等；提高电网智能化水平；推进非并网消纳设施建设，缓解大规模风电并网给电网带来的巨大压力。其中，风电非并网消纳设施包括：有色金属冶炼、氯碱工业设施、煤化工设施、海水淡化设施、规模化制氢设施及未来电动汽车充电设施等；在政策法规丰富方面，完善风电发展的法律法规，制定激励性投资政策，加大风电发展财税政策支持等。

2. 推进太阳能发展

积极开发利用太阳能，突破高效转化技术，鼓励发展太阳能光伏发电，开拓多元化光热发电市场，创新集成应用系统，提高利用效率。

1）着力突破光伏发电成本限制

以晶体硅电池为主，支持高效率、高稳定性、低成本的光伏电池的研发，围绕硅材料提纯、新型材料电池开发集成系统设备制造等核心技术问题，构建国家级太阳能发电技术研发机构、检测机构，统一技术标准，强化企业自主创新能力和生产能力，扩宽国内外消费市场；建立污染治理实验室，研究多晶硅的闭环生产模式，提高太阳能资源的利用率；开发专门用于太阳能电池的硅材料，实现硅材料的国产化和提高性能；发展提高光伏电池效率的技术和光伏组件装备技术等。此外，扶持薄膜电池技术的研发，并通过规模化生产实现成本的大幅度下降。探索新的电池材料和制造工艺技术。随着新材料和新电池结构的出现及规模化生产，建立完备的光伏发电产业链，为2030年后光伏的大规模应用提高产业基础。

2）提高光伏发电应用技术水平

大力发展屋顶光伏系统和沙漠电站技术和工程，以及与之相配套的并网技术和大规模蓄电技术等。屋顶并网发电系统技术的重点是做好与建筑一体化工作；对于沙漠电站发电系统技术，应研究大型、超大型沙漠电站技术和示范工程应用技术；对于光伏发电的高压和低压并网系统技术，开展光伏并网发电对电网稳定性的影响、超大型沙漠电站的长距离输电技术、电网调度技术和多电源联合运行技术等的研究；对于系统应用技术和装备，开展光伏电池系统并网的模块化大容量逆变器和相应的并网群控技术、储能技术与装备的研究。

3）在国家级科研机构和大学设立太阳能技术应用基础研究项目，开展相关的太阳能资源、热力学等方面的理论和实验研究

将基础研究与人才培养相结合，根据太阳能发展需要培养一批研究生等高级人才，选择一些高等学校和中专学校，设立太阳能专业课程，逐步建立起太阳能研究专业。同时，结合太阳能发展需要，定期举办太阳能技术培训班，解决目前太阳能发展紧缺的人才问题。

4）做好太阳能资源数据收集工作

利用太阳能首先应该对太阳能资源有充分的了解，这是太阳能光伏发电技术

应用的前提。应该着手建立太阳能直射辐射资源数据收集体系，特别是在太阳能资源好、有一定土地资源的中西部和东南沿海地区，要安排一定数量的气象台站测试太阳能直射辐射数据，在获取太阳能资源数据后要对其进行评估，为未来应用打好基础。

3. 推进生物质能发展

积极推进纤维素乙醇、生物柴油等生物质液体燃料的技术研发和规模利用，逐步实现对煤炭等化石能源的有效替代。同时，加大农村地区沼气发电推广力度，推进工业化试验和产业化规模发展。

1）构建技术研发体系

整合现有生物质能研究的技术和能力建设资源，加强国家级生物质能技术研究机构建设，重点建设生物质能综合利用技术研发测试平台和先进非粮生物液体燃料技术研发平台，从事基础研究工作，组织开展联合研究，攻克产业发展的关键技术和共性技术难题。

依托骨干企业、研究院所和大学等，建立涵盖生物质发电、生物质燃气和生物液体燃料等技术的重点实验室，推动生物质能应用技术研究和相关技术创新平台建设。在大型企业建立生物质能创新中心或工程技术中心，开展应用研究和系统集成，促进科技成果的产业化。鼓励企业加强对引进的国外先进技术的消化吸收，逐步建立自主创新的技术体系。

2）开发关键技术设备

在生物质燃气方面，开发生物质燃气高效制备及综合利用技术，重点突破高浓度、混合燃料的湿发酵、干发酵技术，以及燃气净化和高热值化转化技术，研发大功率生物质燃气发电机组；在生物液体燃料方面，重点突破木质纤维素生产乙醇等石油替代燃料、以多种原料生产生物柴油和航空生物燃料的关键技术，掌握清洁高效生产技术；在能源作物及能源林种植方面，重点突破良种选育及定向培育技术，培育多个新型生物质能源作物和能源林新品种。

在生物质能装备方面，重点研制非粮原料收、储、运和初加工、非粮燃料乙醇和微藻生物燃料加工转化、生物质热化学转化制备液体燃料，以及热-电-化工多联产农业剩余物制备生物质燃气和综合利用等成套装备，攻克生物质成型燃料高效、抗结渣燃烧技术，将成型机易损件使用寿命提高到 500 小时以上。

3）加大农村生物质能利用力度

开发可离网独立使用的生物质发电技术，为有资源条件的偏远农村地区使用生物质电力提供有效途径。沼气、生物质气化和生物质固体致密成型技术在促进农村废弃生物质资源综合利用、提供清洁生活燃料方面具有较好的使用价值和广阔的发展空间。适度发展户用沼气系统，完善提高沼气发电技术水平，充分利用农村秸秆、生活垃圾、林业剩余物及畜禽养殖废弃物，在适宜地区继续发展户用沼气，积极推动小型沼气工程、大中型沼气工程和生物质气化供气工程建设。鼓励沼气等生物质气体净化提纯压缩，实现生物质燃气商品化和产业化发展，解决部分地区的农村能源短缺问题。促进生物质气化技术进步，提高设备效率和燃气品质，掌握兆瓦级内燃机组的技术和设备制造能力，完善生物质供气管网和服务体系建设。

4. 推进地热能开发

1）进一步推广地源热泵应用

对地表浅层地热资源进行基础性数据调查，针对不同气候区，形成各自相关技术，北方地区重点推广地源热泵采暖、空调、热水联供技术，南方地区重点推广地热热泵冷热联供技术。完善地热资源综合利用技术，北方地区优先考虑地热采暖、地热洗浴、地热种植、地热养殖等技术，南方地区优先考虑地热制冷、地热干燥、地热洗浴、地热种植、地热养殖等技术，优化地热资源的梯度利用。在浅层地温能利用方面，在保护地下水资源的前提下，鼓励在东北、西北等冬季严寒地区，加快推进浅层地温能供暖；在黄淮海流域、渭河流域、汾河流域等冬季寒冷及长江中下游、成渝等夏热冬冷地区，鼓励开展浅层地温能供暖和制冷；在两广、闽东南、海南岛等夏热冬暖和云贵高原气候温和地区，鼓励推进浅层地温能夏季制冷。

2）有序推进地热发电

地热发电方面，要综合考虑资源潜力、地质条件及开发方式，在东部沿海、天山北麓等中低温地热资源富集地区，因地制宜发展中小型分布式中低温地热发电项目。重点选择高岩体地热资源丰富、地热梯度高、开发条件较好的地区，探索干热岩开发关键技术和建设干热岩电站；开展深层高温干热岩发电系统关键技术研究和项目示范，适度开发和扩大西藏、云南等高温地热资源丰富地区的高温地热发电规模；在稳定和扩大高温地热发电系统的基础上，探索发展中低温地热发电技术并开展示范研究。在青藏铁路沿线、滇西南等高温资源分布地区，在保护好生态旅游资源前提下，启动建设若干"兆瓦级"地热能电站，满足西部大开发及当地经济社会发展需要。

5. 积极发展海洋能

1）加强资源调查研究与评价

积极开展全海域、各类海洋能资源的调查研究评价，尤其是那些从未调查的资源和海域,如沿岸急流区的潮流能、港湾外的潮汐能资源、大浪区的波浪能等。在海洋能资源开展充分调查的情况下,制订适应未来海洋能开发的发展规划等。此外,我国亟须建立海洋能源测量与评估机制。一是由国家海洋主管部门牵头建立公共测量平台,建立数据共享机制,服务海洋能产业发展。二是在我国现有的海洋观测系统基础上,制定海洋能观测规范,增加海洋能观测项目,全面进行海洋能资源评价。三是充分考虑海洋能开发的特殊性,由能源主管部门和海洋主管部门组织建立国家海洋能监测体系。四是尽快建立适合我国海情的海洋能测量和评估规范。制定完善、符合我国国情的海洋能测量与评价技术标准,指导评估工作。五是集中各方力量,系统、长期地进行实地调查、观测测量及综合评估等,以获得科学结论,从而支持企业开展相应的技术研发,并进行产业化发展。

2)加快推进海洋能技术进步

国家应针对海洋能研究与开发建立专项基金,加大海洋能资源开发的资金投入力度,着力提高海洋能技术研发能力,积极开展海洋能利用示范工程建设,促进海洋能利用技术进步和装备产业体系完善。随着海洋能技术的不断发展,应当逐步扩大海洋能利用规模,加快技术创新的步伐,海洋能利用技术的研究要与技术引进和消化吸收相结合,既要努力自主创新,又要跟踪、引进、学习和消化国外海洋能开发利用的先进技术,减少弯路,缩短技术进步和技术应用的时间,提高我国海洋能研究与开发的技术水平。

3)建立海洋能开发利用示范工程或基地

海洋能发电,重点是在波浪能、潮汐能、海洋温差能等方面建立远离陆地的海洋能独立能源系统。发挥潮汐能技术和产业较为成熟的优势,在具备条件地区,建设万千瓦级潮汐能电站和若干潮流能并网示范电站,形成与海洋及沿岸生态保护和综合利用相协调的利用体系。选择技术比较成熟,具有推广应用价值的技术,建立海洋能开发利用示范工程或基地。通过海洋能开发利用示范工程的运行,以点带面,稳步推进,使海洋能开发利用向更广、更深的领域不断拓展。选择有电力需求、海洋能资源丰富的海岛,建设海洋能与风能、太阳能发电及储能技术互补的独立示范电站,解决缺电岛屿的电力供应问题,满足偏远海岛居民生产和生活用电需求,促进海岛经济发展。要积极推进为海岛提供稳定生活和生产电能及淡水的海岛多能互补独立供电技术和深海温差能技术研究,以建成海岛多能互补独立供电示范系统和温差发电示范装置为目标,适当兼顾盐差能技术的探索研究。此外,还要研究建设万千瓦级潮汐电站、小型实用波浪能发电站,与其他可再生能源互补,建立海岛自然能源多能互补综合利用示范工程。

第九章　我国能源战略政策

能源是国民经济的命脉，是经济发展和提高生活水平的物质基础，是驱动社会正常运行的原动力。为保证我国经济持续健康发展，需要制定科学合理的能源战略与政策。目前，我国管理制度建设尚不规范，能源法律法规与储备体系仍不健全，技术能力没有跟上能源快速发展的步伐，改革与发展的深化与能源供应安全的矛盾日益突出。从我国目前的能源发展现状及保障我国经济可持续发展的战略目标出发，我国需要改革能源管理体制，健全和完善能源管理法规，加强能源科技创新，加快推进能源储备体系建设。

第一节　改革我国现有能源管理体制，形成统一协调管理体系

新中国成立以来，我国能源规模由小到大，生产力水平由低到高，能源管理体制为了适应形势发展的需要也经历了多次变革。不同阶段的能源管理体制，对于促进当时能源工业的增长、缓解紧张的能源供求关系、满足国民经济和社会发展需要，起到了一定的积极作用。进入21世纪以来，我国能源消费快速增长，成为能源消费和生产大国。在我国成为能源大国的过程中，能源经济领域的诸多问题也逐渐凸显，现有的能源管理体制已成为我国能源产业改革与发展的制约因素。为了更好地促进能源行业发展、保障国家能源安全，有必要改革我国现有能源管理体制，形成统一协调管理体系。

一、探索实行职能集中能源管理体制

能源生产是国民经济的基础，政府对能源生产管理效率的高低决定了能源对国民经济贡献效率的高低，过于分散的政府管理不利于统一的能源战略的实施。

当前，我国政府管理部门维护和保障能源安全的任务相当繁重，涉及全面加强能源管理、合理控制能源消费总量的增长、扩大国际能源合作、深化能源领域体制改革等方面的工作，必须建立一个强有力的政府专业管理部门把能源作为一个整体来统筹考虑。我国能源的发展不仅是石油、煤炭、电力自身的问题，更多的是能源之间发展的协调问题，是整体战略、规划和政策，以及技术进步和对外合作的相互协调的问题，需要一个对整个能源行业进行宏观、全面管理的高级别政府部门。今后 20 年是我国能源发展的关键时期，需要解决的矛盾和问题十分突出，尽快建立一个政府能源主管部门，是统筹我国能源发展的需要。

实行能源综合管理是党的十七大提出的"大部制"思路在能源领域的具体落实，同时它也是保证国家能源安全、推动能源持续健康发展的客观需要。国务院虽然在 2008 年有加强能源管理职能，但是与能源紧密相关的价格、运行、市场等职能并没有进行集中统一管理。能源管理体制是能源发展的前提和保障。

根据我国能源形式和世界一些国家的成功经验，建议将目前分散在多个部门的能源管理职能集中起来，探索实行职能有机统一的大部制，主要负责全国能源综合管理，研究拟定并组织实施全国能源战略、规划、产业政策、标准及体制改革方案，起草有关能源法律法规草案和规章，推进能源发展和改革，衔接能源供需平衡，促进能源科技创新，管理国家能源储备和能源预警应急，开展国际能源合作，审核能源重大项目并牵头协调跨部门、跨地区的与能源有关的重大问题，提高国家能源安全保障能力。在能源产业领域建立有效的政府监管体制，其目的主要是解决市场失灵的问题，有效防止不正当竞争的出现，保护消费者的切身利益，维护能源市场的公平竞争环境。在海外尤其是发达国家，通常是将政府政策制定职能与政府监管职能分离。具体做法是：能源监管机构依据相应的法律法规制定详细的监管条例来维护能源市场秩序，能源管理机构负责能源战略与能源法规的制定。

二、进一步加强能源监管工作

在能源产业领域进一步加强监管工作，其目的是防止垄断，解决市场失灵的问题，保护消费者的利益，维护市场的公平竞争。现代能源监管是我国现代能源产业发展的需要，也是实现能源管理方式转变的重要途径。能源监管机构是能源管理组织体系不可分割的一部分，也是能源综合管理的重要组成部分，结合我国国情和行政管理体制的实践，可以考虑组建相对独立的能源监管机构。国家能源综合管理部门是国家能源宏观管理部门，主要偏重于战略策划、政策法规、标准规范政策的制定、研究协调能源全局性问题；国家能源监管机构负责对能源市场相关微观事务，特别是对具有一定自然垄断特征的能源输配系统实行专业监管，以维护市场公平竞争，提高运行效率。

在短时期内，在现有监管机制的基础上建立起完善的监管机制确实存在困难。但建立分行业监管的监管机制作为过渡方案是可行的。我国自然资源禀赋和经济发展的地区不平衡，为了打破省际能源市场壁垒，排除地方保护主义的干扰，在更大范围内优化能源资源配置，建立分行业的能源监管机构，建议采取集中模式，即成立相对独立的、全国统一的分行业能源监管机构，并对此实行垂直管理。在部分省份或地区根据地方能源市场监管工作的实际需要来设立相应的分支机构或派出机构。全国人民代表大会或国务院对地方能源监管机构授权，要求其依据相关法律和法规，对各能源行业实行管制。这可以作为一种过渡形式，当条件成熟时，考虑设立全国性的、独立性的、专业性的能源监管机构，如国家能源监管局，将能源政策制定与能源监管职能分开[131]。

进一步加强能源市场监管，不仅要积极推进政监分离，加快建立组织独立、运行专业、责任主体明确的能源监管机构，还要在政府主管部门、专业监管机构和行业组织之间形成相互联系、相互作用、相互制约、界限分明的能源管理系统，改进市场监管方式。要完善市场运行规则，规范市场准入原则，加强价格管制，防止市场垄断，鼓励公平竞争，形成公平合理有序竞争的能源市场秩序；加强对自然垄断的经济性监管，促进油气主干管网和电网公平开放，完善垄断服务定价机制；加强对安全、环保、健康、节能减排、普遍服务、消费者利益等方面的社会监督；适应能源发展新形势的要求，既要及时修订传统能源行业标准规范，又要加强能源发展新领域标准规范的制定，对特殊行业或领域推行强制性标准制度。

在煤炭行业，国家应该继续推动完全市场化改革，对煤炭企业继续进行战略重组，彻底放开煤炭价格，建立完善的煤炭市场体系和机制，鼓励市场竞争。

在油气行业，继续推动市场化改革，持续进行石油价格和天然气价格改革，加快市场主体进一步扩大进程，制定更加完善的油气市场准入制度，按照上下游各个环节区别对待原则，完善相关市场准入政策。对油气上游实行适度集中，而下游充分竞争，允许符合条件的民营企业和外资企业进入各个产业环节[132]。

对于电力体制，必须以真实成本加合理利润方式，确定独立的输、配电价，还原电网企业的输、配电功能，使垄断业务与竞争性业务分离，电力调度机构与盈利主体分离，加强政府监管，实现公平开放、公平接入。在配电环节要实行多元投资，打破独家垄断局面，逐步建立灵活、公平、透明的电力交易市场机制。

三、落实责任体系确保目标实现

我国能源发展战略的基本构想：节能效率优先，环境发展协调，内外开发并举，以煤炭为主体、以电力为中心，油气和新能源全面发展，以能源的可持续发展和有效利用支持经济社会的可持续发展[133]。要进一步落实责任体系，要把能源可持续发展和节能减排任务量化为硬性指标，分解落实到各部门、各行业、各地区、各相关企业，实行目标责任制和考核评价制，确保能源战略和规划目标的实现。

纵观中国能源发展战略，必须将提高能源的开发和利用效率放在优先位置。由于能源利用率低，在管理水平、技术水平和经济结构等方面比较粗放，存在着巨大的未开发利用的节能潜力。如果不节约能源、提高能效，只是单纯地加大能源建设力度，无法从根本上解决我国能源问题。我国面临的能源环境问题主要有三个：一是化石燃料燃烧排放大量二氧化碳导致全球气候变暖；二是在煤炭等能源的燃烧过程中所产生的二氧化硫形成酸雨污染；三是我国提出全面建设小康社会的目标对环境质量的要求大幅度提高。随着社会的发展和人民生活水平的不断提高及人们对健康的重视，自然对生活环境的要求逐步提高。因此，我国还将面临未来能源发展如何与环境保护相协调，以及兼顾经济性和清洁性的双重要求的重大课题。

我国政府在 20 世纪 80 年代已提出节约能源和提高能源效率的重大政策，并一直将其作为我国的基本国策。我国为了保证此政策能够更好实施，颁发了一系列法律法规，如《能源节约法》《民用建筑节能》《气候变化行动计划》等，这些法律文件都为我国的节能减排夯实了基础。除此之外，2007 年之前，我国政府还成立了以温家宝同志为首的节能减排小组，特此监督和实施节能减排计划。为提高能源利用效率，我国政府采取了一些切实可行的措施，如降低耗能大、效率低的工业产能，如钢铁、电力、铝和水泥等行业；加强基础设施建设等。目前，我国在共同努力下节能减排已取得了不错的成绩。尽管我国经济迅速发展，但衡量能源效率的指标之一——能源强度却一直呈下降趋势，这表明我国单位 GDP 所消耗的能源有所降低，我国的节能减排取得了显著的成效。

在肯定节能减排所取得成绩的同时，也必须清醒地认识到我国的能源效率与某些发达国家相比依然很低，能源消费、经济发展与环境保护之间的矛盾依然尖锐。造成我国能源效率低下的根本原因在于我国的基本国情，即我国目前仍处于社会主义初级阶段，经济发展水平不高，在能源节约上没有像发达国家那样先进的技术和创新；而且由于我国的能源禀赋的特点，在目前的能源消费结构中，煤炭占绝大部分，煤炭的大量燃烧降低了整个能源体系的能源效率。为了巩固我国在能源方面取得的进展，进一步缓解经济、能源和环境三者之间的矛盾，我国需进一步落实责任体系，以确保能源战略和规划目标的实现。

进一步落实责任体系，完善政府对节能减排及能源的可持续发展的管理，需要完善节能管理组织体系，加强节能管理工作力度，落实节能目标责任制和评价考核体系，加强节能监督。首先，将节能减排和能源的可持续发展的相关管理职能纳入国家能源综合管理体系，按照垂直与水平相结合的方式建立健全中央和地方能源机构，优化节能管理组织结构，建立职能完善、统一高效、分工合理、权责统一的节能管理组织体系，实现能源行业的统一管理。其次，将能源需求侧管理与供应侧管理置于同等重要的地位，严格节能标准，加强节能的事中监管和事后评价，促进节能科技创新和制度创新，不断优化能源消费结构，合理引导能源消费。再次，将约束性节能指标分解落实到各地区和重点企业。实施能耗指标公报制度，向社会公布分地区 GDP 能耗、重点能耗企业能耗和单位产品综合能耗等指标。完善节能业绩考核体系，将能耗指标纳入各地经济社会发展综合评价和年度考核体系，作为考核地方政府和国有企业领导干部的重要内容。最后，加强对钢铁、建材、石化、采矿等高能耗行业和重点用能企业节能工作及重点节能工程的监管，加强对重点用能产品能效标准、建筑节能设计标准、行业设计规范制定与执行情况的监管，加强对依法淘汰落后产能、设备制度执行情况的监管。

确保能源战略和规划目标的实现，需要转变经济增长方式，走新型工业化道路，选择资源节约型、质量效益型、科技先导型的发展方式；强化能源资源节约和高效利用的政策导向，把资源、环境、安全等因素纳入成本核算体系，建立基于能源市场供求关系、促进节能减排和结构调整的价格形成机制和价格体系；要加大力度调整产业结构、企业组织结构、技术结构和产品结构，依靠管理创新、技术创新和体制创新，在全国范围内形成能源节约的生产和消费模式，大力发展节能型经济，建设能源节约型社会。

第二节　健全完善能源政策法律法规，适应社会主义市场经济

　　从总体上看，我们能源立法还处于发展阶段的初期，还没有形成有效统一的能源法律体系。20世纪80年代以来，我国不断推进能源法制化的进程，国家已出台的行政法规和地方性法规有《矿产资源法》、《电力法》、《煤炭法》《节约资源法》、《可再生能源法》等，相关配套法规有《煤炭生产许可证管理办法》、《节约用电管理办法》等。在相关法律中，部分法规涉及能源方面的内容，如《环境保护法》、《矿产资源法》等，形成以单行能源法规为主、配套法规为辅的现状。这些行政法规和部门规章的颁布实施对我国能源具体某一领域的开发和利用有着重要的指导意义，使单个部门能源领域步入了有法可依的法制轨道[134]。但我国能源法律法规体系仍不健全，制度建设不规范，没有跟上能源快速发展的脚步，发展改革的深化与能源供应安全的矛盾日益突出。

一、健全完善能源政策法律法规

　　为符合我国经济和能源发展的需要，建议尽快出台能源法，修订完善节约能源法，将建筑节能、交通运输节能和政府机构节能纳入法律调整范围；加快制定实施细则，建立与社会主义市场经济体制相适应、有利于提高能效的法规标准体系和技术服务体系；适时出台能源资源开发监管、价格税收管理、能源企业准入退出、促进洁净能源技术开发等方面的法规；尽快建立和完善能源消费审计制度，加强能源资源开采、储运、生产、消费等各个环节的法制建设；促进资源高效配置和可持续开发利用。

　　1.　加快出台《能源法》

　　《能源法》是能源领域的龙头法，它决定了我国的能源储备监管、战略规划调整应急、农村能源乃至能源改革等是否有法可依，因此它的出台对我国能源领域来讲意义深远。2006年，我国曾召集15个相关部委组建了《能源法》起草小组及专家小组，组织过十几次研讨会和意见征求会议，开展了18个专题研究，论证了能源法的各种方案及相关法的关系。2007年12月我国公布了《能源法》（征求意见稿）（图9-1)，向社会各界广泛征集修改、完善的意见和建议，2008年形成《中华人民共和国能源法》，送审稿前对草案进行了数十次易稿，之后又在多

次广泛征询各界人员意见的基础上对这份送审稿进行了数次修改，但直到目前仍未提交人大或人大常委会审议。我国的《能源法》应是一部基础性法律，它包括能源的各环节，并作为可以指导我国能源的立法。我国《能源法》中应当既有宏观、原则和方向性的规定，也要避免法律条文过于原则和空泛。就目前的《能源法》（征求意见稿）而言，需要细化的内容很多，如对涉及法律授权制定有关条例、办法时应当有时限的规定等。

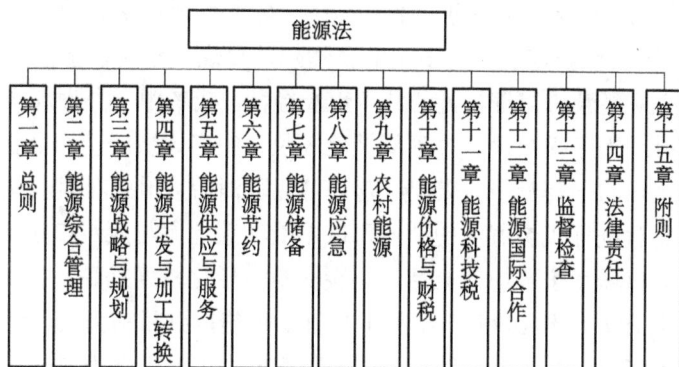

图 9-1 中华人民共和国能源法（征求意见稿）

能源法
第一章 总则 | 第二章 能源综合管理 | 第三章 能源战略与规划 | 第四章 能源开发与加工转换 | 第五章 能源供应与服务 | 第六章 能源节约 | 第七章 能源储备 | 第八章 能源应急 | 第九章 农村能源 | 第十章 能源价格与财税 | 第十一章 能源科技 | 第十二章 能源国际合作 | 第十三章 监督检查 | 第十四章 法律责任 | 第十五章 附则

建议在进一步修订完善的基础上，尽快出台这部基础性法律——《能源法》，规范能源战略规划、能源开发生产、能源加工转换、能源储备与运输、能源贸易、能源节约与环境保护、能源结构优化、能源科技创新、能源装备制造、能源国际合作、能源预警应急、区域协调发展、农村能源发展、市场监管、普通服务、价格与财税等行为，加强国家对能源的战略管理和统筹谋划，促进资源的合理有序开发和能源的高效清洁利用，构建稳定、经济、清洁、高效、可持续的能源供应及服务体系，培育统一、开放、竞争、有序的能源市场，实现公平与效率的有机结合，推动能源与经济社会的协调可持续发展。

2. 进一步完善能源单行法

能源单行法作为能源法律法规体系的重要组成部分，是能源法的重要支撑。目前，我国能源单行法有《煤炭法》、《电力法》、《可再生能源法》、《节约能源法》，石油法、天然气法、原子能法还尚未立法，其他能源安全、能源替代、能源监管等领域的立法基本处于空白。完善能源法律体系，需要结合能源各行业、各领域发展形势和任务，及时修订完善现行各单行法，抓紧制定缺位法律和重点领域法律，尤其是对能源行业健康发展具有重大影响的能源法律制度。

在单行法中，为适应不断变化的局势，2013 年 6 月第十二届全国人民代表大会常务委员会第三次会议对《中华人民共和国煤炭法》进行了修改。《煤炭法》修改后取消了煤炭生产许可证和煤炭经营许可证，对企业有利。国家结束煤炭生产许可证和煤炭经营许可证制度，煤炭主管部门对于煤炭生产企业和煤炭经营企业的生产经营干预减少，煤炭生产企业不会因为没有煤炭生产许可证而无法生产，煤炭生产、经营企业也不会因为没有煤炭经营许可证而无法从事煤炭经营。生产企业只要通过验收达标，不需要办理煤炭生产许可证就可以生产[135]。另外，《煤炭法》修改后煤炭经营许可证不复存在，标志着煤炭交易的市场化程度进一步提高。《煤炭法》修订前，很多企业虽然想从事煤炭经营，但因为煤炭主管部门不予办理煤炭经营许可证，无法从事煤炭经营。或者由于办理煤炭经营许可证门槛较高，办理程序很烦琐，办理周期比较长，很多煤炭经营企业被拒之门外，不利于煤炭市场的平等竞争。煤炭经营许可证取消后，国家对煤炭交易的控制和干预减少，愿意进行煤炭贸易的企业可以不受约束地参与煤炭市场交易，公开、公平、公正的市场竞争环境建立后，煤炭交易市场化程度提高。

我国《电力法》于1996年4月1日开始实施，到目前为止已经在电力工业领域使用数十年。现行《电力法》已经与当前电力工业生产力要求和生产关系特征严重不相适应，亟须进行修订，以适应和推动电力工业新的科学发展，为国民经济发展注入新的活力。从行业规模来看，发电装机已从1996年的2.37亿千瓦发展到2012年超过11.4亿千瓦，全社会用电量已从当初刚过1万亿千瓦时，到2012年超过5万亿千瓦时。从行业主体来看，1996年，我国电力工业的主体是电力部，1997年，国家电力公司成立，承接了电力部全部资产。2002年，国家电力监管委员会成立，国家电力公司被分成11家公司，此后一大批独立发电公司成立，这些新主体的法律地位需要确认。同时，《电力法》要调整的关系从单一供应者和消费者的关系，拓展到生产者与供应者、供应者与消费者，以及生产者与消费者的关系，行业监管行为也需在法律中予以规定。从行业技术与生产力发展来看，1996年，我国电力工业以传统火电和水电为主，这些年风电、太阳能等新能源迅猛发展，风电已经成为第三大电源。从行业外部形势来看，经济与社会的发展、气候与环境变化对电力工业的要求已从当初的"有电用"，发展到要建立一个安全、稳定、清洁、经济、高效的电力能源工业体系，能源安全和节能减排的重任需更多地由电力工业承担，电力行业管理模式亟须从生产型向服务型、从计划型向市场型转变。因此，我国应该将《电力法》修订列入近年国家立法计划，尽快启动修订工作，对与当前行业形势明显不符的条文予以修正，对可再生能源发电上网、分布式电源和智能微网等新兴事物，以及其带来的系列涉法问题尽快专题研究，纳入法律条文的补充修订中。

　　石油天然气法在我国能源法律体系中有很长一段时间处于缺位状态，石油天然气相关法律体系亟须健全和完善。石油天然气法缺位的现状不仅与其在能源法律法规中的重要地位不相称，也没有跟上石油天然气产业发展与改革的步伐。我国从 1993 年起成为石油净进口国，巨大的能源需求使石油净进口量与日俱增，在未来的一段时间里，随着经济的快速发展，石油天然气的供需不平衡将进一步扩大。由此看来，石油天然气法的研究制定工作迫在眉睫，对石油天然气产业来说这将是一项意义重大且深远的工作。这将对加快我国石油工业的发展产生有利的影响，石油资源得到稳定的供应，有利于确保国家经济安全和可持续发展战略的实施。分析和总结我国石油天然气行业的发展实际并借鉴国外立法经验，制定一部石油天然气法，是新的历史条件下促进石油天然气勘探开发、保障石油天然气供给的一项重要途径。制定石油天然气法，需要结合我国石油天然气形势和法律制度需求，全面考察各领域、各环节的实际情况和存在问题，系统研究和总结其基本规律与制度。石油天然气法应覆盖如下内容：发展规划、管理职责和分工、资源所有权制度、建设许可证制度、生产企业设立条件及程序、生产作业许可证制度、生产作业规程、流通经营、管道运输准入及保护、石油储备管理、税费制度、科技创新及国际合作等。

　　在完善以上各单行法的同时，还要积极开展能源替代法、能源储备法、能源预警应急法及能源事业法的研究，以降低化石能源的消耗，保障能源安全，提高应急保障能力。结合我国能源体制改革的推进，适时开展能源市场监管法的制定，进一步规范能源市场，推动统一开放竞争有序的能源市场秩序的形成。

二、建立现代化能源市场体系

　　随着我国资源约束的日益加大，我国经济发展方式将摒弃以往的粗放式发展，进入创新驱动的新时期。"十二五"时期，我国加快转变经济发展方式，进一步加快了现代能源产业体系建设步伐。"十二五"规划纲要明确提出，要坚持节约优先、立足国内、多元发展、保护环境，加强国际互利合作，调整优化能源结构，构建安全、稳定、经济、清洁的现代能源产业体系。这对能源产业体系的建设提出了更高的要求。

　　深化能源市场体系改革，需要我国加快建立和完善以市场为导向、与宏观调控相结合的能源价格形成机制，全面理顺能源产品价格体系；实施税收优惠和财政支持政策，重点支持非常规能源、新能源和可再生能源的技术研发、应用示范和产业化；完善促进节能减排的财税政策，鼓励开采者提高采收率、加工者提高综合商品率、消费者提高利用率。《中国的能源政策（2012）》白皮书中指出，为了推进能源的市场化改革，我国政府充分肯定市场在资源配置中的基础性作用。在我国国家能源规划的项目中，只要是符合法律法规要求的项目都将向民间资本开放。我国政府对民间资本发展煤炭加工转化与炼油产业进行鼓励，对民间资本参与石油天然气管网建设、能源资源的勘探开发及电网建设大力支持，对民间资本投资可再生能源和新能源产业表示欢迎。政府规范对煤炭勘探开发权的管理，逐渐取消市场煤与重点合同煤价格的双轨制，努力完善煤层气与煤炭的协调发展机制，逐步深化对电力体制的改革并对输配分开展开试点工作。政府进一步推进电价改革，以形成售电价格和发电价格由市场来决定、输电价格和配电价格由政府来制定的新价格机制。完善能源市场体系，积极发展现货、长期合约与期货等交易形式。

建设现代化能源市场体系，要加快进行能源各产业所有制结构的调整，优化产业组织结构，实行多种经济成分共同发展，建立统一、开放、竞争、有序的能源市场[136]。打破"封闭竞争"的格局，以"开放竞争"取代"封闭竞争"，改变能源产业所有制结构单一的局面。鼓励民营、外资等新企业进入和新技术使用的宽松的准入政策，对国有能源企业实行以产权制度为核心内容的改革，实现投资主体多元化，使其符合现代企业的经营模式，同非公有经济的能源企业公平参与市场竞争，结束国有能源企业垄断经营的局面。进一步优化产业组织结构。

对电力行业，放宽市场准入，鼓励社会资本投资电网设施建设。在发电环节实施厂网分开，竞价上网，建立公平的市场竞争机制；售电环节逐渐引入竞争机制，使终端用户能自由地选择供电商；在健全区域电力市场的基础上，逐步建立全国统一的电力市场，实现区域电网的互通互联；输电和配电要逐步实现分离，同时必须加强政府的监管。继续减少政府的行政审批，国家只审批关系经济安全、影响环境资源、涉及整体布局的重大项目和政府投资项目及限制类项目；积极推进电价改革，建立科学合理的电价形成机制和市场竞价机制及高效、有力的电价监管体系。

对石油天然气行业，要打破垄断和市场分割，鼓励三大石油天然气集团之间的竞争；放宽外资和民营资本参与竞争性业务的条件，准许它们进入勘探、开采、管网输送、石油化工、油品流通领域；加快石油天然气价格形成机制的改革，减少政府对油品和天然气价格的直接干预；鼓励社会资本进入天然气管网的建设，加强对管网设施的价格监管；建立石油安全预警机制和战略石油储备制度。

对煤炭行业，统一和完善市场价格机制，规范与监管市场秩序，规范与引导市场行为，使市场机制在引导煤炭产业和煤炭企业发展上起主导性作用，形成开放、竞争的市场环境，逐步提高煤炭行业的竞争力。推动煤炭与其他能源部门的供应与消费结构的优化，促进煤炭清洁化技术的广泛应用，发挥煤炭主业在我国能源战略中的基础性地位的作用。

完善我国现代能源市场体系，是提高市场运行效率和产业竞争力的客观要求。必须统筹国家能源安全和市场效率，充分发挥市场配置资源的基础性作用，稳步推进能源体制改革。优化产业组织结构，完善政府宏观调控，强化市场监管，争取到 2020 年建立起产业协调发展、市场结构合理、宏观调控科学、市场监管有效、与我国国情相适应的、统一、开放、竞争、有序的新型能源市场体系。

第三节　加强培育能源科技创新能力，增强能源科技自主创新

科技进步是提高能源开发利用效益、保障国家能源安全的关键所在。要充分发挥政府的战略主导地位，落实企业创新主体地位，建立产学研协调发展的互动机制，推动科技成果加快向现实生产力转化。建立能源科技与人才协调发展体系，从政策和体制机制等方面为科技创新人才开发创造条件，增强我国能源科技的自主创新能力。

一、多方努力共同推动能源科技创新

1. 充分发挥政府的战略主导地位

能源科技创新是保障国家能源安全、改善能源结构、实现节能减排和保护环境的重要手段。目前，我国能源科技工作受到多方面的限制，影响了我国能源科技的发展。我国能源科技的总体水平与世界先进水平相比仍存在较大差距，能源科技创新不能适应经济社会发展的要求。因此，我国的中长期科技发展规划中提到"国家创新体系是以政府为主导，充分发挥市场配置资源的基础性作用，各类科技创新主体紧密联系和有效互动的社会系统"。

首先，政府在能源科技创新中，应制定能源科技创新战略，牢牢把握科技创新方向。能源科技创新是提高社会生产力和综合国力的重要支撑，因此必须摆在国家发展全局的重要位置，政府应该做出实施能源技术创新驱动经济发展战略的重大部署。我国政府需要站在国家的高度，制定能源创新战略，为能源创新营造良好的环境，进而不断孕育新思想，形成新成果，激发新动力。具体实施可以组

成一个能源科技创新组织领导机构，由国务院统管，发改委、教育部、科技部、财政部、工商局、能源局、银行等部门分管。各部门集思广益，共同制订能源科技创新发展计划，促进能源科技创新体系建设，把握能源科技创新方向，统筹利用能源科技创新资源，组织实施重大能源科技创新活动等。政府部门应定期召开各部门的联席工作会议，经常听取各主管部门对于能源科技创新发展情况的反馈和汇报；面对能源科技创新的重大问题，起到协调组织的作用；在制定重大能源创新战略的同时，也要出台和完善有助于加快能源科技创新的鼓励与支持政策；在重大能源创新战略制定之后，要开展社会性、群众性、经常性的能源科普活动，以形成一个在能源领域勇于创新、鼓励创新和弘扬创新的社会氛围。我国政府在把握能源科技创新方向中还要做到切实提高能源基础研究与能源战略高技术研究领域的创新能力，依据市场最优化的原则，整合各方能源科技创新资源，实现能源产业核心技术与关键技术的集成创新与突破，引导大型国有能源企业将能源技术创新与新技术引进有机结合起来。

其次，政府在能源科技创新中，应完善能源行业政策法规，促进能源领域创新发展。我国政府应制定能源科技创新方面的政策法规实施细则，建立与社会主义市场经济体制相适应、有利于提高能效的法规标准体系和技术服务体系；适时出台能源资源开发监管、价格税收管理、能源企业准入退出、促进洁净能源技术开发等方面的法规，以促进能源技术的发展。同时，政府还要加大对能源方面知识产权的保护和宣传力度，增强能源知识和专利技术的产权保护意识，加强能源知识产权执法队伍的建设，加大能源知识产权的保护和执法力度，经常开展能源专项知识产权保护行动，严厉打击侵权行为，切实保护能源技术创新者的合法权益，努力营造尊重与保护能源类知识产权的法治社会环境。

最后，政府在能源科技创新中，应加大能源科技创新投入，推动能源科技成果转化。虽然能源科技创新拥有较高的正外部性，但是它具有投入多、风险大和周期长等特点，所以不能单纯依赖企业和市场的力量去推动。提高能源科技创新能力，增强能源科技创新对能源产业的驱动作用，我国政府需要加大财政在能源科技创新方面的投入，优化我国财政支出的结构，把科技支出主要是能源方面的科技支出作为财政预算安排与预算执行中超收分配的重点，保证财政在能源科技创新投入中的稳步增长。政府应依据能源类各企业对能源技术研发的投入，给予相应的财政资金奖励。国家税务部门可以在法律政策允许的范围内，对促进能源科技创新和能源创新成果转化给予享有的税收优惠，以发挥财税政策在能源科技创新中的激励与助推作用。政府可提倡金融机构对重要的能源科技创新项目给予优惠贷款等支持，通过设立能源类企业的技术创新基金、贴息、担保等手段来引导金融资金进入相应企业，完善能源技术创新的金融服务与信贷服务，全力支持国企和民营企业在能源领域的自主创新和创新成果产业化，满足能源类企业对技术创新的资金需求，增强其自主创新能力，实现能源创新与资金支持的良性互动。我国政府对于重大的能源创新产品或技术，可以采取政府采购招标的方式，面向整个社会选择研发机构，签署政府订购合同，使政府发挥购买与激励的作用，降低能源科技创新投入的风险，提高能源科技创新带来的回报。

2. 充分发挥企业创新主体地位

能源科技创新需要发挥企业的主体地位，以科技创新人员为主力，与能源市场相结合，整合能源科技创新的资源，加快能源科技成果的商品化和产业化。通过转变我国政府职能，进一步理顺政府、企业和市场三者之间的关系，强化能源企业在市场中的主体地位来提高能源科技创新的能力，增加能源科技创新对我国经济增长的贡献率，变能源技术优势为经济优势、竞争优势和发展优势，逐步提升我国能源技术创新能力。大型国有能源企业可以建立能源科技创新平台，如能源技术研究中心、能源技术重点实验室、能源技术博士后工作站等。我国政府应该通过税收和财政等政策对此给予鼓励和支持，以促使大企业不断地增加能源技术的研发投入，积极地开展各类能源技术创新活动，在实际操作中采用先进能源技术、工艺与设备，加速能源科技成果向实际生产力转化。大型国有能源企业和民营能源企业是真正的能源科技创新研发投入的主体、能源创新活动的主办方、能源创新成果的受用者。企业要坚持能源科技引领市场的原则，依据市场和能源产业结构来调整重点，确立能源技术创新的发展规划，明确能源科技创新的发展方向和发展重点。企业应与能源类高等院校和相关的科研所建立稳固而广泛的联系，加快能源科技成果的商品化与产业化，在能源领域和油气产业中拥有一定数量的自主知识产权及核心技术，实现能源技术创新成果的驱动作用和市场效应。

3. 建立产、学、研协调发展机制

产、学、研协调发展能力越来越能够体现一个国家的核心竞争力，它是顺应时代发展的产物。在这里 "产"是指能源类企业，"学"是指能源类高等院校，"研"是指能源类的科研机构。企业、高校、科研院所、政府部门和中介机构共同构成了一个完整的技术创新体系。其中，如上文提到的，政府处于能源技术创新的战略主导地位，企业属于能源技术创新主体，而高校和科研机构在科研方面有着更为明显的优势，因此，产、学、研三者的结合将大大促进能源技术的发展，进而促进我国经济的发展。

建立产、学、研协调发展机制，需要建立健全相关的政策和运行机制，引导和推进能源新技术、新工艺、高端装备等的应用，大力培育和发展能源技术创新企业，开展国家能源技术示范项目、国家能源技术成果转化基地、国家重大能源技术成果转化项目、国家能源技术创新工程等。采取相关政策引导和鼓励金融资本投入的方式，促进能源类科技成果的推广应用，运用能源类高新技术来改造和提升传统工艺。依托政府的力量，完善能源技术转移与技术产业化的服务体系，吸引能源类企业设立各种研发机构，聚集高端人才，培育和发展能源创新型产业集群。为激发产学研创新的积极性，把握能源科技创新的核心制高点，可以建立一种激励机制，把能源创新成果作为研发人员绩效考核的依据之一，并采取奖励的方式将能源技术创新与其自身利益联系起来，重奖在能源科技创新方面有突出贡献的人才。

二、积极构建能源科技与人才协调发展体系

建立能源科技与人才协调发展体系，要从政策和体制机制方面为科技创新人才开发创造条件，增强我国能源科技的自主创新能力。在能源科技创新中，要树立起优先发展能源技术人才的理念，把培养能源技术人才的工作摆在能源技术创新工作的突出位置，并贯穿能源技术创新工作的始终。

建立能源科技与人才协调发展体系，除了国家层面，各级政府也要强化重视人才的意识，大力实施科教兴国与人才强国的战略，树立长远眼光，培养创新思维，把教育摆在优先发展的突出位置，加大对教育事业的投入，优化教育资源，改善教学条件，强化素质教育，全方位提升我们各民族的思想道德素质和科学文化素质及创新能力。引导能源企业与相关高等院校、技工院校和职业技术学校加强联系与合作，制订定向或订单培养计划，充分发挥高校和专门的职业技术学校的专业优势，有针对性地为企业输送能源类人才。相关高校和科研院所还可以积极参与到企业的能源科技创新的重大项目或课题中来，为能源企业提供相关的技术支持与服务。可以定期选拔技术骨干或创新能力强的年轻人，由国家或企业资助到海外或跨国公司深造，接受能源创新能力方面的培训，培养出一批具有巨大发展潜力和突出创新能力的能源类创新领军人物、学术带头人。与此同时，还可以从各企业实际出发，引进能源领域的高水平人才、急需人才、专业人才和复合型人才，政府相关部门可以为引进人才提供一些优惠政策，如解决配偶安置问题等，增加对各类创新型人才的吸引力，造就一支高素质的能源科技创新人才队伍。

建立能源科技与人才协调发展体系，也要加强能源企业内部的创新型人才

队伍建设。能源科技创新人才可以采取流动机制，能源类高校、科研所与能源企业的创新型人才可以双向流动或兼职。对于在企业中贡献突出的技术人员，要采取奖金奖励或优先晋升的鼓励措施，完善绩效评价制度，构造长效发展机制。定期开展技术人员的技能大赛等能源类技术创新活动，充分调动所有职工参与到技术创新工作中的积极性，全面提高能源企业职工的创新能力和科研素质。

三、坚持全面推进和突出重点的能源科技发展战略

能源科技创新具有战略性、公共性、前瞻性和系统性等特点，因此要把加快我国能源技术进步摆在优先位置，坚持全面推进和突出重点的能源科技发展战略。目前我国注重能源科技方面的发展，正在努力缩小我国与发达国家之间的能源工业技术水平的距离，所取得的成果有效促进了我国能源工业的发展。我国政府于 2005 年制定的《国家中长期科学和技术发展规划纲要》中指出，要将能源技术的发展摆在优先位置，并遵循国家自主创新、重点跨越、支撑发展、引领未来的方针，努力推进能源技术的进步，为实现能源资源的可持续发展提供技术上的支撑。

国家重视能源技术创新和技术进步，体现在依照能源科技发展的规律和特点，积极开发推广节约、替代、可循环利用和治理排污的先进技术，为能源技术的提高创造良好的政策环境。首先，在能源技术的发展中，我国把节能技术作为优先主题。在节能技术中，重点突破高耗能领域中的节能技术。根据节能技术的政策大纲，积极引导能源企业投资节能技术项目，推广节能技术的应用，以能源技术的提高带动一次性能源和终端能源利用效率提高。重点研究交通运输业、工业、建筑业等领域中节能技术的开发，以及建筑一体化、节能建材与可再生能源等技术的应用。加强能源控制、计量、监管，积极培育建立完善的节能技术服务体系。其次，将装备制造业摆在能源技术发展中的基础性地位。提升我国装备制造业水平、促进其技术进步的主要举措是依托我国的能源重点工程和能源前沿技术。前沿技术研究涉及我国现代化建设中的关键领域，事关我国自主创新能力和国家核心竞争力的提升，必须从战略高度加以重视，务求实现更大突破。自主创新的奠基石是基础研究，它决定着能源发展的真正实力与后劲。

我国能源科技创新的近期、中期和远期发展阶段目标分别如下。

（1）2020 年前后，突破新型煤炭高效清洁利用技术，初步形成化工与煤基能源的工业体系；突破纯电动汽车技术、轨道交通技术，初步实现地面交通电动化

的商业应用；突破光伏发电技术、风力发电技术和太阳能发电技术，初步形成可再生能源的技术支撑体系。并且逐步提高可再生能源、核能消费比重。

（2）2030 年前后，突破生物质液体燃料技术并形成规模化商业应用，突破大容量、低损耗电力输送技术和分散、不稳定的可再生能源发电并网技术，初步形成以太阳能光伏发电、风能技术等为主的分布式新型电力系统；突破新一代核电技术和核废料处理技术，形成中国特色的核电工业，实现可再生能源、核能的大规模使用。

（3）2050 年前后，突破氢能利用技术、天然气水合物开发与利用技术、海洋能发电技术、燃料电池技术、深层地热工程化技术等，基本形成以天然气、核能和可再生能源为主的能源结构和以自主创新为支撑技术的新型能源工业体系[137]。

（4）重视能源技术创新，根据能源发展规划，继续实施科技重大专项，增加科研资金投入，加强关键技术的科技攻关和成熟技术的工业化先导试验。争取实现三大阶段目标，为建立我国高效、清洁、低碳的新型能源工业体系提供技术支持。

四、探索经济、能源与环境协调发展的能源科技路径

我国的能源消费结构的基本特点是"多煤、少油、缺气"，这样的能源消费结构不仅导致能源效率低下，更是造成了严重的环境污染。我国要走可持续发展的路线，就要保证经济、能源和环境协调发展。经济、能源和环境是统一的整体，它们共同发展才能推动社会的真正发展和可持续发展。我国目前的能源消费结构并不符合经济、能源和环境协调发展的要求，尽管能源的消耗促进了经济的发展，但经济的发展是以环境的破坏为代价的。实施节能减排困难重重的原因是我国能源消费结构以煤炭为主，目前，一方面我国煤炭的利用效率不高，能源效率低下，很难达到节能的要求；另一方面，过多利用煤炭会产生大量的二氧化碳、粉尘颗粒、二氧化硫及氮化物等大气污染物，严重破坏我国的生态环境，从而使我国难以达到减排的要求。因此，经济、能源、环境三者达到协调发展对发展能源科技提出了更高的要求，它督促能源技术快速发展以实现经济的增长和环境的优化。

现在国际社会普遍关心的重大全球性问题是气候变化。气候变化不仅是环境问题，还是发展问题，归根到底终究是发展问题。大量开发和利用能源，是造成气候变化和环境污染的主要原因之一。正确处理好环境保护和气候变化与能源开发利用的关系，是世界各国亟须解决的问题。"低碳经济"目前已在全世界达成

共识，并已成为了当今世界的主题之一。世界主要国家已开始采取有效措施以促进低碳技术和产业的发展，并加速向"低碳经济"的转变。在2009年12月召开的哥本哈根世界气候大会会议上，我国政府做出承诺，到2020年将碳排放减排至2005年的40%～45%，这表明我国也非常重视节能减排问题，并已将其放在战略的高度重点对待。我国是负责任的发展中国家，所以高度重视全球气候变化和环境保护。我国政府制定的基本国策也包括保护环境这一项，签署了《联合国气候变化框架公约》，成立了国家气候变化对策协调机构，建立了《清洁发展机制项目管理办法》，提交了《气候变化初始国家信息通报》，制订了《中国应对气候变化国家方案》，并采取了一系列与应对气候变化和保护环境相关的措施和政策。我国正在调整能源结构与经济结构，在全社会范围内推进节能，重点治理与预防环境污染问题，切实控制污染物的排放，拒绝先污染后治理的发展模式，使能源与环境协调发展[138]。

　　提高能源技术有利于促进温室气体减排。在控制温室气体排放方面，我国应加快转变与经济发展不相适应的发展方式，优化能源消费结构与能源节约在温室气体减排中的作用，努力减少化石能源的消耗。与此同时，大力发展循环经济，提高能源利用效率，促进资源的综合利用，减少温室气体排放。不断提高应对气候变化的能力，依靠科学技术进步，为保护地球环境做出积极的贡献。提升能源技术还有利于防治环境污染与生态破坏。一直以来我国政府都高度重视能源资源，特别是煤炭的清洁利用，并将煤炭能源的清洁利用作为我国环境保护的重中之重。利用科学方法和前沿技术有效治理采煤沉陷区，合理开发利用煤层气，建立健全煤炭资源的开发利用机制和采煤区的环境恢复与补偿机制，有利于防治环境污染与生态破坏。发展能源技术可以有效治理机动车尾气污染。机动车尾气的污染治理之所以成为我国污染治理的重中之重是因为我国人民生活水平的不断提高和汽车工业的不断发展使我国的机动车保有量迅速增加，污染一直持续并严重。我国正在努力采取有效措施来治理机动车尾气污染，同时鼓励制造、销售和使用低污染的清洁燃料机动车，鼓励生产使用混合型的机动车，支持发展电动公交车和轨道交通。

　　《我国国民经济和社会发展十二五规划纲要》明确提出"十二五"时期是全面建设小康社会的关键时期，是深化改革开放、加快转变经济发展方式的攻坚时期。把科技进步和创新作为加快转变经济发展方式的重要支撑。坚持把建设资源节约型、环境友好型社会作为加快转变经济发展方式的重要着力点。积极优化能源结构，合理控制能源消费总量，推动能源生产与能源利用方式变革[139]。因此，我国未来的能源发展将实现从以保障供给为主，向科学调控能源开采和消费转变；从能源各品种相对独立发展，向多种类能源互补与融合转变；从过去过度依赖资源发展经济的模式，向以科技创新带动经济发展的模式转变；从先抓能源发展再抓环境保护问题，向能源与环境保护协调发展转变；从过度依赖煤炭资源的能源消费结构，向多元、绿色、低碳化能源发展方式转变；从过去依赖国内能源供应，向立足国内和加强海外能源合作转变。

第四节　加快推进能源储备体系建设，保障我国能源供需安全

能源储备与应急机制是保障国家能源安全的重要手段。随着我国经济的快速发展，我国对能源的需求与日俱增。能源是国民经济的命脉，是经济发展和提高生活水平的物质基础，是驱动社会正常运行的原动力。历史上曾多次发生由能源争端引发的战争，保障能源安全不仅是保证经济快速发展的需要，更是一个国家政治和军事实力的体现。目前我国能源储备体系尚不够完善，不能适应国内外能源市场形势发展需要。建议从保障我国经济可持续发展的战略目标出发，根据行业特点和区域情况，统一规划、合理布局、分步实施，加快建立健全国家能源储备体系和能源安全预警应急体系，有效防范和应对能源供应风险，保障我国能源市场平稳运行。

一、完善我国石油战略储备

石油在国民经济和社会生活中起到举足轻重的作用。动荡的国际局势和波动的国际油价使得石油安全成为关注的焦点。我国能源需求的快速增长促使保证充足的能源供应成为国家发展的重中之重。1993 年我国从石油净出口国发展为石油净进口国，到 2003 年成为仅次于美国的第二大石油消费国。2004 年，我国成为继美国和日本的世界第三大石油进口国。尽管我国的煤炭资源十分丰富且当前经济发展多数以煤炭能源为基础，但是对于石油的需求却日益增加，石油进口量占到国内消费量的一半左右。2012 年，我国石油需求量为 4.92 亿吨，同比增长 5%，对外依存度达到 57.8%，比 2011 年提高了 1.27 个百分点。2013 年我国石油对外依存度为 57.4%。随着世界石油市场对石油需求的不断增加及我国石油对外依存度的居高不下，油气产业面临的风险也在不断增加。作为石油安全战略的核心部

分，完善的石油战略储备体系可以及时改善全球能源脆弱的供需平衡关系，并及时规避石油市场频繁波动、国际油价高位震荡的风险。加快建设和完善石油战略储备的步伐俨然关系到整个国民经济的正常运转和国家安全。保持平稳的石油生产和供应对世界主要能源输出国和进口国的国际举动有着越来越突出的影响。能源安全事关国家安全和经济平稳发展，是衡量综合国力的关键要素。建立石油战略储备有助于提高石油供应的安全性和稳定性，切实保障石油供应安全和可持续发展，符合我国对当前石油安全的要求，具有重大实践意义。

综上来看，完善石油战略储备是当务之急。从内部环境看，随着我国石油市场的日益成熟，国际石油市场的变化对国内能源市场的影响越来越明显，加紧建设和完善石油战略储备的任务格外紧迫。从外部环境看，我国石油安全形势日益严峻，不断扩大的进口依存度和供需矛盾进一步推动了石油战略储备建设的步伐。与发达国家较完备和成熟的石油储备体系相比，由于我国石油战略储备启动较晚，我国的建设和管理进程还亟待完善。

完善我国石油战略储备，要坚持加快建设和完善石油战略储备法律体系；建设多层次储备体系，提高民间储备比例；建立合理的石油储备规模；合理安排基地选址、储备方式和品种；资金分阶段地采取不同的集资方式；合理安排进度，及时补仓；努力平衡宏观调控和市场机制对能源领域的影响等。

1. 加快建设和完善石油战略储备法律体系

借鉴国外立法先行的做法，我国应尽快颁布关于石油储备的专门法律法规，逐步建立全面、操作性强的基本法律。我国石油战略储备的法律内容应涵盖石油战略储备基地选址、储备规模、储备方式、储备资金、储备计划、储备结构及储备动用机制等内容，确保建设和管理石油战略储备能依法实施[140]。

根据发达国家已建立的较成熟的石油战略储备体系，石油战略储备体系包括三方面内容：①政府战略储备；②企业义务储备；③介于二者之间的机构储备。而按照石油储备的形式，石油战略储备又分为实物储备和资源储备。实物储备的作用是应对战争等突发情况导致的能源短缺危机，但实物储备的成本高，可能导致其市场价格风险较高；资源储备则用于平抑油价短期波动给石油市场造成的冲击。建设完善的石油战略储备体系是确保国家能源安全的有效方法之一。

2. 建设多层次储备体系，提高民间储备比例

我国应构建政府储备-民间储备（企业义务储备和商业储备）的多层次储备结构，该结构可以确保在统一调控下各地区资源得到充分利用，通过调动企业积极性减轻政府负担[141]。例如，日本的石油战略储备以民间储备的筹建为开端，

经过 8 年的建设使国家石油储备规模达到 90 天的储备水平。民间储备一直是日本储备体系中的重要组成部分。借鉴日本的做法，我国应提高民间储备在石油战略储备总量中所占比例。结合我国的具体国情，民间储备中承担储备义务的企业应按照石油开发、炼化、销售、终端用户和进口分别确定石油企业的储备义务，并接受相关监管部门的监督和管理。同时，我国国有石油企业在能源行业举足轻重，我国应调动石油企业的积极性，提高商业储备。由于国家已建立的储备规模较小，政府一方面要通过向企业提供基地设备来增加商业储备规模，另一方面也要支持石油企业增加商业储备。商业储备作为石油战略储备体系中的重要组成部分，对提高国家应急能力、达到国际储备规模标准都起到重要作用。

3. 研究制定合理的石油储备规模

石油供应中断概率是影响储备规模的重要因素之一。我国战略石油储备建设最重要的意义，就在于应对石油供应中断。每年发生供应中断规模大小，直接关系到储备规模的大小。石油供应中断概率对储备规模影响较大，且持续时间长，属于较为敏感的因素。我国在沿海炼化产业群、内陆成品油管道主要集输站点和发达市场前沿地区新建一批大型储库，目前，石油战略储备第一批基地的首期工程完成，储备能力为 1400 万吨，相当于 10 天左右的需求量。加上 20 天需求量的石油企业储备，我国石油储备总量能满足近 30 天的净需求量。我国力争到 2020 年和 2030 年，石油储备规模分别达到 6600 万吨和 9900 万吨，相当于 60 天和 90 天净进口量。

4. 合理布局储备基地选址

储备基地均衡布局能提高石油供应的安全系数，同时储备基地多临近便利的运输条件和完备的炼化设施。因此，我国的储备基地选址应结合生产和消费的地域分布、炼化能力、输油管道等因素，确保石油储备能高效、安全、灵活地应对突发事件。目前，我国的石油战略储备基地的第一期工程选址集中在东部沿海，一方面是因为便利的交通条件，另一方面是靠近发达的石油炼化区与消费区。但从安全性和经济性的角度考虑，基地选址不能过度集中，而要逐步向内陆发展，同时仍选择靠近石油生产、加工和运输的西北、东北地区。同时，由于我国东西部发展不均衡，若一味在东部地区建设石油储备，势必会加大东西部经济发展差距，给社会稳定带来隐患。2009 年，石油战略储备的第二期工程启动，在西藏、新疆等内陆地区建立。其中，新疆独山子临近产油国俄罗斯和哈萨克斯坦，是二期工程首个建设基地。第三期工程于 2015 年动工，其目标是使我国石油战略储备总量满足 90 天净需求量的标准，即将储备能力提升到 5 亿桶。

5. 畅通多元化储备资金渠道

我国目前的石油战略储备建设资金来源主要依赖国家财政支持，其中第一期工程的四个石油战略储备基地的建设资金 60 亿元由国家财政全部承担。结合我国的具体国情，我国石油战略储备建设应分阶段地采取不同的集资方式。当前，我国石油战略储备处于建设初期，政府财政支持仍然是主要的资金来源，应设立石油储备专用预算用于建设石油储备的基础设施。另外，政府也可设置燃油税、专门基金作为投资石油储备建设的资金来源。燃油税是需求管理的一个重要方法，可用于基础设施建设及改善公路和机动车费用征收体系[142]。但该方法实施前需要建立一个协调利益相关者利益的机制，并考虑征收燃油税可能对社会稳定带来的负面影响。

6. 科学规划战略储备基地建设

规划、建设和管理石油战略储备是一项长期工程。国外建立石油战略储备通常至少 6～10 年，因此，我国的石油战略储备规划、筹备和实施至少需要 10 年的时间有步骤、有计划地进行。

7. 构建高效的储备运行机制

我国正在努力平衡宏观调控和市场机制对能源领域的影响。一方面，当前政府并没有完全实行市场经济，如 2003～2004 年出现能源危机时就不能单纯依靠市场机制调节而需要政府予以干预。但我国能源政策制定过程中又面临政府机构效率不高及国有能源企业权力过大的问题，因此，政府担忧建立石油战略储备有可能会扩大以上问题的负面影响。另一方面，政府也逐步意识到干预能源市场也不是解决问题的长远方法。2005 年夏季，南方出现大规模石油短缺，政府的价格控制却使得大批消费者最终利益受损。政府将阶段性地调节国内汽油和柴油价格，并尽量与国际油气价格水平持平，但是考虑到国家经济发展和社会稳定，这个过程需要循序渐进。

安全、充足、稳定的能源供应已经是国家发展的重中之重。石油作为国家经济、政治和军事的重要战略资源，对国家的能源安全和经济安全起到举足轻重的作用。因此，建立石油战略储备已经成为国家安全战略的重要组成部分。我国石油战略储备的日趋成熟也必将利于我国经济又好又快发展、人民安居乐业、社会安定和谐。

二、完善我国天然气战略储备

天然气是一种清洁能源，在未来全球低碳环保的大方向指引下，天然气的消费量还将不断上升，而此时国内的天然气生产无法满足国内消费需要，因此天然气的进口量还将持续走高。如果进口气来源国存在政治动荡的情况，那么我国的经济利益必定会受到负面影响，所以建立天然气战略储备是十分必要的。加快我国的天然气安全建设，建立属于我国的完整的天然气储备体系，能够从根本上提高我国在国际能源安全领域的地位。建立国家天然气战略储备是直接促进我国在未来天然气进口交易环节收放自如的关键因素。如果我国拥有丰富的天然气储备量，即使在外交关系不和谐的情况下，也能够维持短期的天然气供给，不至于使国家经济和人民生活蒙受重大损失[143]。

我国是油气大国，潜力巨大，但人均油气资源相对贫瘠，勘探开发难度日益增大是不争的事实。近年来我国天然气产量有了突飞猛进的增长，年均增长率达15%以上，同时消费量同步激增，年均增长率达到16%以上。 2009 年，我国经历了前所未有的"气荒"之后，天然气调峰储备很快引起了各方重视。我国已成为天然气的净进口国，未来天然气对外依存度若达到一定高度，战略储备定会提上日程。我国的天然气战略储备体系目前还没有建立，只有以调峰为目的储备设施——储气库，但地下储气库建设起步也较晚，1999 年建成了大张坨、板 876和板中北三座地下储气库，有效工作采气量为 6 亿立方米/年，特殊时期的最大日调峰能力为 1000 万立方米，总调峰气量约 20 亿立方米。为了保证长三角地区用户和"西气东输"沿线用户的正常用气，我国又在江苏的金坛盐矿和刘庄气田改建了两座地下储气库，设计总工作气量为 20 亿立方米。除此之外，为保证忠武线的安全平稳供气，我国也正在积极准备建设与该输气管道配套的地下储气库。同时为确保京津地区的平稳供气，又陆续在板中南构造、京 58 气顶油藏及文 23凝析气藏等地进行了储气库的建设。

已建和在建的储气库在 2013 年之前已全部投产，在此期间，国家能源局公布了天然气发展"十二五"规划。规划指出，我国还将总投资 811 亿元重点建设24 座储气库。中石油计划在 2020 年前建成有效工作气量达 450 亿立方米的地下储气库，其中 2011～2015 年，要在六个油田（大港油田、华北油田、西南油气田、新疆油田、辽河油田、长庆油田）建设 10 座总工作气量达 240 亿立方米的地下储气库。目前加大储气库建设已成为国家能源发展的重要战略之一，不过储气库建设的初衷是为了调峰。

从整个天然气供需发展的历史来看，我国天然气供需基本保持平衡，产量略大于消费量。然而从 2007 年开始，由于消费量的增长速度更快，我国出现天然气消费大于供给的情况，随后这一缺口逐步扩大。2009 年，我国天然气产量达到851.70 亿立方米，消费量达到 887.00 亿立方米，均为历史最高值，供需缺口达到

35.30 亿立方米。2010 年市场需求为 1000 亿立方米，其中 150 亿立方米依赖进口，进口量占总消费量的 15%。据有关专家估算，2020 年市场需求为 2000 亿立方米，其中 800 亿立方米依赖进口，进口量占总消费量的 40%。由表 9-1 与需求量的对比结果可知，我国目前的天然气储备量还远远不能满足用气高峰的调峰需要，因此建立真正意义上的战略储备还需要很漫长的过程。但由于意识到天然气日益重要性，我国政府已经开始有计划、循序渐进地开展天然气的储备工作。

表 9-1　我国已建地下储气库汇总表

储气库名称	储气库类型	设计工作气量/亿立方米	注气能力/（万立方米·天）	采气能力/（万立方米·天）	建成时间	地理位置
大张坨	凝析气藏	6	320	1000	2000 年	大港油田
板 876	凝析气藏	2.17	100	300	2001 年	大港油田
板中北高点	凝析气藏	10.97	150	300	2003 年	大港油田
板中北高点	凝析气藏		150	600	2004 年	大港油田
板中南高点	凝析气藏	4.7	225	600	2005 年	大港油田
板 828	凝析气藏	6.47	360	600	2006 年	大港油田
京 58	凝析气藏	7.535	400	700	2010 年	华北油田
金坛一期	盐穴	5.4	640	1500	2006 年	
刘庄	凝析气藏	2.45	150	200	2012 年	江苏油田
金坛二期	盐穴	11.74	400	1500	2012 年	江苏金坛
合计		57.425	2895	7300		

按世界惯例把天然气储备按储备的承担主体分类，可分为商业储备、企业义务储备和国家储备三种形式。商业储备是指企业从自身利益出发，为满足生产性周转和季节性调峰需要，采取"低吸高抛"储存气源的一种方式。企业义务储备是指企业按照国家法律法规的要求，必须承担的一部分储气义务。国家储备是指由政府出资并控制的用于应对突发性事件的储备，主要用于应对战争、禁运、严重灾害等情况造成的天然气供应短缺或天然气供应大规模中断。商业储备具有反应灵活、运作高效、贴近市场的特点，但也具有企业利益至上、忽视用户利益的缺陷。企业义务储备具有强制性，由企业承担储存成本，目前我国还没有出台相应的法律法规。国家储备具有公共性、政策性、可动用性和非营利性等特点。在紧急情况下，各种储备形式都必须接受政府宏观调控，以满足特定需要。天然气储备对于应对天然气供应中断、适应市场供需和价格波动、降低进口风险、保障国家安全具有重要意义。

完善我国天然气战略储备建设，应坚持政府储备与企业储备、资源储备与产品储备相结合，统一规划、分步实施，加快构建具有保障国内天然气供应、稳定天然气市场功能的储备体系[144]，力争到 2020 年和 2030 年，天然气储备规模分别达到 140 亿立方米和 300 亿立方米，相当于 30 天和 45 天净进口量。

我国天然气战略储备制度的基本框架及其相互关系可以用金字塔形象地来说明，战略储备体系各环节的次序及重要性都一一体现。我国的天然气战略储备制度的具体框架如图 9-2 所示。

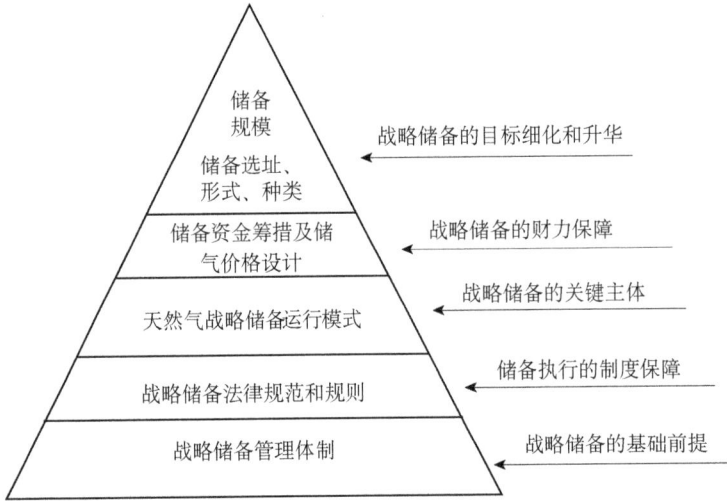

图 9-2 我国天然气战略储备制度框架

第一，必须以建立高效的储备管理体制为基础；第二，必须建立有关能源的行业法律，尤其应细化到石油及天然气储备法，对储备的主体、模式、品种、运行机制等环节做出详细的规定，这样才能对规范储备体系起到指导性的作用；第三，战略储备储备运行模式的确立；第四，储备资金的筹措及储气价格的设计；第五，在以上环节都确立的情况下，针对具体的实施进行细节的论证，包括天然气储备的最优规模、天然气储备的形式、储备选址、市场区位选择等方面，这几点是支撑天然气战略储备制度建立的基本框架，需要全方位、多角度地考虑和反复论证，才能够丰富天然气战略储备体系的各个环节，才能够为我国更快更好地建设能源储备体系奠定坚实的基础。

天然气储备和天然气管网是互相促进、相辅相成的两个部分，在某种程度上二者可以合为一体，天然气的存储需要通过管道的运输，而管道运输的中端或终端或为天然气的储备库。没有管道网络的铺设，天然气无法大量运输到需求地区。

反之，没有天然气储备库也无法保证在任何情况下向用户提供平稳安全的天然气供气。因此，天然气储备的发展与天然气的管网完善程度和储备装置的先进程度有直接关系。只有天然气管网的建设不断完善，才能促进我国的天然气战略储备的不断完善和升级。实现这个目标的主要措施包括以下几方面。

1. 科学规划管网建设布局

现今我国国内的油气管道建设框架已经基本形成，下一步的建设重点应该放在支线和管网联络线的建设上面，支线和联络线的建设可以进一步扩大管网对经济发展的覆盖区域，使天然气的供需衔接更加顺畅，管网建设布局也将更加合理。

2. 加快输气管网建设向外向型转变

油气管网建设是为资源战略的总目标服务的，按照我国的能源发展规划，今后加强石油天然气的勘探开发是进一步的发展趋势，目的是提高油气资源自主保障能力，实现在此基础上的平等相待、互利共赢。所以进行对外合作的过程中，要不断体现管网的外向型特征，大力建设连接国内外的管道系统。

3. 大力提高管网建设的技术水平

西气东输等系列管线的成功建成和投入运营，证明了我国天然气管网建设在某种程度上已经达到世界先进水平。但仍面临较多的技术难题需要攻关，如在进一步提高运行效率及安全性方面还需做大量工作。所以在未来一段时间内，还需要加大管网的技术装备研发和创新力度，并以此带动国内相关产业的发展，这将成为未来管网建设的重点之一。

4. 全面优化管网建设的运行环境

随着我国天然气管网建设力度的不断加大，与管网建设和运营相关的战略、配套政策法律等也会不断协调和跟进，制度的优化能够加快油气管网配套设施建设的速度，有助于理顺油气供求关系，优化消费结构，为油气管网的建设运营进一步创造良好的市场环境。

因此，应该继续加强我国天然气管网的建设，在支线和联络线方面多下工夫，实现真正的全国联网，在管网周边合适的位置建设天然气战略储备，促进储备的快速发展，强强联合，为我国的能源安全提供坚不可摧的保障。

三、完善我国煤炭战略储备

我国的能源消费结构决定了煤炭在今后相当长的一段时期内仍将在我国一次

能源结构中处于主体地位。尽管我国煤炭资源总量丰富，但后备储量不足。从我国能源安全和可持续发展的角度考虑，我国应加快建设国家煤炭战略储备[145]。完善我国煤炭战略储备，应强化资源保护性开采机制，规范和提高企业库存水平，建立焦煤和肥煤资源储备，逐步构建储备体系，使资源贫乏地区库存达到或接近合理水平，需求旺季不低于 15 天。建立国家煤炭战略储备，具体需要从以下五个方面入手。

1. 加大煤炭资源勘探力度，增加煤炭储备规模

煤炭战略储备的基础工作是煤田地质勘探。一般情况下，煤炭资源分阶段勘探的储量关系是：普查、详查、精查之比为 5：2：1。目前，我国只有精查储量 500 亿吨，详查 1000 亿吨，普查 1500 亿吨。煤炭储量缺口分别为：精查 733 亿吨，详查 300 亿吨，普查 400 亿吨。因此，加大煤炭资源的勘探工作，增加煤炭地质储量意义重大。

2. 建设国家级大型煤炭生产和储备基地

为优化企业组织结构和煤炭产业结构，满足国民经济发展对煤炭的需求，提高产业集中度，我国应加快 13 个大型煤炭基地的建设和规划。大型煤炭基地具有煤炭储量丰富、煤质优良、煤类齐全、区位优势明显、开采条件较好等特点，还具有一定的生产开发规模及配套工程设施。规划建设大型煤炭基地，需要以大集团建设大基地，以大基地培育大集团。促进煤炭深加工和煤电联营，调整煤炭行业的产业结构和煤炭企业的产品结构是建设煤炭基地的重要基础，同时也能够促进煤炭企业提升市场竞争力，为煤炭企业开创新的增长点[146]。综合来看，大型煤炭基地的建设对维护国家能源安全、满足社会经济发展需要、调整优化煤炭生产结构、促进资源地经济社会发展，具有十分重要的意义。

3. 坚持稀缺煤种的合理利用和保护性开发

一般所指的稀缺煤种主要是焦煤和优质无烟煤。从保护性开发的角度看，焦煤主要指炼焦煤中的主焦煤和肥煤。据相关资料统计，我国的优质煤储量不多，优质炼焦煤储量规模更小，炼焦煤在我国煤炭储藏量中占比 25%，其中肥煤和主焦煤二者相加的储量约占其中的10%，属于炼焦用的肥煤仅占 3.8%，焦煤占 6.7%，瘦煤占 4.2%。低灰、低硫的焦煤和肥煤更为稀缺。因为焦煤主要用于钢铁冶炼，在国内基础设施建设发展迅速的情况下，这种稀缺性便更加突显。同样，作为重要化工原料的优质无烟煤资源数量更加有限。除此之外，稀缺煤种的浪费和破坏现象十分严重。近几年，国际市场焦炭价格走高则进一步加剧了对炼焦煤的无序开采和乱采乱挖，进而加快了我国炼焦煤衰竭的速率。因此，无烟煤和炼焦煤应

该被确定为我国国家的战略物资，在优化资源布局的基础上合理有序发展，并建立起与石化、钢铁等重要工业发展相适应的无烟煤、炼焦煤等稀缺煤种的保护性开发和合理利用机制[147]。

4. 禁止超能力生产，坚持可持续开采

由于当前国内煤炭市场持续升温，煤炭企业受经济利益的驱使，普遍使煤矿超能力生产。长期下去，不仅使矿井的服务年限大大缩短，严重影响煤炭工业的发展后劲，还会带来严重的安全问题，不利于煤炭工业的可持续发展。

5. 实行"走出去"战略，积极开拓国际市场

我国已进入重化工业阶段，国内一些大型煤炭企业在煤矿设计、煤矿建设、装备制造、生产运营、市场开发及煤电化产业链方面已经形成了整体优势，部分企业已经在境内外资本市场上市，具备海外开发煤炭资源的能力和条件。因此，我国煤炭工业的发展应该立足于国内市场和国外市场两个市场、国内煤炭资源和国际煤炭资源两种资源。煤炭是不可再生的资源，应谋及长远，对国内煤炭、铁矿石等资源都应作为一种战略资源进行有控开采和相应储备，抓住目前时机，积极推进国外煤炭资源的开发[148]。这是我们必须坚持的一个长期发展战略。煤炭企业加快"走出去"的步伐，要充分利用世界煤炭工业快速发展的机遇，鼓励企业通过投资、并购、参股等多种方式，加快在煤炭资源储量丰富、运输渠道便利、投资环境较好的国家参与煤炭资源开发，缓解国内煤炭主产区水资源短缺、生态环境脆弱、煤炭大规模远距离运输的压力；努力探索技术贸易、服务贸易和投资贸易的新尝试，去国外寻找、勘查、开发和利用海外的煤炭资源；积极参与有关地质调查、煤炭资源勘查和开发领域方面的对外合作，扩大与其他国家的双边和多边技术交流，尽可能地利用国外煤炭资源减缓国内能源供不应求的局面，保障我国的能源安全。

能源预警和应急与能源储备是紧密相关的。能源储备为能源应急提供了保障。从2008年雪灾导致的大面积停电的重大能源事件，到2010年的"柴油荒"，再到2011年3月11个省份所遭遇的"电荒"，可以看到我国的能源应急能力是有限的。因此，除了需要完善我国石油、天然气和煤炭战略储备，我国也应该加快建立能源安全预警和应急体系。我国应区别不同行业和不同区域，划分不同层次级别，逐步建立健全包括预警应急法律规章制度、信息统计分析发布系统、预警应急组织机构和决策机制、不同品种不同级别应急预案和国际应急合作协议在内的能源安全预警和应急体系，有效防范和应对能源供应风险，保障我国能源市场平稳运行[149]。

参 考 文 献

[1] 方大春，张敏新. 低碳经济的理论基础及其经济学价值 [J]. 中国人口•资源与环境，2011，（7）：91-95.

[2] 鲍健强，施祺方，陈锋，等. 低碳能源技术发展战略与路径选择 [J]. 未来与发展，2011，（5）：18-22.

[3] 杨鸿宾，李云峰. 智能电网促进中国低碳经济发展研究 [J]. 山西财经大学学报，2010，S2：14-15，19.

[4] 许涵. 科研创新是人类进步的动力 [J]. 自然杂志，2010，（1）：54-58，68.

[5] 陈柳钦. 新世纪低碳经济发展的国际动向 [J]. 国际资料信息，2010，（5）：7-14.

[6] 董冬. 日本低碳经济发展分析 [D]. 长春：吉林大学硕士学位论文，2010.

[7] 中国科学院基础科学局.中国至 2050 年科技发展路线图——《创新 2050：科学技术与中国的未来》中国科学院战略研究系列报告摘登（一）[J]. 前沿科学，2009，（3）：4-19.

[8] 杨丹丹，梁波. 低碳时代下的"环境经济学"案例教学探索 [J]. 中国电力教育，2010，13：88-89.

[9] 陈俊荣. 欧盟 2020 战略与欧盟的低碳经济发展 [J]. 国际问题研究，2011，（3）：65-69.

[10] 李艳君. 世界低碳经济发展趋势和影响 [J]. 国际经济合作，2010，（2）：28-33.

[11] 李向阳. 非常规资源将影响全球能源格局——《BP2030 年世界能源展望》解读 [J]. 国际石油经济，2013，（4）：17-24.

[12] 王雪萍. 液化天然气（LNG）在港口流动机械上的应用研究 [D]. 武汉：武汉理工大学硕士学位论文，2012.

[13] 王巧然. 海内外专家商讨深层油气开发 [N]. 中国石油报，2013-04-19（001）.

[14] 赵靖舟. 非常规油气有关概念、分类及资源潜力 [J]. 天然气地球科学，2012，（3）：393-406.

[15] 孙贤胜，钱兴坤，姜学峰，等. 对世界油气行业长远发展的几点认识和判断 [J]. 国际石油经济，2013，Z1：2-7，211.

[16] 邹才能，陶士振，白斌，等. 论非常规油气与常规油气的区别和联系 [J]. 中国石

油勘探，2015，（1）：1-16.

[17] 邱振，邹才能，李建忠，等. 非常规油气资源评价进展与未来展望 [J]. 天然气地球科学，2013，（2）：238-246.

[18] 孙丽娟. 国际能源竞争背后的政治学思考 [D]. 西安：陕西师范大学硕士学位论文，2007.

[19] 刘继森. 国际能源竞争与合作 [J]. 国际经贸探索，2006，（1）：15-19.

[20] 柳丝. 全球能源气候改革路线图打上中国烙印 [N]. 中华工商时报，2014-11-18（004）.

[21] 黄婧. 论美国能源监管立法与能源管理体制 [J]. 环境与可持续发展，2012，（2）：67-71.

[22] 朱跃中. 美国能源管理体系及能源与环境领域发展趋势 [J]. 宏观经济管理，2010，（3）：72-74.

[23] 从美国能源监管委员会看美国能源管理体制 [J]. 节能与环保，2010，（2）：8-9.

[24] 龚向前. 美国能源需求方管理之法律政策及其借鉴意义 [J]. 海南大学学报（人文社会科学版），2008，（5）：512-517.

[25] 管霞霞. 美国经验对深化我国能源管理体制改革的启示 [J]. 经营管理者，2014，（19）：277.

[26] 何晓明. 加拿大与美国的能源监管及对我国的启示 [J]. 天然气经济，2003，（2）：26-30，82.

[27] 孟浩，曹燕，陈颖健. 德国的能源管理及启示 [J]. 中国科技论坛，2008，10：126-131.

[28] 刘惠萍. 德国能源管理措施和经验 [J]. 上海节能，2010，12：1-5.

[29] 王振. 德国能源管理及能源计量工作的借鉴 [J]. 中国计量，2011，（7）：124-126.

[30] 陈海嵩. 德国能源供需政策及能源法研究 [J]. 法治研究，2009，（4）：50-55.

[31] 陈海嵩，任世丹. 德国能源立法及其对我国的启示 [J]. 政法学刊，2009，（1）：24-28.

[32] 刘铭. 德国能源部门市场化之路 [J]. 中国投资，2002，（11）：84-86.

[33] 王伟，黄乐. 英国能源监管优化项目实践、经验及其启示 [J]. 华北电力大学学报（社会科学版），2012，（2）：1-5.

[34] 吴钟瑚. 论能源法的调整原则 [J]. 能源，1984，（6）：11-12，42.

[35] 李晓轩，杨可佳，杨柳春. 基于证据的政策制定：英国的实践与启示 [J]. 中国科学院院刊，2013，（6）：740-749.

[36] 欧洲能源管理体系标准在国内首次发布 [J]. 电源技术应用，2010，（1）：70.

[37] 陈海嵩. 日本的能源管理及启示 [J]. 中国科技论坛，2009，（11）：134-139.

[38] 高湘昀，安海忠，何波. 日本能源管理体制研究及启示 [J]. 资源与产业，2013，（6）：93-97.

［39］高博. 日本的能源管理［J］. 现代日本经济，1982，（3）：11-17.

［40］杨吉林. 日本的能源管理和经济［J］. 世界环境，1995，（3）：10-12，44.

［41］钟水清. 美国能源战略政策剖析［J］. 中国能源，1993，（4）：45-47.

［42］凌善康，钟湘志. 从美国能源政策战略转变中得到的启迪［J］. WTO 经济导刊，2007，（6）：56-58.

［43］尹延芳. 美国新能源政策战略意图分析［J］. 世界贸易组织动态与研究，2011，（1）：53-56.

［44］朱凯. 美国能源独立的构想与努力及其启示［J］. 国际石油经济，2011，（10）：34-47，107.

［45］春生. 从美国能源安全政策变迁看中国的战略趋向［J］. 石油企业管理，2001，（11）：60-63.

［46］冯昭奎. 21 世纪初国际能源格局及今后的中长期变化——兼论日本能源安全的出路与困境［J］. 国际安全研究，2013，（6）：98-123，153-154.

［47］周永生. 日本油气政策及其对我国的启示［J］. 国际石油经济，2008，（11）：41-46.

［48］孙万菊. 日本能源战略及对我国的启示［J］. 理论前沿，2009，（13）：30-31.

［49］王俊，陈柳钦. 日本是否会放弃核能——日本能源政策走向分析［J］. 中外能源，2012，（5）：25-31.

［50］刘小丽. 日本新国家能源战略及对我国的启示［J］. 中国能源，2006，（11）：18-22.

［51］刘明. 美国、日本和欧盟的石油政策和能源战略［J］. 中国能源，2001，（8）：15-17.

［52］徐梅. 日本的海外能源开发与投资及其启示［J］. 日本学刊，2015，（3）：100-119.

［53］迟晓蕾，许德娟. 安倍政府的日俄能源合作政策及其影响［J］. 学理论，2013，33：14-15.

［54］张晓慧，肖斌. 欧盟与中亚及外高加索地区国家能源合作：政策、战略和前景［J］. 国际经济合作，2014，（4）：54-58.

［55］高淑琴，彼得·邓肯. 欧盟与俄罗斯的能源博弈：能源垄断、市场自由化与能源多边治理［J］. 世界经济研究，2014，（2）：81-86，89.

［56］徐明棋. 欧盟能源政策特点及对中国能源政策和西部开发的借鉴意义［J］. 世界经济研究，2006，（11）：78-82.

［57］欧盟能源战略技术领域的国际科技合作政策. http://news.xinhuanet.com/politics/2012-04/10/c122957027.htm?prolongation=1.

［58］刘明礼. 欧盟能源与气候政策的战略调整［J］. 国际资料信息，2009，（10）：5-9.

［59］张小军，马莉，郭磊. 欧盟 2020 年能源战略及其对中国的启示［J］. 能源技术经济，2011，（6）：16-19.

［60］杨光. 欧盟能源安全战略及其启示［J］. 欧洲研究，2007，（5）：56-72，159-160.

［61］中华人民共和国国家统计局. 中国统计年鉴 2014［M］. 北京：中国统计出版社，2014.

［62］BP Statistical Review of World Energy 2015［R］. London：BP Company，2015.

［63］2013 中国煤炭企业 100 强分析报告［R］. 北京：中国煤炭运销协会，2014.

［64］2014 年全国核电运行情况报告［R］. 北京：中国核能行业协会，2015.

［65］2014 年中国风电装机容量统计［R］. 北京：中国可再生能源学号风能专业委员会，2015.

［66］2014 年电力工业运行简况［R］. 北京：中国电力企业联合会，2015.

［67］国家统计局能源统计司. 中国能源统计年鉴 2012［M］. 北京：中国统计出版社，2012.

［68］中国海关总署. http：//www. customs. gov. cn/publish/portal0/，2015.

［69］黄蓉. 中国能源消费结构与节能减排研究［D］. 北京：中国石油大学（北京）硕士学位论文，2012.

［70］王庆一. 中国能源效率及国际比较［J］. 节能与环保，2003，（8）：8-9.

［71］国家统计局能源统计司. 中国能源统计年鉴 2013［M］. 北京：中国统计出版社，2013.

［72］中华人民共和国国家统计局. 中国统计年鉴 2006［M］. 北京：中国统计出版社，2006.

［73］中华人民共和国国家统计局. 中国统计年鉴 2007［M］. 北京：中国统计出版社，2007.

［74］中华人民共和国国家统计局. 中国统计年鉴 2008［M］. 北京：中国统计出版社，2008.

［75］中华人民共和国国家统计局. 中国统计年鉴 2009［M］. 北京：中国统计出版社，2009.

［76］中华人民共和国国家统计局. 中国统计年鉴 2010［M］. 北京：中国统计出版社，2010.

［77］中华人民共和国国家统计局. 中国统计年鉴 2011［M］. 北京：中国统计出版社，2011.

［78］中华人民共和国国家统计局. 中国统计年鉴 2012［M］. 北京：中国统计出版社，2012.

［79］中华人民共和国国家统计局. 中国统计年鉴 2013［M］. 北京：中国统计出版社，2013.

［80］朱德进. 基于技术差距的中国地区二氧化碳排放绩效研究［D］. 济南：山东大学博

士学位论文，2013.

[81] 杭雷鸣. 我国的能源消费结构问题研究 [D]. 上海：上海交通大学博士学位论文，2007.

[82] 李清芬，黄容，鞠斌杰. 中国能源消费结构与节能减排关系研究 [J]. 中外企业家，2012，(9)：17-20.

[83] 潘家华. 与承载能力相适应确保生态安全 [J]. 中国社会科学，2013，(5)：12-17.

[84] 朱海冰，蔡道成，张侨. 中国可持续发展理论概述 [J]. 商业时代，2011，(7)：6-7.

[85] 林宗虎. 论我国可持续发展的能源道路 [J]. 世界科技研究与发展，1997，(5)：16-21.

[86] 张雷，杨朝红. 我国可持续发展的能源开发战略 [J]. 中国软科学，1998，(3)：74-79.

[87] 杨秋宝. 新世纪中国能源可持续发展：战略背景、战略挑战和战略思路 [J]. 中共云南省委党校学报，2006，(1)：75-78.

[88] 亦冬. 生态文明：21世纪中国发展战略的必然选择 [J]. 攀登，2008，(1)：73-76.

[89] 何贤杰，盛昌明，王峰. 我国能源安全形势评价战略选择及对策建议 [J]. 中国国土资源经济，2011，(6)：13-16，8.

[90] 赵旭，董秀成，董立. 亚太地区油气地缘政治博弈分析及战略选择 [J]. 改革与战略，2008，(12)：109-112.

[91] 何胡，杨兴礼. 21世纪中国能源地缘政治战略分析及对策 [J]. 中国石油大学学报（社会科学版），2007，(6)：10-13.

[92] 聂锐，张炎治. 21世纪中国能源发展战略选择 [J]. 中国国土资源经济，2006，(5)：7-12.

[93] 薄启亮. 跨国油气竞争战略政治经济学理论与应用研究 [D]. 北京：中国石油大学（北京）博士学位论文，2005.

[94] 李慎明，王逸舟. 2006年：全球政治与安全报告 [M]. 北京：社会科学文献出版社，2006.

[95] 李淑云. 东北亚地缘政治与中国的国家安全 [J]. 世界经济与政治论坛，2005，(3)：81-86.

[96] 王亚栋. 世界能源地缘政治图景：历史与发展 [J]. 国际论坛，2003，(2)：1-6.

[97] 中国现代国际关系研究院经济安全研究中心. 全球能源大棋局 [M]. 北京：时事出版社，2005.

[98] 李道炯. 中国石油安全的国际政治经济学分析 [M]. 北京：当代世界出版社，2005.

[99] 王水和. 论国际政治中的自然资源：以石油个案分析 [J]. 内蒙古农业大学学报（社会科学版），2007，(1)：173-174，177.

[100] 徐锭明. 贯彻落实党的十八大精神，推动能源生产和能源消费革命 [J]. 电气时代，

2012，（12）：55，57.

[101] 白泉，刘静茹. 关于能源消费革命的思考 [J]. 中国经贸导刊，2013，（30）：50-53.

[102] 国家发展和改革委员会能源研究所课题组. 中国 2050 年低碳发展之路——能源需求暨碳排放情景分析 [M]. 北京：科学出版社，2009：153-154.

[103] 何建坤. 推动能源生产和消费革命的战略思路 [J]. 环境保护，2013，（8）：15-18.

[104] 韩学功. 推动能源生产和消费革命任重道远 [J]. 中国石油和化工经济分析，2012，（12）：17-18.

[105] 戴彦德，朱跃中. 重塑能源实现可持续发展 [J]. 中国科学院院刊，2013，（2）：239-246，238.

[106] 李俊峰，杨秀，张敏思. 第四次能源变革与生态文明建设 [J]. 中国能源，2013，（7）：5-9，40.

[107] 黄生琪，周菊华. 我国节能减排的意义、现状及措施 [J]. 节能技术，2008，（2）：172-175.

[108] 渠时远. 我国节能减排形势和面临的严峻挑战 [J]. 中外能源，2010，（12）：12-15.

[109] 赵勇强，时璟丽，高虎. 中国可再生能源发展状况、展望及政策措施建议 [J]. 可再生能源，2011，（4）：5-9.

[110] 周亮亮. 低碳——"十二五"规划纲要的新亮点 [J]. 理论导报，2011，（6）：30-31.

[111] 史丹，冯永晟，李雪慧. 深化中国能源管理体制改革——问题、目标、思路与改革重点 [J]. 中国能源，2013，（1）：6-11.

[112] 沈镭，薛静静. 中国能源安全的路径选择与战略框架 [J]. 理论参考，2013，（1）：19-22.

[113] 郭云涛. 我国国家能源安全及能源管理体制面临的挑战与对策 [J]. 中国煤炭，2002，（9）：5-7，4.

[114] 中国能源管理体制 60 年变革 [J]. 电力技术，2009，（12）：77.

[115] 马恒运，郭学先，唐华仓，等. 中国的能源经济形势、机遇挑战和政策建议 [J]. 中国人口·资源与环境，2010，S1：257-260.

[116] 张仕荣. 关于完善中国能源应急管理体制的几点思考 [J]. 新远见，2011，（5）：39-43.

[117] 江泽民. 对中国能源问题的思考 [J]. 上海交通大学学报，2008，（3）：345-359.

[118] 武旭. 我国油气行业监管体系目标设计思考 [J]. 西南石油大学学报（社会科学版），2015，（3）：1-11.

[119] 郑海峰，王善琦，周荣军. 构建我国石油工业的现代管理体制 [J]. 石化技术，2015，（3）：223，211.

［120］王金照. 建言能源体制改革［J］. 中国经济报告，2015，（7）：36，38-40.

［121］王传刚，来丽锋. 国外大部制改革对我国的启示［J］. 人民论坛，2015，（21）：251-253.

［122］王雨. 推进我国能源战略转型的路径选择［J］. 当代经济研究，2014，（3）：67-70.

［123］陈姝蓉. 完善我国能源法律体系的思考［J］. 法制与社会，2006，（17）：223-224.

［124］马波，刘培良. 我国能源安全保障法律问题探析［J］. 西南石油大学学报（社会科学版），2015，（3）：18-24.

［125］李剑阁. 中国能源现代监管体系走向［J］. 中国石油企业，2005，（6）：30-31.

［126］赵芳. 中国能源政策：演进、评析与选择［J］. 现代经济探讨，2008，（12）：29-32.

［127］肖国兴. 《能源法》与中国能源法律制度结构［J］. 中州学刊，2010，（6）：78-84.

［128］周文静. 中国能源法律制度的完善——以美国能源法律制度为借鉴［J］. 法制博览（中旬刊），2012，（11）：203，202.

［129］吴江. 能源战略立法为先——析《中国能源法律体系研究》［J］. 中国电力企业管理，2008，（3）：40-41.

［130］肖国兴. 论中国能源革命与法律变革的维度［J］. 郑州大学学报（哲学社会科学版），2011，（5）：39-43.

［131］李婷，王超，张纪海. 我国能源管理体制改革探讨［J］. 天然气技术与经济，2011，（5）：8-11，77.

［132］王文俭. 我国天然气供需预测研究［D］. 青岛：中国石油大学（华东）硕士学位论文，2013.

［133］莫神星，贾艳. 科学发展观指导下的中国能源发展战略［J］. 中外能源，2013，（5）：4-11.

［134］辛超. 论中国能源法的立法和完善［D］. 济南：山东大学硕士学位论文，2012.

［135］唐振伟. 新《煤炭法》取消煤炭准入两大门槛　小微企业无需再挂靠［J］. 能源研究与利用，2013，（4）：15-16.

［136］张磊，黄雄. 我国能源管理体制的困境及其立法完善［J］. 南京工业大学学报（社会科学版），2011，（1）：59-63.

［137］严绪朝. 中国能源结构优化和天然气的战略地位与作用［J］. 国际石油经济，2010，（3）：62-67.

［138］何军飞，马晓茜，赵增立，等. 风力发电清洁发展机制项目案例分析［J］. 中国电力，2006，（9）：28-31.

［139］董思思，董春游. 基于云模型的煤炭建设项目经济评价［J］. 资源与产业，2013，（5）：68-74.

［140］朱怀念，孔雪. 中国石油储备法律制度的建立与能源安全［J］. 上海财经大学学报，

2007，（5）：35-42.

[141] 邢德琪. 谈我国能源储备方式 [J]. 大庆社会科学，2003，（4）：27-28.

[142] 金芳，董小亮. 建立和完善我国石油战略储备的探析 [J]. 中外能源，2008，（4）：15-19.

[143] 张琼，董秀成，张彦明，等. 构建我国天然气战略储备制度的研究 [J]. 价格理论与实践，2012，（11）：74-75.

[144] 周怡沛，周志斌，胡俊坤，等. 关于我国天然气战略储备研究 [J]. 宏观经济研究，2015，（6）：44-48.

[145] 李金克. 我国煤炭战略储备及其沿革 [J]. 山东工商学院学报，2011，（4）：37-39，91.

[146] 李金克. 中国煤炭战略储备适度规模的确定 [J]. 中国煤炭，2011，（8）：5-7.

[147] 高昊. 浅析我国煤炭战略储备体系 [J]. 价格理论与实践，2012，（2）：81-82.

[148] 郭云涛. 建立国家煤炭战略储备的构想 [J]. 中国煤炭，2004，（12）：15-17，5.

[149] 李东卫. 从电荒看我国煤炭资源战略储备的必要性 [J]. 广西经济，2011，（6）：52-55.